근대역사학의 황혼

근대역사학의 황혼

윤해동 지음

cum libro
책과함께

1

서기전 1세기경에 사마천이라는 위대한 역사가는 《사기》라는 역사책을 저술하였고, 그보다 훨씬 전인 서기전 5세기에 그리스의 역사가 헤로도토스는 페르시아전쟁을 다룬 《역사》라는 대저를 저술하였다. 한국에서도 12세기에 고려의 김부식이 《삼국사기》를 저술하였던바, 이 역시 지금으로부터 거슬러 올라가면 거의 천 년 전의 일이다. 역사학이란 게 이처럼 오래된 것인데도 '근대역사학의 황혼'이라니 대체 무슨 이야기인가? 이런 의문을 표시하는 사람들이 많을지도 모르겠다.

자신의 과거를 기술하는 특정한 양식을 역사(학)라고 한다면, 역사(학)는 아마 인류의 생활과 더불어 그 생명을 함께해왔고 앞으로도 인류의 생존과 그 운명을 같이할 것이라고 단언할 수 있다. 하지만 '근대역사학'이라는 것은 인간의 과거를 기술하는 근대적이고 특정한 양식을 일컫는 것일 따름이다. 그런 점에서 근대역사학은 세계사적으로도 기껏해야 200년 정도의 전통을 가지고 있을 뿐이고, 더욱이 한국에서는 100년 이상 거슬러 올라가기 어려운 얼마 되지 않은 역사를 가지고 있다. 신채호라는 인물이 역사가로서 널리 언급되는 것 역시 그가 근대역사학의 특정한 양식을 정초했기 때문이다.

근대역사학이란 전통적인 역사학과는 다른 새로운 역사학을 이르는 말이다. 근대역사학은 물론 사람에 따라 시각에 차이가 있겠지만, 민족(혹은 국민국가)이라는 주체를 중심으로 역사를 진보 관념에 입각하여 인식하고, 이를 인과관계 위에서 실증적으로 서술하는 새로운 방법론을 구비한 역사학을 말한다. 그리고 이런 역사학은 문·사·철이라는 인문학의 한 분야를 구성하는 것으로 간주된다.

수년 전에 일본의 한 평론가가 '근대문학의 종언'이라는 테제를 제출하여 논란이 일어났던 적이 있지만, 그 역시 문학 자체의 종말을 감히 내세웠던 것은 아니었다. 그가 강조하고자 했던 것은, 문(혹은 문학) 전통 가운데 지극히 일부를 구성하는 근대문학이 그 기술과 소통양식에서 위기에 처했다는 점이었다. 물론 근대역사학의 위기라는 것 역시 마찬가지라고 볼 수 있겠지만, 다른 한편 내가 느끼는 위기의 양상은 그보다 훨씬 넓고 깊다. 이와 관련하여 근대역사학이 그 인식론적 기초를 두고 있는 진보 관념이 거대한 위기에 처해 있다는 점, 민족이라는 주체를 중심으로 구성되는 일국사적 실증이라는 것은 더욱 그 근원에 이르는 질문에 봉착하고 있다는 점을 우선적으로 거론할 수 있다. 근대역사학이 자신의 존재 조건으로 내걸었던 진보, 과학, 민족이라는 요소는 이미 그 절대성을 상실한 지 오래되었다. 이에 따라 문·사·철이라는 인문학의 근대적 황금분할 역시 그 존재 의의를 상실하고 있다. 그렇다면 근대역사학의 존재 이유는 어디에서 찾을 수 있을 것인가? 과연 근대역사학은 황혼을 맞이하고 있는 것은 아닌가?

우리가 살고 있는 시간이 근대역사학의 '황혼'에 처해 있는 시간이라는 것은 다음 두 가지 사실만으로도 명확한 것처럼 보인다. 하나는 학제 간 연구(interdisciplinary research)에 관한 관심이 급속하게 증가하고 있다는 사실이고, 다른 하나는 근대역사학 내부에서 근본적이고 다양한 변화들이 일어나고 있다는 점이다.

학문의 전문화와 세분화가 지나치게 진행됨으로써 이제 특정한 하나의 분과학문만으로는 현실의 변화를 설명할 수 없는 상황이 학제 간 연구의 필요성을 강력하게 환기시켰음은 두루 잘 알고 있는 사실이다. 하지만 학제 간 연구의 필요성이 큰 만큼 그 성과가 크지 않다는 사실 역시 대개 인정되고 있다. 경험으로 보건대 학제 간 연구가 성공하기 힘든 것은 분과학문 간의 소통이 잘 이루어지지 않기 때문이다. 그러나 개별 분과학문 자체의 성립 근거를 의문에 부칠 수 있는 용기가 없을 때에는 분과학문 사이의 소통이 원활하게 진행될 수 없다. 다시 말하면 개별 분과학문이 '자신을 버릴' 각오를 하지 않는 한 학제 간 연구가 효율적으로 진행될 수 없다. 이는 어떻게 보면 지극히 당연한 일이다. 학문의 융합이나 지식의 통합(integration)을 요구하는 움직임이 비등하고 있는 것은 이런 이유 때문일 것이다. '지식의 대통합'을 통섭(consilience)이라는 개념으로 설명하는 새로운 움직임도 있지만, 어쨌든 앞으로 학제 간 연구를 훨씬 뛰어넘는 새로운 흐름이 지배하게 될 것이라는 사실 역시 명약관화한 일이다.

근대역사학 내부에서 일어나고 있는 다양한 변화들 가운데, '빅 히스토리(big history)'와 '트랜스내셔널 히스토리(transnational history)'라는 두 가지 변화에 주목하고 싶다. 빅 히스토리는 글로벌한 차원에서 인간과 자연 그리고 과학과 역사를 통합하는 것을 목표로 삼는 '역사학'이다. 지구의 나이를 24시간으로 가정할 때 인류의 나이는 고작 2분에 지나지 않는바, 남은 23시간 58분을 전 지구의 역사 속으로 통합하려 하는 것이다. 그리하여 빅 히스토리는 이미 천문학, 지질학, 기상학, (고)생물학, 고고학 등의 분과학문과 그다지 크게 구별되지 않게 되었다.

그렇다면 트랜스내셔널 히스토리란 무엇인가? 근대역사학이 자신의 존립 근거로 가장 소중하게 생각해왔던 민족(국민국가)이라는 주체를 중심으로 한 일국사적 전망을 트랜스내셔널 히스토리는 부정한다. 근대 이후 만들어진 경계에 의해 전근대부터 인간의 삶이 구획되어왔다는 가정은 이제 심각한 도전에 직면하게 된 것이다. 인간이나 상품의 이동만이 아니라 문화의 형성조차도 이제 트랜스내셔널한 상상에 의해 새로 서술되어야 하는 상황에 직면하게 되었다. 역사학 속으로 여타 분과학문이 들어옴으로써 혹은 근대역사학을 구성하는 근본 요소가 심각하게 흔들리게 됨으로써, 근대역사학의 외연은 이미 급속하게 허물어지고 있는 중이다.

황혼이란 기존의 것이 퇴색하고 위기에 처하는 시간이지만, 진정 새로운 인식과 자각이 생겨나는 시간이기도 하다. 그런 점에서 황혼의 시간이란 재생을 기약할 수 있는 시간인지도 모른다. 근대역사학은 황혼을 맞이하여 자신의 생명을 지속시켜갈 수 있을 것인가? 혹은 분과학문으로서의 유용성을 점차 상실하게 될 것인가?

2

지금 한국의 학계와 대학은 '물량주의'의 대공습을 당하고 있다. 물량주의라는 말은 내가 만든 말이지만, 학문을 업으로 삼고 있는 사람이라면 금방 무슨 말인지 짐작할 수 있을 것이다.

1990년대 들어 개방사회를 맞게 되면서, 여러 방면에서 한국의 실상이 상대적으로 명확하게 드러나게 되었던 것은 뚜렷이 인정할 수 있는 사실이다. 세계에 비추어 본 한국의 모습이 실은 대단히 초라한 것이었을 테고 그래서 재빠른 위정자들이 앞장서서 '세계화(segyehwa)'라는 우스꽝스런 슬로건조차 내걸었던 것 아니겠는가? 그러나 이 역시 국가 간의 장벽이 거추장스러워진 재벌 혹은 초국적 자본이 뒤에서 부추긴 결과라는 것쯤은 그 뒤 누구나 알게 되었다. 한동안 "한국의 기업은 2류고, 정치는 4류"라는 어떤 재벌 회장의 발언이, 한국 정치의 후진성을 드러내는 지표인 것처럼 수용되기도 했던 것은 이런 연유 때문이리라. 그러니 한국사회가 1960년대 이후 산업화와 민주화의 이중적 성과를 달성했다는 지적도 그다지 산뜻한 개념화는 아닌 듯하다.

개방 이후 세계의 모습에 비쳐진 한국 학계의 모습에 대해 그동안 많은 비판도 있었지만, 과연 내부의 개선 노력이 동반되고 있었는지에 대해서는 의문이 있다. 여기에는 자율적 노력을 넘어서 해결되어야 할 많은 문제들이 있음은 물론이다. 그 가운데 하나가 아마 미국의 인용지수(citation index) 산출회사에 이름을 올린 외국잡지에 논문을 게재하는 것을 장려하는 정책일 것이다. 인문학이나 사회과학의 경우에는 SSCI(Social Sciences Citation Index)나 A&HCI(Art & Humanities Citation Index) 같은 지표가 그에 해당한다. 물론 인용지수를 산출하는 것은 아니지만, 한국에서도 인문학과 사회과학 연구를 지원하던 한국학술진흥재단(현 한국연구재단)이 여러 객관적 지표를 기준으로 잡지의 등급을 매기고(등재지와 등재후보지의 두 등급) 이를 기준으로 개인의 학술 업적을 평가하는 메커니즘이 확산되고 있다.

인문·사회과학 연구를 평가하는 기준을 제도화하고 이를 바탕으로 개인의 연구업적을 평가하게 된 것은, 한국 학계의 '선진화를 고대하고 갈망하는' 사람들의 중요한 성과라고 하지 않을 수 없을 것이다. 그리하여 각 대학이나 기관에서는 이런 제도를 기준으로 연구업적을 양화시켜 평가하게 되었다. 그러나 진정 심각한 문제는 바로 여기에서 기원하게 되었다. 서설이 길어졌지만, 나는 이것을 물량주의의 대공습이라고 불렀다.

"논문은 수준이 낮고, 잡지는 지나치게 많다." 이것이 외국에 거주하는 한국학 연구자들의 한국 학계에 대한 공통된 평가이다. 이런 결과는 역설적이게도 한국연구재단이 정착시킨 이른바 등재지 제도의 산물이라는 측면이 있다는 점도 부정하기 어렵다. 지나친 형식적 합리성이 만들어내는 왜곡된 결과라고 할 수 있을 것이다. 분과학문의 특성을 고려하지 않고 일정한 편수의 논문을 써내야 하는 형편에서 논문의 질을 문제 삼기는 어렵다. 이런 상황이니 자신의 주변에 등재지 하나쯤 가지고 있으면 얼마나 도움이 되겠는가? 잡지가 많아지는 것 역시 자연스러운 일이다.

이런 문제에 대해서는 그간 이런저런 분석과 비판이 있어왔고, 그런 비판이 상당한 이해를 얻고 있는 것도 사실이다. 그리고 한 국립대학에서는 논문 편수를 기준으로 삼는 것이 아니라 논문을 질적으로 평가해서 교수평가에 반영하는 정책으로 전환했다는 소식도 들

린다. 바람직한 일이라 하지 않을 수 없다. 논문 편수를 늘리는 것 '만'으로 학문의 질적인 향상을 기하기는 어렵다. 장기적인 전망 속에서 호흡이 긴 연구를 하지 않으면, 질적 수준이 높은 성과를 낼 수 없는 것이다. 한국의 인문학과 사회과학이 수준 높은 연구를 산출하기 위해서는 이제 논문 편수에 얽매이는 풍조로부터 벗어나지 않으면 안 된다. 깊은 문제의식을 가진 단행본(monograph)을 쓸 수 있는 시간과 여유가 연구자들에게 제공되지 않는다면, 세계적 '경쟁력'을 가진 수준 높은 글을 기대할 수 없을 것이다.

이런 물량주의는 대학(교육)의 상업화(commercialization)와 깊은 관련을 갖고 있다. 전 지구화가 진행됨과 아울러 초국적 자본의 침투력은 국가, 사회, 대학을 모두 포섭해버렸다. 대학은 이제 공공성을 상실하고, 상업화의 전당으로 전락할 위기에 직면하고 있다. 대학은 자신의 근본이 흔들리고 자본에 의해 포섭되고 있다는 사실을 심각하게 성찰하지 않으면 안 될 것이다.

3

이 책은 크게 세 부분으로 구성되어 있다. 1부 '근대역사학의 황혼'은 각각 근대역사학의 세 가지 요소, 곧 진보, 과학, 민족이 맞이한 위기를 정면으로 다루는 세 편의 글로 구성되어 있다. 2부 '은유로서의 식민지 공공성'은 '식민지 인식의 회색지대'라는 문제의식의 연장선 위에서 식민지기의 정치사를 새로 쓰기 위한 세 편의 글을 중심으로 짜여 있다. ''협력', 근대화, 민족주의, 그 삼각의 딜레마'라는 제목을 단 3부에는, 식민지배하의 협력과 관련하여 민족주의를 새로 사유하는 네 편의 글이 실려 있다. 여기에 '강의', '보론', '간주곡'이라는 형식을 빌려, 강의나 에세이 등의 글도 함께 구성하였다. 이 책에 실린 글들은 기본적으로 물량주의 공세 속에서 버티면서 쓴 것들이다. 호흡이 길지 못하고 문제의식이 파편적이라는 점을 부정할 수 없다. 하지만 긴 호흡의 농익은 문제의식을 담은 글을 쓰기 위한 고통스런 과정의 일환이라는 점을 알아준다면 다행이겠다.

필자는 2009년 4월부터 2010년 3월까지 일본 교토에 있는 국제일본문화연구센터에서 1년 동안 조용히 공부할 시간을 가졌다. 이런 기회를 마련해준 성균관대학교 동아시아학술원과 국제일본문화연구센터에 심심한 감사의 말씀을 드린다. 교토 생활 1년 동안 특히 니시카와 나가오(西川長夫) 선생으로부터 깊은 학은을 입을 기회를 가질 수 있었던 것을 행운으로 생각하고 있다. 또한 필자의 학문도 《근대역사학의 황혼》이라는 이 책의 문제의식과 아울러 앞으로 더 큰 전환을 수행해나가게 될 것이다. 만약 그런 전환이 원활하게 수행될 수 있다면, 그것은 필자의 교토 생활로부터 말미암은 바가 적지 않을 것이라고 생각한다.

마지막으로 도서출판 책과함께의 류종필 사장에게도 마음으로부터 깊은 감사의 말씀을 드린다. 류 사장과는 오랫동안 우의를 이어왔지만, 필자는 아직도 그와 같은 열정을 가진 출판인을 만난 적이 없다. 얼마 전에도 필자가 엮은 《식민지 공공성, 실체와 은유의 거리》라는 책을 자신의 출판사에서 간행해주었다. 필자는 류 사장이 가진 열정과 진정성만큼이나 도서출판 책과함께가 나날이 성장해나갈 것을 믿어 의심치 않는다. 아울러 원고를 검토하고 편집을 담당해준 강창훈 팀장과 오경철, 이조운 님께도 심심한 감사의 마음을 전한다.

2010년 9월

윤해동

1부

근대역사학의 황혼

1장

'진보라는 욕'에 대하여

—메타 역사학적 비판

1. '진보는 욕이다' — 속류화된 진보

이른바 참여정부를 표방하고 출범한 노무현 정권의 '실패'에 대한 평가 및 새로운 '진보 개혁' 정권 창출을 둘러싸고 2007년 초반부터 시작된 이른바 '진보 논쟁'은 노무현 전 대통령이 '유연한 진보'를 내세워 이 논쟁에 개입하면서 더욱 진풍경을 연출한 바 있다. '좌파 신자유주의'가 '유연한 진보'일 수 있는 것인지, 대통령이 진보 진영의 일원에 속하는지 하는 따위의 사실을 따져야 할 이유를 찾지는 못한다.

이 논쟁에 주목하고자 하는 것은 다음과 같은 이유 때문이다. 첫째, 사용되는 진보 개념이 대단히 혼란스럽다는 점, 둘째, 이에 더하여 속류화된 진보 개념이 횡행하고 있다는 점, 셋째, 이른바 '진보 진영'이 진보에 대한 일종의 강박증을 가지고 있는 듯하다는 점이 그것이다.

요컨대 진보 논쟁을 통하여 ①진보 개념의 자의성, ②속류화된 진보 개념, ③진보 진영의 보수화를 확인할 수 있는 것 아닌가 한다.

우선 첫 번째 논점에 대하여 살펴보자. 차기 정권 창출을 위하여 만들어야 할 '집권개혁연대'는 '자유주의 연대'인가 아니면 '진보 연대'인가? 곧 한국의 진보 진영은 좌파 세력과 자유주의 세력을 아우른 것으로 설정되어야 하는가, 아니면 좌파 세력만을 지칭하는 것인가? 진보 진영의 외연을 설정하는 데 이처럼 혼란을 겪는 것은 사용되는 진보 개념이 자의적이기 때문일 것이다. 이른바 '신진보주의'를 표방하는 세력은 기존의 진보주의 진영이 집단적 가치에만 매몰되었다고 비판하고, 개인의 욕구와 자율성을 인정해야 한다고 주장한다. 또 국가의 능동적 역할을 인정해야 하지만, 국민국가의 약화와 환경 파괴 같은 새로운 문제들에 대한 대안 창출에도 적극적으로 나서야 한다고 주장한다.[1] 그렇다면 기존의 진보주의 진영은 이런 측면에 주목하지 않는다는 말인가? 그럴 때도 진보 진영이라고 내세울 수 있는 것인가? 사회의 개혁에 대한 요구를 진보로 포장하게 될 때 오히려 혼란이 초래되는 것은 사용되는 진보 개념이 자의적이기 때문이다.

둘째, 이 점과도 관련하여 구사되는 진보 개념이 지극히 속류적이라는 점이다. 반보수(수구)연합이 보수(수구)세력의 집권을 저지해야 한다거나, 통일을 위해서는 민족주의를 버릴 수 없다거나, 생명공학과 같은 첨단 신기술의 무한발전을 통하여 한국 자본주의의 생산력과 효율성을 제고해야 한다거나, 자유주의적 가치가 보수주의와 연계되어 있다거나 하는 따위의 발언이 아무런 거리낌 없이 진보

---

1) 조형제 · 정건화 · 이정협, 〈신진보주의 발전모델과 민주적 발전국가의 모색〉, 《동향과 전망》 67, 박영률출판사, 2006.

진영의 언표로 대변된다. 네거티브한 용법으로 진보 개념이 사용되는 이유는 대개 이런 이유 때문일 것이다. "보수 세력에게 현 정권 곧 개혁적 자유주의 세력 그리고 좌파 모두는 '진보의 헤게모니'를 탈취당했다"[2]는 진술이 대변하는 현실은 진보 개념의 혼란 및 속류화와 무관한 것이 아니리라.

셋째, 진보 개념의 혼란 및 속류화는 진보 진영이 가진 진보에 대한 일종의 강박증상과 맞물려 있는 것처럼 보인다. 진보를 표방하는 세력은 어떤 곤란을 무릅쓰고라도, 자신이 진보 진영의 일원임을 증명해야 하고 자신이 진보의 내용과 외연을 확정할 수 있어야 한다는 강박을 안고 있는 듯하다. 그리하여 이제 진보는 일종의 기호로 작용하게 되었다. 자의식 없이 사용되는 진보 개념이 기호화하는 것은 필연이다. 기호화된 진보 개념이 그 개념을 구사하는 사람들에게 강박증을 강요하는 것이다. 진보라는 기호에 대한 강박증은 진보 진영의 '보수화'를 의미하는 것에 다름 아니다. 진보 진영의 보수화라는 아이러니가 말하는 것은 무엇인가? 나는 여기에서 진보가 일종의 욕이 된 현실을 읽고자 한다. 이제 좌파 혹은 자유주의의 대체물로 사용되는 진보 개념에 대한 성찰은 필수적인 과제가 된 것처럼 보인다.

2. 진보 논의의 두 차원

요즈음 한국에서 진보 개념이 아주 자의적으로 논의되고 있는 것

---

2) 안병진, 〈탈정치론의 시대〉, 《동향과 전망》 67, 박영률출판사, 2006.

은 전혀 다른 차원의 두 가지 개념이 착종되어 사용되고 있기 때문이다. 진보 논의를 전개하기 위해서는 우선 이 두 차원의 논의를 나눠서 살펴볼 필요가 있다. 첫 번째 논의는 역사철학적 차원에서의 진보와 관련된 것이다. 곧 '역사의 진보' 또는 '진보사관'과 관련된 논의가 그것이다. 전근대의 인류는 자신의 과거를 순환하는 것으로 대개 사고하고 있었다. 인간 사회가 전진할 수 있다는 발상은 단지 도덕적인 차원에서만 이루어지고 있었다. 그러므로 이 진보 개념과 대쌍을 이루는 개념은 보수가 아니라 '순환'이 될 것이다. 정체나 퇴보라는 개념은 단지 진보의 하위 개념에 지나지 않는다. 어떤 특정한 한 시기의 역사가 정체해 있었다거나 오히려 퇴보하고 있었다는 발상은 역사의 진보라는 대전제 위에서만 성립하는 개념이기 때문이다. 이 진보 개념은 서구 근대가 만들어낸 특유의 산물로, 근대가 전 세계로 확산되면서 지구상의 대부분의 사람들을 지배하게 된 특유의 관념 형태가 되었다.

다른 하나의 논의는 정치경제적 '진보주의(progressivism)'와 관련된 것이다. 특히 정치적인 입장에서 자신의 성향이 변화와 혁신을 치향한다고 주장하는 사람들이 즐겨 쓰는 말이 되겠는데, 주로 사회주의 혹은 좌파적 경향성을 지칭하는 것으로 보이지만 자유주의적 경향성을 지칭하기도 하므로 그 외연이 명확하다고 하기는 어렵다. 이런 의미에서의 진보 혹은 진보주의가 외국에서는 그리 널리 사용된 것으로 보이지 않는다. 1980년대 이후 한국에서는 사회주의 혹은 좌파적 경향성을 분식하기 위해 진보 혹은 개혁이라는 용어가 즐겨 사용된 듯도 하다. 한국에서의 자유주의의 빈곤에 대해서는 그동안 많은 지적이 있어왔지만, 이런 차원에서의 진보 혹은 진보주의의 새로운 개념화는 자유주의의 빈곤 현상과 떼어놓고는 생각하기 어렵다. 이런 의미에서라면, 진보의 대쌍을 이루는 개념은 보수 정도가 될 것이다. 정치적 차원에서 흔히 진보 혹은 진보주의라는 개념이 혁신, 개혁 등의 용어와 겹쳐 사용되며, 보수, 수구 혹은 반동이라는 개념이 그와 대쌍을 이루는 개념으로 사용되는 것에서 이를 확인할 수 있다. 진보 정치, 진보파, 진보 진영, 진보 정당이라는 용법만이 아니라, 진보평론, 진보누리, 진보저널, 사회진보연대 등의 고유명사로도 폭넓게 사용되고 있지만, 굳이 그 내용을 명확히 규정하고 사용하는 것처럼 보이지는 않는다. 예를 들어 《진보평론》이라는 잡지의 영문명은 *The Radical Review*인데, 여기에서는 진보라는 말이 급진주의라는 의미에서 사용되고 있다. 그러므로 정치적 차원에서의 진보 논의는 대개 혁신 또는 개혁이라는 말로 치환해도 별 무리가 없는 경우가 많으며, 오히려 그런 개념을 쓸 때 의도가 분명해지는 경우도 있는 듯하다. 이를 두고 개념의 과잉 사용이라고 부를 수도 있겠다.

이처럼 정치경제적 '진보주의'와 역사철학적 '진보'를 구별하지 않으면 논의는 혼란으로 빠질 수밖에 없다. 역사철학적 진보가 위기에 처한 시대에 한국에서는 역으로 진보 혹은 진보주의가 위력을 발휘하고 있는 현실은 일종의 아이러니이기도 하다. 정치경제적 입장에서의 진보주의가 진정으로 진보일 수 있기 위해서는 역사철학적 진보에 대한 자기 성찰이 동반되어야 하는 것은 아닐까?

이 글의 목표는 역사철학적 진보를 메타 역사학적 차원에서 비판하는 것이다. 그러므로 두 번째 차원의 논의는 이 글의 관심사가 아니다. 그럼에도 두 차원의 논의가 전혀 무관하다고 하기는 어려운데, 정치경제적 진보주의의 입장에서 역사철학적 진보 논의가 원용되는 사례가 많으며 이들이 역사철학적 진보에 대한 훨씬 더 강고한 믿음을 지니고 있는 것처럼 보이기 때문이다.

3. '신화'로서의 진보

역사철학적 의미에서 진보라는 개념은 계몽주의가 보편적 가치로서 진보를 내세우면서 정착하기 시작한 개념이다. 물질적 진보라는 개념은 아무리 소급하더라도 과거 300년 정도에서만 유의미한 매우 최근의 개념으로서, 과학과 산업의 발흥과 거의 비슷한 시기에 발생하였으며 또한 이는 전통적인 신념의 쇠퇴에 조응한 것이었다. 도덕적 진보가 물질과 보조를 맞추는 것이라고 가정할 때를 제외하고는, 이전 시대의 가장 큰 관심이었던 도덕적 진보에 대해서는 더 많은 생각을 하지 않게 된 것이다.[3] 그러나 인류 역사의 대부분의 시간 동안 많은 인간은 세계의 전진적 변화를 통해 '세계 내에서의 변화'를 추구하기보다는 종교나 철학에의 귀의를 통해 세계로부터의 탈출을 통한 '세계로부터의 구원'을 꾀했던 것이다.[4]

이와 더불어 양화된 근대적 시간과 공간 관념이 전개되면서 물질적 진보라는 개념은 더욱 확실한 뿌리를 내리게 되었다. 화살처럼 직선적으로 나아가는 시간, 즉 발터 벤야민이 규정한 이른바 동질적이고 공허한 시간이 주어지지 않았다면, 근대적 진보 관념은 그 기반을 확보할 수 없었을 것이다. 더욱이 시간이 공간 관념을 지배하면서 근대적 시공간 관념이 탄생하게 되면, 진보라는 관념은 인간 삶의 궤적을 드러내는 '역사'라는 관념과 더욱 밀착하게 된다. 17세

---

3) 로널드 라이트, 김해식 옮김, 《진보의 함정》, 이론과실천, 2006, 13~52쪽.
4) 강정인, 〈보수와 진보〉, 《사회과학연구》 2, 서강대 사회과학연구소, 1993.

기 이후 계몽주의 사상가들은 인류 보편의 진보가 밟아온 단선적인 도정을 묘사하기 시작했고, 이런 사유가 18세기 후반 헤르더 등의 사상가들이 묘사한 다양한 민족에 의해 세계가 공간적으로 분할되어 있다는 사고와 결합하게 되었다. 이리하여 민족들의 다양한 공간은 시간 함수에 지배되는 것으로 이해되었다. "기록된 역사를 지닌 민족들은 모두 다 우리가 향유하고 있는 문명의 현 단계와 지금도 원시부족 가운데서 나타나는 문명 단계 사이의 그 어딘가에 위치한다"는 인식이 그것이다.[5]

그리하여 인류가 지나온 경제의 진화는 수렵, 목축, 농업, 상업이라는 발전단계를 거친 것으로 간주되었으며, 최종적인 발전 단계는 '인류의 무한한 완성 가능성'이라는 교의에 의해 발전된 근대 문명에 이르게 되었다고 파악되었다.[6] 19세기 이후 새로운 학문 분야가 등장하면서, 인류의 발전 단계는 더욱 세분되고 세련화되었다. 석기→청동기→철기 혹은 미개→야만→문명과 같은 발전 도식이 만들어지게 되었던 것은 이런 관념의 발전 선상에 위치하는 것이었다. 마르크스가 정교화하고 이후 수많은 '진보주의자'들의 가슴을 설레게 했던 원시공동체→고대 노예제→중세 농노제→근대 자본주의→사회주의라는 발전 단계의 도식은 이러한 진보 관념의 최정점을 이루는 것이리라.

또한 사회의 진보는 더욱 세련된 지식의 분류 방법과 포괄적인 이론의 발전을 초래하는 것으로 간주되었다. 인간은 서서히 그리고 오류 없이 어떤 진리를 향해 가는 것으로 보였으며, 따라서 인간의 지

---

5) 테사 모리스-스즈키, 임성모 옮김, 《변경에서 바라본 근대》, 산처럼, 2006, 19~50쪽 (콩도르세의 발언).
6) 위의 책, 19~50쪽(콩도르세의 발언).

식체계는 포괄적인 일반화에 의해 중심으로 통합되는 것으로 이해되었다. 이러한 대규모의 일반화된 지식체계를 에피스테메형 지식체계라고 하는바, 인간의 진보는 에피스테메형 지식체계에 기반한 누적적 발전 과정이라고 파악되었던 것이다.[7]

그러나 시간에 의해 지배되는 이러한 역사 발전 단계라는 진보 관념이 감추고 있는 것은, 바로 그 시간에 의해 억압당해 있던 공간 관념이자 그 공간에 거주하고 있던 주민 집단들의 '후진성'이라는 관념이 아니겠는가? 시간 함수에 의해 지배된 다양한 민족 집단들은 진보라는 관념이 감추고 있는 그 억압성을 곧바로 눈치챌 수는 없었다. 인간의 역사란 진보를 기반으로 한 궤적일 따름이라는 이른바 '진보사관'은 근대 과학의 이름으로 정당화되었기 때문이다.

사회다위니즘(이른바 사회진화론)이 19세기 후반 서구의 보수주의에 파고들어 정착하면서, 진화로서의 진보 관념은 이제 자유주의자만이 아니라 보수주의자에게도 기본적인 신념이 되었다. 한편 19세기 대표적인 보수주의 정치철학자인 버크 역시 점진적이고 질서 정연한 개혁을 주장했지만, 무질서와 갈등 및 투쟁이 진보로 향할 수 있다는 것을 부인하지 않았다. 그는 물질생활에서의 진보를 인정하였으며, 물질적 진보가 문명 진보의 기반이 된다고 생각하였다. 또 과학과 지식 영역에서의 진보도 수용하였다. 단지 평등의 실현은 진보에 방해가 된다고 주장하였을 따름이다. 또 계몽주의가 낙관적으로 신봉한 인간의 도덕적 완성 가능성을 받아들이지 않았다.[8] 따라서 역사철학적 진보 개념과 보수 또는 보수주의는 상호 배타적인 개념쌍을 이루지는 않는 것이다.

---

7) 위의 책, 19~50쪽(콩도르세의 발언).
8) 강정인, 앞의 글.

나아가 사회다위니즘의 진화적 진보 논리는 비서구 사회에도 확산되기 시작하였다. 동아시아에 전파된 사회다위니즘이 민족 집단의 경쟁논리로 전화하면서 진보 논리의 일종으로 위력을 발휘한 것은 역설이지만, 사회다위니즘과 결합하면서 진보 관념은 더욱 속류화하였다. 백인의 부담을 운운한 '문명론'이 내포한 진보 관념이 그 속류화를 가장 잘 보여주고 있지 않은가? 이리하여 19세기 이후 진보라는 관념은 서구의 자유주의든 보수주의든 사회주의든 나아가 비서구 사회 어디에서도 문명론의 '진리'를 수용하는 한, 인정하지 않을 수 없는 일반적 가치로 자리 잡게 되었다. '신화'를 한 사회의 과거를 정리하는 가장 근원적인 가치와 열망으로 이루어진 의미의 체계라고 할 수 있다면, 이제 진보라는 관념은 하나의 신화로 기능하게 되었다. 그러므로 진보 관념이 단지 '진보주의자'의 전유물은 아니게 되었던 것이다.

19세기 후반 이후 한국사회 역시 진보라는 신화적 관념에 의해, 자신의 과거를 바라보는 데 익숙해지는 연습을 해야만 했고, 그 관념을 자신의 가장 중요한 가치로 수용하게 되었다. 하지만 20세기 초반 《서북학회월보》에 실린 다음과 같은 기사는 당시의 한국인들이 진보 관념을 수용하는 것이 용이한 일만은 아니었다는 점을 잘 보여주고 있다.

事君에 進於忠ᄒ고 事父에 進於孝ᄒ며 以至夫婦長幼朋友之倫에도 無不由是道而進ᄒ나니 惟願同胞諸君은 以此로 作進身基礎ᄒ고 又能培達材藝ᄒ야 今日에 進一步ᄒ고 明日에 進一步ᄒ야 百尺竿頭에 進進無己 즉 何患乎爲山九仞에 不得至巓ᄒ며 掘井九仞에 不得至泉也리오.[9]

진보를 생민의 기초라고 주장하여 진보의 중요성을 강조하고 있지만, 전통적 윤리에 기초하여 진보사관을 이해하고 있을 따름이다.

식민지 시기에는 진보를 둘러싸고 조선총독부와 조선인 계몽주의자들 사이에 경쟁의 장이 연출되었다. 총독부는 '총독정치'가 조선사회의 문명적 진보를 초래하였다는 사실을 자신의 치적으로 언제나 강조하였다. 그러나 조선인들은 조선이 오히려 퇴보의 길을 걷고 있다고 주장했다.

> 或者는 우리 朝鮮도 開化文明進步햇셔 그러지만은 이 사람은 退步하엿다고 말합니다. 다른 나라 사람은 進步하지만은 우리는 落伍가 되는 原因이 무엇이오닛가? 다만 遺傳性이 업는 까닭이오 敎育이 업슴이오 舊習만 墨守하는 緣由이웨다. 차라리 穴居木食하든 元始時代에 나섯도면 無關할 듯하웨다 警醒하시오. 우리는 밧비 심을 때며 거둘 때이웨다. 舊殼을 벗고 새것을 마즈며 實地로 實行할 이때이웨다.[10]

조선의 진보를 위해서는 널리 교육을 시행하고 구래의 전통을 개혁해야 한다고 주장하고 있다. 진보를 개혁의 측면에서 이해하고 있었다고 할 수 있겠다. 이런 방식으로 식민지배를 거치면서 한국사회에도 역사의 진보에 대한 믿음은 널리 전파되었고, 내면화되어 갔다.

한국사회가 진보를 신화적으로 수용하면 할수록, 서구의 가치에 대한 무한한 신뢰 위에서 자신의 과거를 새롭게 그리고 용이하게 정

---

9) 栢軒生, 〈進步者生民之基礎〉, 《서북학회월보》 제1호, 1908. 6; 한국역사정보통합시스템에서 인용.
10) 〈舊殼을 버서라〉, 《독립신문》 1924. 1. 19; 한국역사정보통합시스템에서 인용.

리할 수 있게 되었던 것이다. 한국사학계의 진보 이론이라고 할 수 있는 '내재적 발전론'이 제국주의의 모방으로부터 출발한 그 쌍생아일 수밖에 없는 이유는 이런 점에서도 명확하다. 일본의 식민주의 (역)사학자들이 만들어낸 한국의 역사상 곧 한국 역사의 장기 정체라는 역사 해석을 둘러싸고 피투성이의 투쟁을 벌여야만 했던 한국 역사학계의 경험은, 이런 점에서 아이러니를 구성한다. 한국의 역사도 누적적으로 발전하고 있었던 것으로 그려내야 한다는 강박증이 역사 해석을 지배하면서, 신화로서의 진보에 관한 관념은 더욱 대중적인 모습을 띠게 되었다. 물론 이는 한국만의 현상이 아니라, 전 지구적인 근대의 표상을 구성하는 것이리라.

4. '세속종교'로서의 진보

19세기 이후 진보 관념에 대한 신뢰는 하나의 이데올로기 나아가 전통적 가치들을 대체하는 일종의 세속적인 종교로 공고화되었다.[11] 전통사회에서 인간의 가치 지향은 과거의 유토피아로 회귀하는 것을 염원하거나 또는 유토피아를 복구하는 방식으로 표현되었다. 그러나 진보 관념에 대한 신뢰가 형성되면서, 인간의 가치 지향은 새로운 유토피아 건설을 열망하는 방식으로 전환하게 되었다. 세계로부터 탈출하여 또 하나의 세계를 구성하고자 하는 열망이었다.

진보라는 관념을 믿는 사람을 피라미드 모양으로 만들어본다면, 르네상스 이후 생활환경에 대한 인간 지식과 자연과학 및 기술의 진

---

11) 로널드 라이트, 앞의 책, 13~52쪽.

보를 믿는 사람이 피라미드의 가장 밑바닥을 구성한다. 이를 바탕으로 그 위에는 지적 · 기술적 진보의 결과 미래의 물질적 생활조건이 향상될 것이라고 믿는 사람들이 있고, 그 상위에는 사회 · 정치적 조직도 개선될 것이라고 믿는 사람들이 있다. 인류사회가 더욱 훌륭하게 통치되고 더욱 자유로워지며 더욱 평등해지고 안정될 것이라고 믿거나 인간성이 더욱 고귀하게 될 것이라고 믿는 사람의 수는 가장 적지만 피라미드의 꼭대기에 위치하고 있다.[12] 프랑스의 계몽주의자들이 진보를 구성하는 피라미드 하단의 두 가지 부류만이 아니라 상단의 두 가지 부류도 수용하였다면, 루소는 하단의 두 영역에서의 진보를 인정했지만 하단의 진보가 상단의 두 영역에서 오히려 퇴보를 초래한다고 보았다.[13]

생산력 발전이나 물질적 생활 영역에서의 진보를 부인하는 근대인은 거의 없는 것처럼 보인다. 그러나 사회정치적 생활이나 도덕적 영역에서의 진보를 수긍하는 것은 쉽지 않은 일이거니와, 합리적 기준을 만들어내는 것도 간단한 일은 아니다. 하지만 진보에 대한 세속종교적 믿음을 구성하는 것은 진보 피라미드 하단의 두 가지 영역에 대한 믿음을 통해서 이루어지는 것으로 볼 수 있겠다. 이리하여 진보의 역사관은 인류 자체가 진보한다는 점, 진보는 완결되지 않는다는 점, 따라서 진보는 끊임이 없을 것이라는 믿음 등의 세 가지 교조로 구성되었다. 이에 진보사관은 다가올 미래에 모든 것을 위임하고 보편적 인류를 역사 발전의 주체로 내세우게 되었다.[14]

---

12) 시드니 폴라드, 이종구 옮김, 《진보란 무엇인가》, 한마당, 1983, 6~7쪽; 강정인, 앞의 글에서 재인용.
13) 강정인, 앞의 글.
14) 조정환, 《제국기계 비판》, 갈무리, 2005, 425~449쪽. 저자가 발터 벤야민의 글을 정리한 것을 재인용 했다.

20세기 들어 신고전파 경제학과 사회주의 경제학에서 사용하기 시작한 성장(growth) 개념은 진보 관념이 세속화하는 과정을 잘 보여준다. 인간의 물질적 진보는 효율성과 생산성을 중심으로 하는 성장이라는 양화된 지표로 표현되는 것으로 간주되었고, 기술의 무한 진보가 이를 보증하는 것으로 이해되었다. 자본주의든 사회주의든 근대에 대한 거창한 약속은 한계가 없고 끝이 없는 진보에 대한 것이었다. 무한하게 지속되는 것으로 간주되고 양화되어 표시되는 인간의 진보는 현세의 유토피아를 약속하는 것처럼 보였다. 20세기에 나타난 이른바 총력전(total war)은 기술적 발전과 물질적 성장이 가져온 파멸적 결과가 아니던가? 진보 관념에 대한 신뢰는 인간 이성에 대한 신뢰의 위기를 초래하는 결과를 낳았다. 전후 서구의 복지사회는 진보 관념에 대한 신뢰의 동요가 초래한 '담합'의 결과라고 할 수 있지 않을까?

제2차 세계대전 이후, 냉전체제하에서 제3세계의 진보를 담보하기 위해 근대화론은 발전(development)이라는 개념을 고안하였다. 근대화론이 내세우는 발전이라는 개념은 경제적·물질적 성장을 포함한 사회 체계 전체의 변화를 약속하는 개념이었다. 그리하여 '전통'은 부정적 대상으로 간주되었고, 전통의 파괴 위에 발전을 통한 새로운 유토피아가 약속되었다. 사회주의 계열이 내세운 '후진국경제론'과 같은 발전 이론도, 근대화론과 아울러, 크게 보면 성장 이론이 가진 양화된 진보 관념을 크게 벗어난 것이라고 할 수는 없을 것이다. 1960년대 이후 한국의 경제 성장은 발전주의 담론에 의해 지배된 발전 국가가 주도해왔다. 한국의 경제 성장은 한편으로는 민족의 역사적 발전에 대한 대중들의 역사적 믿음 위에서 구축되었으며, 다른 한편으로는 다가올 미래의 유토피아에 대한 신뢰 위에서 추진되었던 것이다. 성장의 과실로부터 소외되어 있던 대중들이 발전 국가의 경제 정책에 대하여 적극적인 지지를 보내면서 현실의 참담함을 유보할 수 있었던 것 역시 진보에 대한 세속적인 믿음을 전제하지 않고는 이해하기 어렵다. 한국에서도 진보는 세속종교로 굳건히 자리 잡았던 것이다.

이리하여 집권적 중심으로부터 해체 혹은 변화라는 관념을 중심으로 인식의 대전환이 수행되었다. 진보 관념이 세속종교로서의 역할을 수행하게 될 때, 구조와 질서 그리고 안정은 버려야 할 대상이 되거나 보수주의의 지표로 인식될 가능성이 높다. 진보 관념의 변화에 대한 열망은 그런 믿음을 가지지 못한 자에게 타자 자신을 위해서라도 진보를 위한 변화를 강요해야 한다는 맹목적인 믿음으로 이어지게 된다.

진보 관념을 전유하고 있다고 스스로 믿고자 하는 한국의 '진보주의자'들이 그려내고 있는 모습이 바로 이런 것이 아닐까? 물론 이런 진보주의자들의 보수성은 진보 관념이 전 사회적으로 세속종교적 믿음 위에 충만해 있는 사회적 상황을 기반으로 하고 있음에 틀림없다. 조정환은 궁지에 처한 좌파들이 진보 개념을 대대적으로 부활시켜 우파의 보수에 대립하는 힘으로 내세웠지만, 이는 단지 자신들의 영향력을 유지하려는 술책일 뿐 진정한 대립이 아니라고 보고 있다. 나아가 '다중'의 삶을 이른바 '척도의 시간'에 종속시켰을 뿐이라고 비판하고 있다.[15]

---

15) 위의 책, 425~449쪽에서 재인용.

5. '진보의 진보' 혹은 '미래의 과거'

20세기의 진보 관념은 이성을 넘어 인류를 파멸로 이끌 수 있는 내적 논리를 가진 것으로 판명되었다. 신화화된 진보에 대한 세속종교적 믿음은 대단히 맹목적인 것으로서, 너무 많은 진보는 오히려 세계를 폭발시켜버릴 수도 있을 것이다. 종종 물질적 진보는 오직 그보다 나은 진보에 의해서만 해결 가능한 것으로 간주되기도 한다. 생태적인 문제가 바로 그런 경우이지만, 과연 그런 것일까? 지속 가능한 발전은 더 나은 발전에 의해서 추동되는 것일까? 오히려 더 많은 진보가 인류사회를 소멸시켜버리는 것은 아닐까? 지구 온난화와 관련하여 '지구별'에 남은 시간이 겨우 8년에 지나지 않는다는 지적은 아주 간단한 한 사례에 지나지 않는다. 그럼에도 인간의 기술 발전은 폭주하고 있고, 이로 말미암아 시간이 붕괴되고 있는 듯하다.

'진보의 진보'[16] 곧 진보 관념을 진보시켜야 한다는 발상은 근대적 진보 개념으로부터 벗어나 탈근대적 비전을 진보 개념에 포괄시킬 수 있어야 한다는 문제의식으로부터 출발한 것이다. 생태적 문제의식으로 대표될 수 있을 탈근대적 가치가 진보 개념에 추가된다고 할 때, 근대적 진보 개념과 충돌한다는 점을 일단 제쳐두고라도, 진보 개념은 그 생명력을 유지할 수 있을 것인가?

진정으로 위기에 처해 있는 역사철학적 진보에 대한 심각한 비판과 성찰이 전개되어야 한다. 이제 인류에게 진정 필요한 것은 더 많은 진보와 더 급진적인 진보주의가 아니라, 진보 관념에 대한 성찰이다. 먼저 인류가 서구적 가치를 중심으로 단선적으로 진보해왔다

---

16) 구갑우, 〈탈근대시대 한반도 평화〉, 《비판적 평화연구와 한반도》, 후마니타스, 2007, 225~242쪽.

는 믿음은 이제 버려야 한다. 그렇다면 진보에 대한 다원적 지표를 설정하는 일이 가능할 것인가? 포괄적인 복수의 지표를 설정함으로써, 진보의 차원을 다원화할 필요가 있을 것이다. 진보의 차원을 다원화한다는 것은 진보와 보수의 가치가 상호 전이한다는 믿음이 없이는 불가능하다. 구체적 상황에 따라 진보적 가치와 보수적 가치가 상호 전이할 뿐만 아니라, 진보주의와 보수주의도 결코 넘을 수 없는 적대적인 '진영'을 구성하고 있다고 할 수는 없을 것이다.

앞서 살펴본, 에피스테메형 지식체계에 반대되는 테크네형 지식체계란 식민지화되어 급속히 소멸 중인 지식체계를 이르는 말이다.[17] 이는 전체적론적이고 불명확하며, 소규모이고 분산적이다. 또한 실천적이며 개별적이다. 이런 소규모 분산적인 테크네형의 지식체계에 의거할 때, 중심에서 본 에피스테메형 지식체계는 일종의 허구로 변하게 된다. 그렇다면 진보 관념을 성찰할 때, 주변적이고 분산적인 테크네형의 지식체계를 개발할 필요가 있을 것이다. 주변으로부터 근대적 시간 관념과 아울러 진보 관념은 허물어져갈 것이다.

'역사의 천사'가 진보의 폭풍 속에서 자신의 날개 앞에 쌓고 있는 역사의 잔해를 다만 바라보고만 있어야 할 것인가? 발터 벤야민의 '구원으로서의 시간'과 구원으로서의 역사만이 인류를 구원할 수 있을 것인가?[18] 아니면 '오래된 미래'가 아니라 '미래의 과거', 곧 과거의 유토피아로 회귀하는 길을 찾아야 할 것인가? 생태론자들은 이제 진정한 변화를 위한 방법을 모색할 때가 되었다고 주장한다. 이를 위하여 현재의 제반 파괴적인 추세에 대처해야 할 뿐만 아니

---

17) 테사 모리스-스즈키, 앞의 책, 19~50쪽(콩도르세의 발언).
18) 조정환, 앞의 책, 425~449쪽.

라, 더욱 긍정적인 대안도 모색해야 한다고 주장한다. 산업화에서의 단일화(industrial monoculture)가 더 이상 확산되지 않도록 막는 반개발(反開發)의 노력이 그 하나이며, 지역에 따라 다양한 대안을 실행하는 것이 다른 하나가 된다. 아직도 남아 있는 남반구 사람들의 토착적인 생활방식에서 진정한 의미의 지속 가능한 삶의 모델을 배워야 한다는 것이다.[19] 인류의 인식구조란 결국 순환하는 것일 수밖에 없는 것인가?

그리하여 이제 진보는 욕이 되었다. 그러나 이번에는 한국에서의 진보 논의가 자의적이고 속류적으로 전개되고 있다는 점에서 하는 말은 아니다. 역사철학적 진보사관이 처한 곤혹스러움과 위기를 두고 하는 말이다. 이제 단순히 역사의 진보를 믿는다고 자처하는 것이 얼마나 위험스러운 일인가 하는 점은 어느 정도 스스로 명백하게 되었다. 무지 혹은 지적 태만이 아니라면, 이제 진보사관을 아무런 자기 성찰 없이 신봉할 수는 없게 된 것이다. 그렇다면 한국에서의 진보는 이중으로 욕이 된 상황에 처해 있는 것이 아닐까?

---

19) 헬레나 노르베리-호지 · 반다나 시바 외, 홍수원 옮김, 《진보의 미래》, 두레, 2006, 13~42쪽.

2장

'숨은 신'을 비판할 수 있는가
—김용섭의 '내재적 발전론'

1. '숨은 신'—비판의 대상이 될 수 있는가

'내재적(內在的) 발전론(發展論)'은 1960년대 이래 "식민사관(植民史觀)의 타율성론(他律性論)-정체성론(停滯性論)을 비판하고, 한국사를 세계사적 발전 과정이라는 보편성을 전제하면서 한국사의 특수성을 밝혀 민족사를 발전적으로 체계화하고자 하는 이론으로서, 그 핵심은 사회구성체 방법론을 한국사에 원용하는" 것으로 정의되어왔다.[1] 하지만 '내재적 발전론'으로 논리화되는 역사학 방법론의 내부에도 다양한 연구 경향이 혼재(混在)하며 그 역시 일정한 역사성을 갖는다. 또한 내재적 발전론의 시효가 만료되었음을 선언하는 논의가 무성한 가운데서도,[2] 내재적 발전론을 "외래 이론에 휩

---

1) 김인걸, 〈1960, 70년대 '內在的 發展論'과 韓國史學〉,《韓國史 認識과 歷史理論》金容燮教授 停年記念 韓國史學論叢 1, 지식산업사, 1997, 131쪽.

쓸리지 않고 근대역사학의 전통을 비판적으로 계승하면서 자신의 개성을 만들어온, 매우 보기 드문 1960~70년대 우리 현대역사학의 전통"으로 규정하면서 이런 역사학의 전통을 새로이 쇄신하여 힘을 발휘하도록 해야 한다는 논의가 제출되기도 했다.[3]

여기에서는 1960년대 이후 한국사의 역사 인식론 나아가 방법론으로 기능해온 내재적 발전론의 논리를 김용섭(金容燮)[4]의 저작을 대상으로 검토해보고자 한다.[5] 김용섭은 1950년대 이후 90년대까지 근 40년에 걸쳐 정력적으로 연구 성과를 발표해온 한국사학자로서, 그의 논의는 이른바 내재적 발전론의 주요 쟁점을 포괄하고 있다(2장 뒤의 연구 논저 목록 참조). 처음부터 내재적 발전론을 개념화하여

2) 1980년대 후반 이후 하시야 히로시(橋谷弘), 고바야시 히데오(小林英夫), 나미키 마사히토(並木眞人) 등의 일본인 조선사 연구자들이 이런 논의를 제기해왔다. 이와 관련한 논문은 이해주 · 최성일, 《韓國近代社會經濟史의 諸問題》, 부산대학교출판부, 1995에 번역 수록되었다.

3) 김인걸, 앞의 글 참조.

4) 김용섭은 서울대학교 역사교육과를 졸업하고, 1957년 고려대학교 대학원에서 석사학위를, 1983년 연세대학교 대학원에서 박사학위를 받았다. 서울대학교 사범대학 역사교육과에서 교직을 시작한 이후, 1966년 서울대학교 사학과(후에 국사학과)로 옮겼다가, 1974년 연세대학교 사학과로 옮겨 1997년 그곳에서 정년을 맞았다. 1967년 한국 최초의 한국사 연구단체인 '한국사연구회(韓國史研究會)'의 창립에 큰 역할을 한 것으로 알려져 있다.

5) 1955년 무렵 김용섭이 한국사 연구를 시작할 즈음, 그에게 다가온 가장 거대한 벽은 '한국사학이 하나의 철칙으로 여기고 있던 한국사의 타율성론과 정체성론'의 문제였다. 이 벽을 극복하기 위해서는 '농민층의 동태를 농민들의 주체적 계기에서 그리고 한국사의 내적 발전 과정에서 파악'해야 했다고 그는 회고했다. 김용섭, 〈序〉, 《朝鮮後期農業史研究》 1, 일조각, 1970a. 이로 본다면 김용섭은 '한국사의 내적 발전을 주체적 계기로 파악'한다는 문제의식을 적어도 1970년경에 정립시켰다고 할 수 있다. 또한 그의 후배, 제자 들에 의해 출판된 정년기념논총의 〈서문〉에서 "한국사를 내재적 발전의 논리에 따라 체계화하는 것"을 출간 목적으로 내세우고 있으며, 〈발문〉에서도 김용섭의 연구에서 보이는 가장 두드러진 특징을 "한국사의 내재적 발전의 끈질긴 추적"으로 규정하는 점에서, 그의 연구를 내재적 발전론의 틀로 검토할 수 있을 것이다. 金容燮教授停年記念 韓國史學論叢刊行委員會, 《韓國近現代의 民族問題와 新國家建設》 金容燮教授停年記念 韓國史學論叢 3, 지식산업사, 1997. 〈序文〉과 정창렬의 〈跋文〉 참조.

전면에 내걸지는 않았으나, 그의 연구작업이 내재적 발전론의 논리 전개를 이끌고 있었다는 사실은 부인하기 어렵다. 이 글에서는 김용섭을 매개로 내재적 발전론의 고착 과정을 검토함으로써, 한국사 연구가 가진 현실 대응력을 점검하고 이후 근대역사학의 방향성 논의에 일조하고자 한다.

김용섭은 이중적인 의미에서 한국 역사학계의 '숨은 신(神)'[6]이었다. 우선 그의 논의가 대중으로부터는 '은폐' 되어 있지만, 그가 제기한 여러 논의를 제외하고는 한국 현대사학사를 검토할 수 없을 정도로 한국사학계에 거대한 영향을 끼쳐온 '거인' 이었다는 점에서 그러하다. 나아가 그의 논의가 1960년대 이래 내재적 발전론의 중요한 논점을 포괄하고 있다는 점에서 또한 그러하다. 하지만 '숨은 신' 이 포괄하는 영역, 곧 신의 영역은 비판의 대상이 되지 않는다. '믿음' 을 바탕으로 하는 신의 영역은 곧 '성역' 이기 때문이다. '비판적인 믿음' 이란 존재하지 않기 때문에, 김용섭의 논의에 대한 명시적인 해석이나 비판이 존재하지 않는 일견 기이한 현상을 이해하기는 어렵지 않다.[7]

하지만 학문의 영역에서 비판이 부재하는 현상은 그 자체로 불행

---

6) '숨은 신' 이라는 은유는 뤼시엥 골드만(Lucien Goldman)에게 빌려온 것이다. 골드만은 문학에서 비극의 탄생을 논하기 위해 숨은 신이라는 은유를 사용했지만, 여기에서 사용하는 숨은 신의 은유는 이와는 조금 거리가 있다. 김용섭의 내재적 발전론을 넘어서지 못함으로써 비극적 정서가 역사학의 저변을 관통한다는 점에서는 골드만의 논의와 관련이 있을 수도 있지만, 여기에서는 주로 김용섭의 역사학 체계를 '역사화' 해야 한다는 점에서 이런 은유를 사용했다.

7) 김용섭에 대한 명시적인 해석이나 비판이 존재하지 않는다는 지적은 한편으로는 틀린 말이다. 뒤에서 다시 말하겠지만 김용섭의 논의에 대해 심각한 비판이 제기되어왔다는 점에서 그렇다. 그러나 이런 비판은 완벽하게 무시되었으며, 이런 방식을 통해 그의 논리는 유지되어왔다. 또한 김용섭의 논의가 가지는 중요성에 비추어 그에 대한 사학사적 위치 부여나 비판이 없었다는 점에서 위의 지적은 아직은 타당하다고 하겠다.

한 일이다. 학문적 비판이 불가능해지는 지점 곧 신성화하는 지점부터, 그 학문은 도그마의 영역으로 떨어질 수밖에 없기 때문이다. 김용섭의 내재적 발전론이 지니는 학문적 엄정성과 역사적 기여를 인정한다면, 신의 영역으로부터 그의 논의를 해방시키는 것이야말로 이를 젖줄 삼아 성장해온 후학들의 임무가 될 것이다. 하지만 '숨은 신'을 비판하고 그를 신의 영역에서 해방시키는 길이 있기나 한 것인가? 이제 한국사 연구자들에게는 익숙하기 그지없지만, 한 번도 명시적으로 해석되거나 비판된 적이 없는 '숨은 신'의 영역으로 들어가보자.

2. '내재적 발전론'의 논리 구성

1) 식민주의 역사학 비판과 근대역사학의 세 가지 전통

김용섭은 일제 관학자들의 역사학인 식민주의 (역)사학을 극복한 토대 위에서 해방 이후의 '새로운 한국사학'을 구축해야 한다고 보았다. 그는 식민주의 (역)사학의 인식론을 '정체성론'과 '타율성론'으로 요약했으며, 이러한 인식론이 일제의 식민정책을 뒷받침한 것으로 파악했다. 하지만 한국 근대역사학은 일제 관학자들의 근대적 이론과 엄격한 실증을 바탕으로 출발한 것이기도 했다.[8] 따라서 정

---

8) 김용섭은 경성제대에서 근무했던 시가타 히로시(四方博)를 특히 높게 평가했는데, 시가타는 "후진들에게 적지 않은 자극을 주었고, 지금도 그 영향이 적지 않다"고 하여 그를 크게 의식했다. 김용섭, 〈일본-한국에 있어서의 한국사 서술〉, 《역사학보》 31, 1966, 142쪽. 시가타는 조선 시기 연구에 양안(量案)이나 호적(戶籍) 그리고 계안(契案) 등의 고문서를 적극적으로 활용했는데, 이런 측면이 한국사 연구자들에게 큰 영

체성론과 타율성론의 극복과 함께 적극적인 민족 주체성과 발전주의적 입장 위에서 새로운 한국사학을 구축해야 할 것으로 보았다.

새로운 역사학의 수립을 위해 그는 식민주의 (역)사학을 비판함과 아울러 제국주의 지배 아래에서 한국인들이 형성해온 근대역사학의 전통에 주목했다. 그는 해방 이전 근대역사학의 전통을 크게 실증주의 사학, 마르크스주의 사학, 민족주의 사학이라는 세 가지로 분류했다. 먼저 실증주의 사학에 대해서는 다음과 같이 파악했다. 실증은 역사 연구에서 바람직한 것이지만, 그것만으로 '과학으로서의 역사학'이 될 수는 없는 것이었다. 실증은 역사학의 기초 조건에 지나지 않는 것이다. 그럼에도 실증주의 사학은 사료를 합리적이고 비판적으로 음미하고 역사적 지식을 더욱 증가시킴으로써 한국 역사를 체계화하는 데 중요한 근거를 제공했다고 보았다. 김용섭이 양안이나 호적 등 기초 자료를 이용한 철저한 실증을 통해 역사적 구체성을 확보하려 했다는 점에서도 실증주의 사학의 영향이 컸음을 짐작할 수 있다.[9]

다음으로, 다른 문화민족의 역사적 발전법칙과 마찬가지의 '일원론적인 역사 발전법칙'에 의해 한국 역사 역시 다른 여러 민족과 거의 동궤적(同軌的)인 발전 과정을 거쳤다는 것을 입증했다는 점에서 마르크스주의 역사학자인 백남운(白南雲)을 높이 평가했다. 이는 식민사관의 정체성론에 대한 최대의 도전이었다는 것이다. 보편적인

향을 미쳤던 것으로 보인다.
9) 김용섭은 정체성론을 극복하기 위해서는 사관이나 입장을 달리 설정하는 일 외에, 동양적 정체성이론의 정세(精細)한 논리의 하나가 '동양적 수전농업(水田農業)'의 문제를 입각점으로 삼고 있기 때문에 실증을 통해 농업 문제의 사실 오류를 지적해야 한다고 보았다. 김용섭, 앞의 글, 1970. 그는 이처럼 정치한 실증을 정체성론을 극복하기 위한 중요한 도구로 간주하였다.

발전 과정을 한국사의 전개 과정에서 확증하는 것은 식민주의 사관을 정면으로 비판하는 것이자, 민족 주체성을 담보하는 것이 되었다.[10]

마지막으로, 신채호(申采浩)로부터 정인보(鄭寅普), 안재홍(安在鴻)으로 이어지는 민족주의 사학에 대해서는 민족과 민족정신을 기층에 깔고서 그것을 세계사적인 사회 발전 논리로 전개하고 체계화하려 한 점에서 주목했다. 김용섭은 민족주의 사학을 바탕으로 한국역사의 주체성을 확립하고, 세계사와 관련된 보편성과 특수성을 조화시키려 했다. 이처럼 김용섭이 주목하는 역사학의 세 가지 전통은 실증주의 사학, 백남운의 마르크스주의 사학, 신채호로부터 연원하는 민족주의 사학 등이었다. 김용섭의 내재적 발전론의 바탕을 이루는 진보-발전의 논리, 마르크스주의 발전단계론, 민족주의적 주체성 논리는 이런 전통에서 유래하는 것이었다.[11]

하지만 이런 전통은 김용섭에게 다른 의미에서는 극복해야 할 도전의 대상이기도 했다. 실증주의가 가진 실증 본위의 경향, 마르크스주의 사학이 가진 동양적 정체성론, 민족주의 사학이 가진 관념성 등이 바로 그것이다.[12] '이론이 부재하는 실증주의의 만연'이라는

---

10) 김용섭은 백남운에 주목함으로써 조선 후기를 대상으로 한 '자본주의 맹아론'을 정립하는 데도 도움을 받았던 것으로 보인다. 백남운의 역사학에 대해서는 방기중, 《한국근현대사상사연구: 1930~40년대 백남운의 학문과 정치경제사상》, 역사비평사, 1992 참조.

11) 김용섭, 〈日帝官學者들의 韓國史觀〉, 《사상계》, 1963; 김용섭, 앞의 글, 1966; 김용섭, 〈우리나라 근대역사학의 성립〉, 《韓國現代史》 6, 신구문화사, 1970b; 김용섭, 〈우리나라 근대역사학의 발달 1〉, 《文學과 知性》 4, 일조각, 1971a; 김용섭, 〈우리나라 근대역사학의 발달 2〉, 《文學과 知性》 9, 일조각, 1972.

12) 김용섭은 1960년대 후반 한국사학계의 상황을 "빈약한 이론적인 기반 위에서 실증주의에 만족하고 있는 것이며, 넓은 시야와 체계적인 연구, 세계사적 관련에의 태세가 갖추어지지 못하고 있다"고 묘사했다. 김용섭, 앞의 글, 1966, 147쪽.

현실은 체계적인 한국사 인식의 필요성을 촉구했고, 이에 대응하기 위해 정립해간 논리가 바로 내재적 발전론이었다.

2) '발전' 의 논리

여기에서는 김용섭의 내재적 발전론의 틀을 '발전의 논리'와 '내재성의 논리'로 구분하여 그 논리적 개요를 정리해보겠다.[13] 먼저 발전의 논리는 다시 다음의 세 가지로 나누어 살펴볼 수 있다. 첫째, 농업생산력 발전과 그를 바탕으로 한 '소유론' 그리고 '지주전호제 (地主佃戶制)'의 성립과 발전이라는 문제의식, 둘째, 자본주의 맹아론과 경영형부농론, 셋째, 자본주의 근대화론과 식민지 수탈론이 그것이다.

첫째는 농업생산력 발전과 '소유론' 및 '지주전호제'의 성립과 발전에 관한 문제의식이다. 식민주의 (역)사학의 정체성론을 구성하는 핵심적인 논리는 한국 역사에서는 토지의 사유화가 지체되어 토지국유제가 지배해왔다는 것이었다. 따라서 발전의 논리를 구성하기 위해서는 토지의 사적 소유를 역사적으로 소급하여 증명함으로써 토지국유제의 논리를 근본적으로 비판할 수 있어야 했다. 또한 토지의 사적 소유는 농업생산력의 발달을 바탕으로 해야만 증명 가능한 것으로 판단되었다. 그리하여 정체성론을 극복하기 위해서는 '농업생산력의 발전-사적 소유의 확립-지주전호제의 성립과 발전' 이라는

---

13) 물론 발전의 논리와 내재성의 논리를 정확히 구분하는 데 어려움이 있을 뿐만 아니라 각각의 논리가 상호 교차-침투하면서 개별 논리를 구성하고 있으므로, 이런 구분에 무리가 따른다는 점을 인정한다. 그럼에도 이런 구분이 논리적 명징성을 추구하는 데는 도움을 줄 수 있을 것으로 본다.

논리적 연쇄를 역사적으로 증명해야만 했다.[14]

이에 관한 그의 논리는 대개 다음과 같이 구성되어 있다. 삼국 시기 중반 이후 농업 생산용구의 개량을 바탕으로 농업생산이 발전함에 따라 사회 발전도 촉진되었다. 이를 바탕으로 하호(下戶) 농민들은 전사(佃舍)-정전(丁田) 농민으로 점차 변동되어갔다. 이런 중세적인 자영농민의 성장은 농업생산력을 바탕으로 한 사적 소유의 발전에 따른 것이었다. 이처럼 사적 소유는 한국의 중세가 성립하는 삼국통일기부터 지배적 범주로 성립하기 시작했다. 중세적인 경제-토지제도의 특징은 봉건적인 지주전호제와 자영농민의 토지 소유가 일반화되고, 특히 전자의 경우 농업생산이 봉건지주층의 전호(佃戶)층에 대한 농노적인 지배관계로 수행되었다는 점이다. 한편 봉건적인 신분-직역(職域) 관계를 중심으로 수조권(收租權)이 성립함으로써, 국가와 일반 농민 사이에 전주전객제(田主佃客制)가 형성되어 수조권에 입각한 지배가 성립했다는 것이다. 곧 삼국통일 이후 새로운 생산관계로서 지주전호제가 발전하기 시작했는데, 이후 수조권에 의한 토지 지배와 사적 소유에 의한 토지 지배가 병존하면서도 전자가 우세한 위치에서 경합관계에 있었다. 그러나 15세기 후반에 직전법(職田法)과 관수관급제(官收官給制)를 계기로 사적 소유에 의한 토지 지배가 우세해져 이에 바탕을 둔 지주전호제가 지배적인 관계가 되었다. 결국 조선 후기 중세사회의 해체 과정은 지주전호제의 변화를 바탕으로 한 것이었다.

사적 소유의 발전이 미비하여 지주전호제가 성립하지 않은 삼국 시대 이전이 고대사회이고, 지주전호제가 성립하고 발전하는 통일

---

14) 전근대의 토지제도와 관련한 김용섭의 논의는 다음의 논문에 집약되어 있다. 김용섭, 〈토지제도의 史的 推移〉, 《韓國中世農業史硏究》, 지식산업사, 2000, 3~56쪽.

신라-고려-조선 시기까지가 중세사회로 구분되었다. 조선 후기 사회는 지주전호제가 크게 동요함으로써 중세 최말기 또는 중세 해체기로 규정되었다. 이처럼 그의 지주전호제론은 농업생산력의 발전-사적 소유의 확립-지주전호제의 성립과 발전이라는 도식, 곧 생산력과 생산관계 내지 토대와 상부구조가 조응한다는 '역사적 유물론'의 발전 도식에 입각한 것이었다. 한편 지주전호제론은 생산력 발전의 수준을 과신(過信)함으로써 사적 소유제 성립의 기원을 부당하게 소급시켰으며, 전근대 소유제의 중층성과 복합성을 무시했다는 비판을 받았다.

둘째는 '자본주의 맹아론'과 '경영형부농론'이다. 김용섭은 한국역사에서 정체성의 표본은 조선 후기이며, 개항을 계기로 외세에 의해 한국의 근대화가 이루어졌다는 통념을 넘어서기 위해서는 농업-농촌-농민의 내적 발전 과정을 중심으로 17~19세기의 농촌 경제와 사회 발전 양상을 통해 중세 또는 전통사회의 해체 과정을 해명할 필요가 있다고 보았다.[15] 그리하여 제기된 것이 바로 자본주의 맹아론이다. 그리고 자본주의 맹아를 농업에서 검출하기 위한 논리가 경영형부농론이다. 이에 관한 그의 논리는 다음과 같은 것이었다.

조선 시기에 지배적인 범주로 성립한 사적 소유에 기반한 지주전호제를 바탕으로, 지주와 전호의 모순관계의 내재적인 발전 과정에 따라 18세기 이후 농민층 분해가 본격적으로 전개되었다. 광범위한 토지 소유의 분화를 바탕으로 지주전호제는 더욱 발전했으며, 그 결과 농업 경영에서 농민층의 분해가 전개되었다. 이 가운데 자시작겸영농민(自時作兼營農民)으로서의 부농이 전체 부농의 5분의 1~3분

---

15) 김용섭, 앞의 글, 1970a.

의 1을 차지했는데, 이것이 바로 '경영형부농'이다.[16] 농민층 몰락의 이면을 구성하는 경영형부농은 임노동을 이용한 농업생산의 합리적 경영을 통해 그리고 차경지(借耕地) 확대, 지대(地代) 인하, 상업적 농업 경영을 통해 소득을 늘려 부를 축적했다. 경영형부농은 소생산자적 농민 계층의 분해 속에서 형성되는 중산적(中産的) 부민(富民)이고, 그중에서도 봉건지주층의 전작지를 차경(借耕)함으로써 부를 축적하던 농민층은 이른바 '자본가적 차지농(借地農)'에 가까운 층으로 간주되었다. 경영형부농은 봉건적인 생산양식을 타도하고 새로운 생산양식을 수립할 수 있는 사회계층에 가까운 존재로 규정되었다.[17] 물론 이런 농민층 분해의 진전과 새로운 계층의 성장은 생산력의 발전을 바탕으로 한 것이었다. 그리고 농업생산력의 발전을 구명하기 위해서는 농업기술과 농학(農學)의 발전 과정을 분석할 필요가 있었고, 지주제의 변화에 대응하는 유통경제와 농업 경영의 변동을 증명할 필요가 있었다. 이에 관한 그의 추적은 집요한 바 있다.[18]

이처럼 조선 농업 경영에서 경영형부농을 검출하려는 시도는 자본주의 맹아를 검출하려는 노력의 일환으로 수행되었다. 이는 농업에서 광작(廣作) 경영이나 서민지주(庶民地主)를 검출하려는 노력과는 다른 것으로, 영국형 자본주의 발전을 가정하는 데에서 출발한 것이었다.[19] 이 개념이 얼마나 심각한 '역사적 예단(豫斷)'에 입각한

---

16) 김용섭, 〈續 量案의 研究〉, 《朝鮮後期農業史研究》 1, 일조각, 1970c, 208~294쪽.
17) 김용섭, 〈朝鮮後期의 經營型富農과 商業的 農業〉, 《朝鮮後期農業史研究》 2, 일조각, 1971b, 267~385쪽.
18) 김용섭, 《朝鮮後期農業史研究》 2, 지식산업사, 1995(일조각, 1971; 일조각, 1990 증보판); 김용섭, 《朝鮮後期農學史研究》, 일조각, 1988; 김용섭, 《(增補版) 韓國近代農業史研究》 1, 지식산업사, 2004(일조각, 1975; 일조각, 1988).

것이었는지에 대해서는 그동안 많은 비판이 있어왔다.[20]

셋째는 '자본주의 근대화론'과 '식민지 수탈론'이다. 일제는 자국의 자본주의 농업기구가 기생지주제(寄生地主制)를 바탕으로 한 점을 고려하는 동시에 식민지 지배의 협력 기반을 마련하기 위해 식민지 농업정책을 통해 구래의 지주제를 존속시켰다. 일제의 토지조사사업은 한말의 양전(量田)-지계(地契)사업을 계승하여 근대적인 지세제도로 개혁한 것으로서, 양자의 연속성이 인정되지만, 일제하의 지주제는 한말까지의 지주제에 비해 지주권 즉 소작농민에 대한 지배권이 훨씬 강화된 것이 특징이었다. 이리하여 '반(半)봉건적 지주제', 곧 '식민지 지주제'를 통한 농업 수탈의 메커니즘이 형성되었다. 한국인의 지주 경영은 구래의 지주제를 자본주의 경제기구에 적응시키는 것으로서 지주적 대응으로의 자본주의적 지주 경영 바로 그것이었으며, 이는 대체로 일제에 강하게 예속되어 있었다. 이에 따라 지주의 민족주의는 타협적 성격을 띠는 것이었다.[21] 또한 이런 일련의 과정은 농민층의 몰락을 촉진하고 조선 후기 이래 경영형부농의 성장을 저지하는 것이었다.[22] 곧 식민지 지배가 자본주의 맹아의 성장을 저

---

19) '자본가적 차지농'이 농업의 자본주의적 발전을 이끌어나가는 것은 영국사회에서도 17세기에만 나타나는 특수한 형태이다. 그럼에도 김용섭이 조선 후기 농업의 자본주의적 발전을 견인하던 계층으로 자본가적 차지농인 경영형부농을 상정했던 것은, 1950년대 한국 역사학계의 연구 풍토와도 무관하지 않은 것처럼 보인다. 1950년대에 《역사학보》를 통해 발표된 '서양 중세사'에 관한 9편의 논문 가운데 8편은 영국 봉건제의 성립과 해체에 관한 것이라고 한다. 영국적 자본주의 발전의 길이 근대 시민사회 성립으로 가는 전형적인 과정이라는 신념이 당시 역사 연구자들 사이에 형성되어 있었다고 볼 수 있다. 임지현, 〈한국서양사학의 반성과 전망〉, 《역사비평》 8, 역사비평사, 1990.

20) 대표적으로 이영훈, 《朝鮮後期 社會經濟史》, 한길사, 1988 참조.

21) 김용섭, 《(增補版) 韓國近現代農業史研究》, 지식산업사, 2000(일조각, 1992).

22) 김용섭, 〈光武 年間의 量田─地契事業〉, 《韓國近代農業史研究》 2, 일조각, 1988, 190~390쪽.

지함으로써 독자적인 자본주의 근대화를 성취할 수 없었고, 이로 인해 구래의 지주제가 식민지 지주제로 전환됨으로써 식민지 지배와 수탈기구로 이용되었다는 논리가 바로 식민지 수탈론이다.

3) '내재성'의 논리

내재성의 논리는 다음 세 가지 구성 요소로 나누어 살펴볼 수 있다. 첫째 '두 가지 길 이론', 둘째 실학론, 셋째 농민전쟁 외피론(外被論)이다. 그 가운데 가장 기본을 이루는 것이 '두 가지 길 이론'인데, 실학론과 농민전쟁 외피론은 이를 뒷받침하기 위한 논리이기도 했다. 그리고 내재성의 논리를 구성하는 개별 논리는 모두 이행론(移行論)에 초점을 두고 있다.

첫째, 이른바 '두 가지 길 이론'은 조선 후기부터 현재까지의 역사를 세 개의 국면으로 구성한다.[23] 양란 이후의 '국가 재조(國家再造)', 19세기 후반 이후의 '자본주의 근대화'와 '국민국가 건설'이라는 세 개의 국면이 그것이다. 이런 세 개의 국면을 거치면서 한국 사회는 진화했고 최종적으로 '내전'을 거치게 된다고 보고 있다.[24]

---

23) 김용섭, 〈近代化 過程에서의 農業改革의 두 方向〉,《韓國近現代農業史研究》, 일조각, 1992a, 10~34쪽. 레닌은 1907년 사회주의혁명 전략의 일환으로 농업자본주의화의 두 가지 길 이론을 입안하였다. 농업자본주의화의 코스는 프러시아형 곧 위로부터의 길과 아메리카형 곧 아래로부터의 길로 정식화할 수 있다는 것이었다. 이를 일본의 강좌파 이론가들이 일본사회에 적용하고자 시도하기도 하였다. 김용섭이 이런 역사적 경험에 입각하여 그의 이론을 입안하였는지에 대해서는 어떤 증거도 없지만, 위의 두 가지 형태를 구체적으로 지적하고 있는 것으로 보아도 무리는 없을 듯하다. 다만 그의 두 가지 길 이론은 시기를 장기간 확장함으로써 전략론이기보다는 이행론으로서 기능하도록 한 점에 특징이 있다. 조석곤, 〈식민지 근대화론과 내재적 발전론 검토〉,《한국근대 토지제도의 형성》, 해남, 2003 참조.

24) 김용섭의 두 가지 길 이론은 농업 문제를 중심으로 구축된 것으로서, 그를 바탕으로 한 정치체제론이나 국가 이론은 개진되어 있지 않다. 다만 그의 정치 이론이 국가재

이를 간단히 정리하면 다음과 같다. 조선 후기 농업 문제의 해결 방안으로는 농민경제를 안정시킴으로써 농민항쟁을 해소시키려는 점에서는 공통점을 가진 두 가지 계통의 농업론이 있었다. 부세제도(賦稅制度) 개혁론과 토지개혁론이 그것인데, 전자는 지주층의 이익을 보장하는 가운데 문제를 수습하려는 것이었고, 후자는 지주제의 해체를 통해 소농경제를 근원적으로 안정시키려는 것이었다. 농업 생산의 관점에서는 지주적 상품 생산과 농민적 상품 생산의 대립을 반영하는 것이었다. 이에 따라 그 위에 성립될 경제제도나 국가 형태의 구상도 크게 달라질 수밖에 없었다. 이것은 바로 국가재조론의 분리로 나타났다.

개항 이후 지주적 입장의 농업 개혁론과 농민적 입장의 농업 개혁론은 더욱 뚜렷하게 구별되어 상호 대결하게 되었다. '지주적 코스의 농업 근대화론'과 '농민적 코스의 농업 근대화론'이 그것이다. 전자는 양반 지주층이 주장한 것으로, 지주제와 지주적 상품 생산을 기초로 부세제도만을 개혁함으로써 농업 문제를 타개하려는 것이었다. 후자는 농민층이나 진보적 양반층이 제기한 것으로, 농민적 토지 소유와 상품 생산의 안정을 확보하기 위해 토지제도까지 개혁하자는 입장이었다. 하지만 개항 후 근대화 과정에서는 전자의 개혁론만이 제도로 정착했다. 일제 '강점'하에서는 일제의 수탈농정이 정립되었는데, 이는 지주제에도 일정한 통제를 가하고 농촌에도 약간

___

조론과 국민국가 건설론 내지 내전론으로 구성되어 있다는 것을 몇 군데의 언급만으로 추정할 수 있을 뿐이다. 국가재조론은 김용섭, 〈朝鮮後期 土地改革論의 推移〉, 《朝鮮後期農業史研究》 2, 일조각, 1971c, 424~471쪽에, 국민국가 건설론은 김용섭, 〈結論〉, 《韓國近現代農業史研究》, 일조각, 1992b, 460~474쪽에, 내전론, 즉 남북전쟁론은 김용섭, 〈緖論〉, 《韓國近現代農業史研究》, 일조각, 1992c, 1~8쪽에 간단히 언급되어 있다.

의 지원을 가하여 농업 문제를 해결하려 한 것으로, 지극히 소극적이고 전시효과적인 것이었다. 다른 한편 한국인들의 농업 문제 대책은 민족-자본주의 진영의 지주 입장의 방안과 농민 입장의 방안 및 사회주의 진영의 농민 입장의 방안 등이 있었다. 전자는 일제 통치 당국의 그것과 유사했으며, 전면적인 토지개혁에 가까운 안을 구상했던 후자는 사회민주주의적 성격을 띠는 것이었다. 이 두 노선의 차이와 대립으로 좌우익 간의 타협안 창출에 실패함으로써 해방 후에도 반봉건적·기생적 또는 자본주의적 지주제를 해체시킬 수 없었으며, 농업체제의 분열만이 아니라 남북 분단을 초래하지 않을 수 없었다. 이리하여 한국전쟁은 내전으로서 '남북전쟁'이 된다.

둘째, 실학론은 조선 후기의 두 가지 길 내지는 국가재조론을 뒷받침하기 위한 이론이다. 양란 이후 국가재조 문제와도 관련하여 반주자학적 토지론과 토지개혁론이 본격적으로 제기되었다. 실학자들의 토지개혁론은 독립자영농 육성을 목표로 한 것과 농업생산의 대형화를 목표로 한 것으로 나뉘어 있었지만,[25] 둘 다 봉건지주제를 타파하거나 개선할 것을 목표로 했으며, 농업개혁과 사회개혁의 핵심이 정치체제의 개편에 있다고 보았다. 이들은 경영형부농을 농업개혁을 위한 주축으로 끌어들이고, 나아가 권력에까지 참여시킴으로써 이들과의 협력 아래 농업개혁을 성취하려 했다.[26] 실학사상의 농업론은 피지배층 몰락자의 입장에서 국가와 농민경제의 안정을 기하는 개혁을 요구하는 사상이었다. 이처럼 실학은 우리의 전통사상이 스스로 개척한 반주자학적 '사회개혁사상이자 근대화론'으로서,

---

25) 김용섭, 앞의 글, 1971c, 424~471쪽.
26) 김용섭, 〈18, 9세기 農業實情과 새로운 農業經營論〉, 《韓國近代農業史研究》 2, 1971d, 2~175쪽.

한말 근대화론으로 이어질 수 있는 사상이었다. 실학의 근대화론은 아래로부터의 개혁운동 및 농민전쟁의 개혁 이념과 상통하는 것이었지만, 서구적-일본적 근대화론과의 경쟁에서 패배함으로써 결국 채택되지 못하고 말았다.[27]

셋째, '농민전쟁 외피론'은 조선 후기 민란으로부터 개항기 농민전쟁으로 이어지는 아래로부터의 변혁의 길과 농민적 코스의 농업 근대화론을 연결하는 매개로 이용됨으로써, 두 가지 길 이론의 두 번째 국면을 구성하는 주요한 논리가 되었다.[28] 조선 후기 농민층의 광범위한 몰락과 신분제의 동요 속에서도, 경영형부농과 같은 자영농민층은 끈질기게 성장하고 있었다. 1862년 민란은 반봉건적 항세투쟁(抗稅鬪爭)이었지만, 농민운동은 자영농민층과 중-부농층이 주체가 된 비합법적 폭력운동으로 발전하고 있었고, 1894년 농민전쟁은 지주제의 해체와 토지의 균등 경작을 요구하는 운동으로까지 발전했다. 1894년 농민전쟁은 경제적 의미에서는 민족운동이고, 일제에 대한 정치적 의미에서는 반침략운동이었다. 또한 봉건적 지배층만이 아니라 동학의 배외사상(排外思想)도 지양하고 있었다는 점에서 후진국 민족운동의 기본 방향에 접근한 것으로서, 부르주아혁명

---

27) 김용섭, 〈導論─朝鮮後期의 農業問題와 實學〉, 《韓國近代農業史硏究》 3, 지식산업사, 2001a, 1~22쪽. 1930년대 중반 '조선학운동'의 일환으로 명명되고 연구되기 시작한 실학은, 1950년대 초반 이래 조선 후기사 연구를 풍미하는 주제가 되었다. 1960년대 중반까지의 실학 연구는 대개 실학의 근대성을 확인하고자 하는 경향을 띠었다. 김용섭은 이런 실학 연구 경향을 일변시킨 것으로 보인다. 그는 실학론을 역사적 유물론과 '행복하게' 결합시킴으로써, 두 가지 길 이론 또는 국가재조론을 지지하기 위한 이론으로 활용했다. 1950~60년대 《역사학보》의 동향란 참조.
28) 김용섭이 농업사 연구를 계획한 것은 1955년경의 일로, 이때부터 19세기 후반기 농민층의 동태를 '동학란성격고(東學亂性格考)'라는 주제로 연구하기 시작했다고 회고하고 있다. 김용섭, 앞의 글, 1970a. 김용섭이 자신의 농업사 연구를 농민전쟁 연구로부터 시작했다는 것은 의미가 깊다. 이로 볼 때 농민전쟁 외피론은 농민의 주체적 계기를 통해 중세사회 해체 과정을 파악할 목적에서 원용되었다고 할 수 있다.

운동의 일환으로서의 농민혁명이었다. 하지만 농민혁명의 꿈은 정부 지배층이 추진한 지주 입장의 근대화 정책과 외세의 개입으로 무산되고 말았다.[29] 해방 후 한국의 좌파 역사학자들은 원래 엥겔스가 독일 농민전쟁을 해명하는 이론으로 수립한 농민전쟁 외피론을 한국사에도 적용했다. 김용섭은 이를 본격적으로 한국사에 적용하여, 이후 내재적 발전론을 구성하는 주요한 이론적 자원으로 활용했다고 할 수 있다.

4) '일국적 발전'의 견고한 틀

위에서 살펴본 김용섭의 내재적 발전론의 특징을 다음과 같이 정리할 수 있을 것이다. 첫째, 세계사적 발전의 법칙을 한국의 특수성 속에서 해명한다는 그의 발전의 논리는 토대-상부구조의 조응의 논리 위에 구축되어 있다. 그는 농업생산력의 발전을 증명함으로써 이에 조응하는 사적 소유의 발전과 지주전호제의 성립을 확증하려 했다. 또한 지주전호제의 해체와 식민지 지주제의 성립은 각각 그에 조응하는 정치체제를 요구하는 것이었다. 마르크스주의 역사적 유물론의 발전 도식이 그의 발전의 논리의 바탕이 되었던 것이다. 둘째, 그의 내재성의 논리는 중세사회가 해체되고 자본주의적 근대화를 성취하는 과정을 두 가지 길 이론에 입각한 이행의 논리로 증명하려 한 것이었다. 중세사회를 해체하는 아래로부터의 힘 곧 농민적 저항과 자본주의적 맹아는 제국주의적 외압에 의해 차단되고 식민지 수탈체제가 확립되었다는 것이다. 내재적 근대 이행의 논리가 외

---

29) 김용섭, 〈全琫準 供草의 分析〉, 《韓國近代農業史硏究》 3, 지식산업사, 2001b, 147~241쪽.

압에 의해 억압되었던 것이다. 셋째, 그의 실증 작업은 주로 농업사 연구에 국한되어 있었지만, 조응론과 이행론을 통해 정치적 국민국가 건설을 정당화하는 것으로 나아가고 있었다. 이는 민족 주체적 계기를 강조하는 논리의 귀결이다. 넷째, 국민국가 건설론이 내전론으로 귀결되면서 그의 발전론은 비자본주의적 발전의 길을 옹호하는 것처럼 보인다. 이는 역으로 그가 분단의 제국주의적 외인론(外因論)을 옹호하고, 냉전 논리에 순응적이었던 것을 의미한다.

김용섭의 내재적 발전론은 다음 표와 같은 정합적 논리 위에 구축되어 있었다.

표_ 김용섭의 내재적 발전론의 논리 구성

시기 구분	대상 시기	농업 생산관계	정치체제
중세	통일신라-조선 초기	지주전호제	중세 왕조국가
중세 해체기	조선 후기	경영형부농 성장	국가재조론 분리
근대 이행기	개항 이후-분단	식민지 지주제 성립-해체	일제강점-분단국가

이처럼 김용섭의 내재적 발전론은 '숨은 신'의 이름에 걸맞게, 두터운 역사적 실증과 이론적 사유 위에 구축되어 왔다. 그의 실증과 내재적 발전의 논리가 1960년대부터 90년대까지 40년 가까운 시간 동안 흔들림 없이 한국사학계를 풍미해온 데에 이유가 없는 것은 아니다. 그는 한국사의 전 시기에 걸쳐 '민족 주체적 계기에 의한 발전론'의 틀을 '심층적 실증' 위에 구축했다. 아직도 그의 내재적 발전론이 거대담론으로서 생명력을 가지고 있는 것은 해방 후 어느 누구도 이런 업적을 혼자 힘으로 구축해낼 수 없었기 때문일 것이다. 그러나 이제 거대담론으로서 그의 내재적 발전론이 가진 취약성이 그 생명력만큼이나 두드러지게 된 것은 아닐까 한다.

그의 내재적 발전론은 역사적 유물론의 도식에 입각한 조응론과 이행론에 바탕을 둔 것으로서, 강력한 '일국적 발전론'이라 할 수밖에 없다. 마르크스주의적 도식성과 강력한 목적론적 특성은 제쳐두고라고, 그의 내재적 발전론은 근대화론과 민족 이론의 측면에서 커다란 문제점을 갖고 있다. 두 가지 길 이론은 근대화의 방식을 두 가지로 나누고, 그 두 가지 길을 17세기부터 20세기까지 '턱없이' 확장함으로써 그 이론적 적실성을 희석시켜버리는 측면이 있다. 그러나 더욱 문제가 되는 것은 국민국가 건설론과 두 가지 길 이론이 결합할 때 나오는 일종의 '파괴적 속성'이다. 두 개의 논리가 결합할 때, 한국전쟁 이후 정착된 '두 개의 국민국가'는 인정할 수 없게 되고 통일을 위한 '민족주의적 정열'만이 중요하게 취급될 수밖에 없다. 또한 국민국가 건설론과 두 가지 길 이론은 각각 한국의 근대적 시공간을 독특하게 규정한다. 공간론으로서의 국민국가론이 시간론으로서의 국민국가론에 압도당할 때, 오히려 시간은 정지한다. 과거가 현재를 압도하는 것이다. 이런 국가론과 발전론에서 현재란 항상 '과거에 지배당하는 현재'일 뿐이므로 온당하게 근대적일 수 없다. 이런 점에서 아직 '불완전한 근대'와 '넘치는 근대'를 공유하고 있다는 호소가 힘을 발휘하게 되는 것이다. 이처럼 내재적 발전론의 근대화론과 민족 이론이 가지는 파괴적 속성은 민족 지상, 근대 지상의 정열을 역사학적으로 뒷받침함으로써 발현되는 것이다.[30]

---

30) 근대 국민국가 건설론을 바탕으로 '분단민족주의'를 주창하면서 분단 문제를 역사적으로 해명하는 것을 자신의 과제로 삼는 '분단사학론' 또는 '통일민족주의론'은, 김용섭의 내재적 발전론을 자신의 논리적 토대로 사용해왔다. 말하자면 내재적 발전론의 '정치론'은 김용섭이 아닌 다른 사람들에 의해 전개되었지만, 김용섭의 논리가 절대적인 영향력을 미쳤던 것이다. 예를 들어 강만길은 "분단시대 극복을 위한 국사학의 가장 중요한 과제로서의 통일 지향 민족주의론의 정립 방향은 '역사 발전의 바른 노정' 위에서 세워져야 하고, 민족 구성원 전체의 역사적 역할이 보장되고 특히 민

3. '내재적 발전론'의 고착

1) '국민 만들기'를 위한 역사학

1950년대 이후 체제적인 관변 민족주의 이데올로기는 그 기본 틀을 민족 정체성의 확립에 두었다. 이는 다시 방어와 배제의 논리인 반공이데올로기, 성장 논리인 산업화를 통한 근대화 이데올로기 그리고 사회경제적 변화, 즉 서구화-근대화의 진행에 수반되는 정체성의 침식을 대비하기 위한 정체성 확립의 논리라는, 세 가지 논리적 기반에 의해 구축되었다. 민족 정체성의 확립과 근대화의 논리를 잇는 매개항은 발전-진보의 논리였다. 여기에 '제도의 근대화와 전통주의의 딜레마'가 발생하게 된다. 발전 이데올로기는 경제 성장과 서구화를 의미하므로 이는 곧 민족의 정체성을 위협하는 것이었다. 이처럼 발전과 정체성의 확립 사이에서 형성된 딜레마는 결국 '근대화가 전통주의 성장의 토대'를 마련하는 것을 의미하게 되었다. 이는 자유주의적 가치와 개인주의 또는 민주주의에 대한 비판이나 환멸로 나타나 '한국적 민주주의'라는 '교도민주주의(administrative democracy)'의 확립을 목표로 삼게 했다. 민족주의 역사학 곧 내재적 발전론은 여기에서 그 개화의 토대를 발견하게 되었던 것이다.

이를 좀 더 부연하면, 역사주의적 진보(progress)라는 개념은 제2차

중세계의 역사주체성이 확립되는 방향에서 수립"되어야 한다고 강조하면서 민족주의적 입장에서의 국민국가 건설론을 내세우고 있다. 또한 '진정한 역사적 의미의 근대화'는 본질적으로 인간 해방을 위한 또 하나의 전진적 과정이며, 각 지역마다 역사 담당 주체세력의 또 한 번의 확대 과정이라고 하여, '이상적 근대상'을 제시하면서 근대화를 지상 과제로 설정하고 있다. 강만길, 《분단시대의 역사인식》, 창비, 1978; 이세영, 《한국사 연구와 과학성》, 청년사, 1997 참조.

세계대전 이후 제3세계 민족주의의 등장과 함께 강화된 발전 (development) 개념과 더불어 한국사회에서도 튼튼하게 뿌리를 내렸다. 세계체제적 차원에서도 정치적 자율성의 강화 곧 민족주의의 강화와 경제적 부의 증대 곧 발전은 상호작용을 하면서 강화되었는데, 한반도에서도 예외가 아니었다. 그런데 제2차 세계대전 이후의 이런 추세는 역사적 근원을 가지고 있었다. 냉전의 양 당사자 또는 윌슨주의와 레닌주의가 외면적 대결양상에도 불구하고 서로 접근하고 있었던 경험이 바로 그것이다. 레닌과 코민테른은 급진적인 아시아의 민족해방운동과 동맹을 결성하려는 의도를 명확히 함으로써, 사실상 민족자결이라는 윌슨의 의제와 결합했다. 제2차 세계대전 이후 소련이 제3세계에서 사회주의 건설을 촉진하는 적극적인 정책을 추진했을 때에도 소련은 저개발국의 경제 발전이라는 자유주의적 의제에 동참하고 있었던 것이다. 이런 맥락에서 한반도의 두 개의 국가도 예외는 아니었다.[31]

이런 점에서 김용섭으로 대표되는 일국적 발전론은 '근대화론'이 내세우는 '발전론'과도 공통점이 많다. 크게 보면 박정희 정권의 성장이데올로기와 논리적 기반을 공유하고 있는 것이다. 또한 그 논리적 틀에는 냉전적 사고가 잠재되어 있었다. 민족주의-민족국가론이라는 집단적 주체성과 냉전적 발전 개념을, 체제적인 관변 민족주의 성장론과 그것도 '거꾸로' 된 형태로 강하게 결합시켜 수용하고 있었던 것이다.[32] 예를 들어 1968년 한국사학자 김용덕(金龍德)은 학자

---

31) 세계체제론자인 이매뉴얼 월러스틴(Immanuel Wallerstein)의 20세기를 보는 시각은 기본적으로 레닌주의와 윌슨-루스벨트의 노선이 상호 접근하고 있었으며, 냉전기 사회주의권의 경제 발전이 자유주의적인 발전 노선과 친화성을 가진 것이었다는 전제에 입각해 있다. 이매뉴얼 월러스틴, 백승욱 옮김, 《우리가 아는 세계의 종언》, 창비, 2001 참조.

들이 앞장서서 '국사교육심의회'를 설치할 것을 요구했다. 이 제의를 받아 1969년 말에 한우근(韓沽劤), 이기백(李基白), 이우성(李佑成), 김용섭 등이 《중고등학교 국사교육 개선을 위한 기본 방향》이라는 책자를 내놓고 교과서의 개정을 촉구하고 나섰다.[33] 이 책에서 제시한 '시안 작성의 기본 원칙'은 다음의 다섯 항목으로 이루어져 있다.

① 국사의 전 기간을 통하여 민족의 주체성을 살린다.

② 민족사의 각 시대의 성격을 세계사적 시야에서 파악한다.

③ 민족사의 전 과정에서의 내재적 발전 방향을 제시한다.

④ 제도사적 나열을 피하고 인간 중심의 생동하는 역사를 기술한다.

⑤ 각 시대의 민중의 활동과 참여를 부각시킨다.[34]

이 기본 원칙은 '인간 중심'과 민중의 문제를 제시하고는 있지만,

---

32) 조동걸은 1960년대 중후반 역사학자들이 정부 측의 '민족 주체성'과 '근대화' 구호에 적극적으로 관심을 표시했던 저간의 사정에 대해 다음과 같이 기술하고 있다. "4·19혁명을 계기로 민족주의가 고양되면서 혹은 세계적으로 풍미한 신민족주의(네오-내셔널리즘) 사조를 수용하면서 (……) 한국사학에서도 식민주의 (역)사학에 대한 비판을 본격화하는 등 새롭게 민족주의 사학의 바람을 불러일으키며 종래의 저항이나 냉소적 풍조가 불식되는 듯했다. 그때에 5·16쿠데타로 군사정권이 등장하면서 현실은 다시 역사학의 양심과 괴리되어 집권자가 '민족 주체성'과 '근대화'의 구호를 외쳐도 무관심 또는 냉소의 자세를 보이고 있었다. 집권자의 민족 주체성과 근대화의 부르짖음이 측근 학자의 조언에 의한 것이라고 하지만, 그래도 역사학계는 방관하고 있었다. 그런데 그러다가 보면 4·19 민족주의와 세계적 네오-내셔널리즘의 흐름조차 왜곡될 염려가 있어서 집권자의 구호와는 적어도 주관적으로 무관하게 민족 주체성과 근대화의 문제를 학문의 광장에서 토론하기에 이른 것이다. 그것이 1960년대 중반 이후의 한국사학의 길이었다." 조동걸, 《現代韓國史學史》, 나남, 1998, 412쪽.

33) 위의 책, 434~435쪽.

34) 《중고등학교 국사교육 개선을 위한 기본 방향》, 1969, 3쪽: 조동걸, 앞의 책, 435쪽에서 재인용.

민족 주체성과 내재적 발전 방향을 강조했다는 점에서 내재적 발전
론의 논리 위에 입각해 있음을 확인할 수 있다.[35] 이런 학계의 활동
에 자극받아 문교부는 '국사교육강화위원회'를 설치했고,[36] 언론사
들에서도 '한국사연구위원회'를 설치하여 한국사 교육 강화와 연구
의 대중화에 힘을 기울이게 된다.[37] 이처럼 내재적 발전론은 민족주
의 및 발전을 박정희 정권과 공유하고 있었기 때문에 그에 대한 비
판 역시 동일한 패러다임 안에서 제한되어 있었다. 이런 점에서 내
재적 발전론의 존재 기반이자 최종 목표는 국민 만들기＝국민화 과

---

35) 현재적 시점에서 되돌아보면 '시안 작성의 기본 원칙' 5항목은 내부적으로 상호 충
돌하는 원칙으로 구성된 것처럼 보인다. 인간 중심, 민중 본위라는 것이 무엇을 의미
하는지가 명확하지 않다는 점을 논외로 치더라고, 민족의 주체성을 살리고 민족사의
내재적 발전 방향을 제시한다는 원칙이 세계사적 시야에서 시대의 성격을 파악한다는
방향과 어떻게 상호 연관을 맺는지가 명확하지 않을 뿐만 아니라, 과연 '민족' 집단의
주체성을 살리면서도 '인간' 중심으로 역사를 기술하는 일이 가능한지에 대해서도 의
문을 가지지 않을 수 없다. 요컨대 세계사적 시야, 인간 중심, 민중 본위라는 항목은
민족적 주체성과 내재적 발전의 논리를 내세우기 위한 '장식'에 지나지 않는다는 인상
을 지우기 어렵다. 이런 평가가 후세대의 오만함으로 비치지 않기를 바랄 따름이다.
36) 문교부에 설치되었던 국사교육강화위원회는 1972년 무렵 '국사교육개선위원회'로
명칭을 바꾼 것으로 보인다. 참고로 1972년 5월 10일 열렸던 국사교육개선위원회 제1
차 회의의 안건과 위원의 이름을 정리하면 다음과 같다.
• 안건 요지: 1. 초·중·고등학교의 '사회과'를 '국민생활에 관한 교과'로 개칭하여
국사 부분을 강화하고 국사 교육의 독립적 체계화를 기함(교육법 시행령 개정), 2.
교과서 개편 소요 기간 단축(생략), 3. 교육 과정 개편 및 시행 기간(이하 생략).
• 위원: 朴鐘鴻(대통령 특별보좌관), 張東煥(대통령 특별보좌관), 李宣根(영남대학
교 총장), 金聲近(서울대학교 교육대학원장), 高柄翊(서울대학교 문리대학장), 李
基白(서강대학교 교수), 韓沽劤(서울대학교 교수), 李佑成(성균관대학교 교수),
金哲埈(서울대학교 교수), 康宇哲(이화여자대학교 교수), 金容燮(서울대학교 교
수), 李元淳(서울대학교 교수), 李光麟(서강대학교 교수), 李鉉琮(국사편찬위원),
崔昌圭(서울대학교 교수), 朴承復(국무총리 비서관), 韓基旭(대통령 정무비서관)
이상 17명. 정부기록보존소 자료, 보고서 〈민족주체성 확립을 위한 교육과정 개편
(시안)〉 참조.
37) 조동걸, 앞의 책, 435~436쪽. 조동걸은 "(학계에서—인용자)《중고등학교 국사교
육 개선을 위한 기본 방향》이라는 책자까지 내놓고 교과서의 개정을 촉구하고 있었다
는 것은 '정책과목'으로 전락하는 원인 제공자의 구실을 학회가 앞장서서 맡았던 것
이 아닌가 하는 쓸쓸한 뒷맛을 감출 수가 없다"라고 당시 상황을 회고하고 있다.

정에서 이데올로기적 기반을 제공하는 것이었다고 할 수 있다. 곧 한국의 근대 국민 만들기(nation-building)는 이런 논리를 기반으로 해야만 비로소 가능한 것이었다.

내재적 발전론이 가진 이런 역설은 박정희 정권기 저항엘리트들이 처한 역설과 동일한 것이었다. 저항엘리트들은 '민주주의'와 '인권', '분배' 등의 개선과 실현을 요구하면서 권력을 비판함으로써 정당성의 기반을 훼손하기도 했지만, 민족주의와 개발주의 등의 이데올로기를 권력과 공유함으로써 권력의 존립 기반을 약화·균열시키면서도 그 속도를 지연시키고 또 균열의 폭을 제한하는 모순적 역할을 하고 있었던 것이다.[38] 따라서 내재적 발전론 역시 민족주의와 발전주의라는 패러다임을 권력과 공유하고 있었으며, 그런 정도에서 국민 만들기에 동참하고 있었다는 데에는 이견이 있을 수 없다.

2) 목적론으로서의 오리엔탈리즘

식민주의 (역)사학은 전형적으로 근대역사학의 인식론과 방법론을 취하고 있었다. 내재적 발전론의 식민주의 (역)사학 비판은 식민사관의 타율-자율, 정체-후진·발전-진보라는 이항 대립의 도식을 뒤집어놓은 데에 지나지 않는다. 내재적 발전론은 이를 단지 뒤집어놓았다는 점에서 오리엔탈리즘을 재생할 위험을 원천적으로 안고 있었다. 식민주의 (역)사학을 극복하기 위해서는 오리엔탈리즘을 이중적으로 전복하지 않으면 안 된다.[39]

---

38) 김보현, 〈박정희 정권기 저항엘리트들의 이중성과 역설〉, 《사회과학연구》 제13집 제1호, 서강대학교 사회과학연구소, 2005. 김보현은 저항엘리트들의 개발주의를 '개발주의에 저항한 개발주의'라고 불렀다.

'내재적 발전론'이 가진 오리엔탈리즘적 측면은 '자본주의 맹아론'에서 전형적으로 확인할 수 있다. 자본주의 맹아론에 대해서는 그동안 상대적으로 많은 비판이 있었지만,[40] 역시 그 핵심은 오리엔탈리즘을 재생하고 있다는 점이다. 자본주의 맹아론은 서구나 일본과 같은 자본주의적 성취를 조선 후기 사회가 이루고 있었음에도 제국주의 지배가 그를 저지했다고 비판한다. 그렇다면 일본이나 여타 자본주의 국가들의 근대화 방식은 비판의 대상이 될 수가 없다. 이는 다만 일본의 성취를 깎아내리려는 시도를 함으로써 그것이 하나의 중요한 성취였다는 주장을 보강해줄 뿐이다. 이는 조선에도 기회가 주어졌던들 동일한 근대 자본주의를 성취하여 제국주의의 '사악한 영웅' 역할을 하려 했을 것이라는 함의가 담겨 있다. 이런 측면에서 자본주의 맹아론을 '반식민주의 (역)사학적 식민주의 (역)사학'에 지나지 않는 것이라고 비판할 수 있다.[41] 이런 오리엔탈리즘적 속

---

39) 지금까지 내재적 발전론의 문제점으로 지적되어온 사항은 크게 두 가지였다. 첫째 한국사의 발전 모델을 유럽이나 일본의 역사 발전에서 찾고 있다는 점, 둘째 내재적 요인을 중시한 나머지 한국사의 전개를 동아시아 세계와 맺고 있는 유기적인 연관 아래 파악하지 않았다는 점이다. 미야지마 히로시, 〈동아시아의 근대화, 식민지화를 어떻게 이해할 것인가?〉, 임지현·이성시 엮음, 《국사의 신화를 넘어서》, 휴머니스트, 2004, 105~135쪽 참조. 이 두 가지 문제점에 대한 지적은 지극히 당연한 것이지만, 모두 오리엔탈리즘과 관련된다는 점 또한 사실이다. 여기에서는 이 점에 대해서만 주로 논의하고자 한다.

40) 자본주의 맹아론에 대한 비판을 정리하면 다음 네 가지 정도이다. 첫째, 부조론적 수법이라는 점, 둘째, 민족주의 역사학의 자기 위안이라는 점, 셋째, 근대주의로 근대를 넘어서려는 시도라는 점, 넷째, 기원의 망상에서 비롯되었다는 점 등이 그것이다.

41) 이매뉴얼 월러스틴의 유럽중심주의에 대한 비판과도 연결시켜 이해할 수 있다. 월러스틴은 유럽중심주의 비판에는 다양한 형태가 있지만 대표적으로 ①다른 문명들도 유럽이 행한 것을 하고 있는 중이었는데 어느 시점에선가 유럽이 지정학적 권력을 사용하여 그 과정을 중지시켰다는 비판, ②유럽이 행한 것은 다른 곳에서 오랫동안 해온 것의 지속에 불과하며, 일시적으로 유럽인들이 전면에 나서게 되었을 뿐이라는 비판, ③유럽이 행한 것들은 잘못 분석되고 부당한 잣대가 되어 과학과 정치세계 모두에 위험한 결과를 가져왔다는 비판이 있다고 본다. 그는 첫 번째와 두 번째 비판을 '반유럽중심주의적 유럽중심주의'라고 비판했다. 이매뉴얼 월러스틴, 앞의 책,

성은 일국적 발전론 가운데서도 특히 이행론에 강하게 관철되고 있다. 또한 자본주의 맹아론과 경영형부농론 그리고 수탈론으로 이어지는 논리적 연쇄는 정신적 위안을 심어주는 논리, 곧 르상티망(ressentiment)으로서 기능할 수도 있다.[42]

한편 내재적 발전론에서는 대체로 '전통적인 가치'가 '근대적인 가치'에 대립하는 것으로 간주됨으로써, 전통의 가치를 신뢰하는 일은 어리석은 일로 평가되었다. 전통을 대변하는 문화는 곧 근대화에 장애로 작용하는 것이 되었다. 또한 발전의 계기를 국내에서만 구함으로써, 외부 계기를 침략 또는 수탈로만 인식하는 콤플렉스와 동거하고 있었다. 하지만 이는 역으로 발전의 계기를 봉쇄하는 논리가 될 수도 있는 것이었다. 이 연장선에서 내재적 발전론에는 문화적 차원의 질문이 부재한다는 특징을 또한 들 수 있다. 문화적 차원의 질문이라고 하더라도 정치사를 매개로 한 질문이 대부분이었다. 전통으로서 문화는 합리화된 전통이고, 근대의 눈으로 재단된 전통에 지나지 않는다. 합리화된 전통에는 '저급'하고 일상적인 생활 전통은 포함되지 않았다.[43]

248~253쪽.

42) 니체가 강조하듯 르상티망은 자신의 불안한 현재적 위치를 외부 압력이나 강자의 논리에 의한 것으로 간주함으로써 위안을 얻고자 하는 심리적 기제를 말한다. 이것이 야말로 노예의 논리가 아니겠는가?

43) 탈근대역사학이 내세우는 '문화적 전환(cultural turn)'을 염두에 두고 이런 평가를 하는 것은 아니다. 내재적 발전론은 그 논리의 특성상 '근대화'를 지상 과제로 삼는 것이기 때문에 민족 주체성 확립과 발전의 논리를 조화시켜야 한다는 딜레마를 항상 부담하고 있으며, 그런 맥락에서 동시대 선진적인 문화와의 비교를 통해 자신의 문화적 정체성을 확보하는 방식을 택하게 된다는 측면을 지적하고자 하는 것이다. 그러므로 토착적 문화는 언제나 후진적인 것으로 간주될 수밖에 없다. 탈춤이나 판소리 등의 전통문화를 재발견한 주체도 조국 근대화를 부르짖던 관변 민족주의였고, 반체제적 민중문화가 그를 잇고 있었다는 사실을 기억해야 할 것이다.

3) 내재적 발전론의 고착

내재적 발전론의 역사학적 지향은 특히 1980년 '광주항쟁' 이후 심화되어갔다. 광주항쟁 이후 수행된 자기 반성을 통해 사회 비판이 확대되고 변혁에의 열망이 고조되면서 민족 주체적 역사 발전 도식을 한국사에 적용시키는 현상이 일반화되었다. 한국 역사가 내재적 발전의 경험을 가지고 있음을 증명하는 것이 현실 사회 변혁의 토대로 간주되었다. 이리하여 내재적 발전론이 '강단사학'의 주류 이론으로 등장했다. 이런 과정은 압도적으로 김용섭의 이론을 매개로 한 것이었다. 그의 이론이 상대적으로 가장 체계화되어 있었으며, 한국사의 전 시대를 포괄하는 것이었고, 깊은 실증을 바탕으로 했기 때문이다.

1980년대 중반 이후 '민중사학론'과 '과학적·실천적 역사학' 이론의 등장은 내재적 발전론의 고착화 과정으로 이해될 수 있다. 먼저 민중사학론은 1970년대 시민운동을 거치면서 현실 변혁의 주체로 상정된 민중을 역사의 주체로 회복함으로써 80년대 한국사회 변혁운동에 기여하고자 하는 의도에서 제출되었다. 민중사학은 아래로부터의 주체 구성 이론으로 시간론, 즉 발전론을 재구성할 수 있는 가능성을 제기함으로써 내재적 발전론이 가진 단선적 발전 이론을 극복할 수 있는 여지를 가진 것이기도 했다. 그러나 이 이론은 기계적인 계급환원론적 발상을 바탕으로 무매개적으로 전근대로까지 민중 주체를 확장하여 적용함으로써 이론 발전의 가능성을 스스로 좁히는 결과를 초래하고 말았다. 이후 민중사학론은 권력에 의해 기소되는 등 1980년대 후반의 시대 상황으로 인해 과학적·실천적 역사학 이론으로 대체되어갔다.

한국전쟁 이후 출생한 소장 한국사 연구자가 중심이 되어 1988년 '한국역사연구회(韓國歷史研究會)'를 결성했다. 1980년대 대학 교육이 폭발적으로 팽창하고 한국사회 변혁운동이 사회주의적 전망을 바탕으로 확장되면서 소장 한국사 연구자 사이에서 현실 변혁운동의 지향을 역사 연구에 투영시키려는 경향이 매우 강해졌는데, 이런 현실 흐름이 한국역사연구회의 결성으로 나타났다. 1980년대 후반 현실 사회주의가 붕괴됨으로써 사회주의적 전망이 눈앞에서 사라져버린 시기에 최고조에 도달한 한국사회 변혁운동이 처해야 했던 역설은 바로 한국역사연구회의 결성이었다. 하지만 현실 변혁운동과는 달리 한국역사연구회의 지향은 1990년대 강단 역사학의 주류적 경향을 차지하게 되었다. 이런 의미에서 한국역사연구회는 '이중의 역설'에 처해 있었다고나 할까?

한국역사연구회가 이론적 지향으로 내건 '과학적·실천적 역사학 이론'은 식민주의 (역)사학 극복론으로서 내재적 발전론이 가진 근대적 주체론과 발전론을 넘어서고자 했다는 점에서 의의를 확인할 수 있다. 먼저 근대적 발전론을 '과학의 마르크시즘'을 통해 법칙적으로 이해하고, 이를 구체적인 역사 이해 안에서 실증하고자 했다. 다른 한편으로 민족-민주주의 운동 속에서 민중 주체의 실천성을 역사 이해를 통해 적극적으로 확보함으로써 근대 주체 이론의 영역을 확장하고자 했다. 이런 측면에서 이를 내재적 발전론의 확대 해석 또는 전면화 과정이자, 고착화 과정이라고 해석할 수 있겠다. 민족적 규범과 사회적 지침을 역사학이 제시해야 한다고 주장하는 실천적 역사학은 전형적으로 역사주의적 인간관에 인식의 뿌리를 드리우고 있다. 하지만 학문의 실천 투신이 아니라 학문적 인식론의 사회적 개입이 필요한 것이고, 역사학이 규범학이 될 수 있는가 하는 비판에 귀 기울여야 하지 않을까?

4. '일국적 발전론'을 넘어서

김용섭을 중심으로 확산되고 고착된 내재적 발전론은 다음과 같은 몇 가지 특징을 가진다고 하겠다. 첫째, 역사적 유물론의 발전 도식에 입각한 강력한 목적론에 기반을 두고 있다는 점이다. 둘째, 지식사회학적 입장에서 볼 때 식민주의 (역)사학＝식민주의 이론 및 포스트 식민사회의 발전 이론과 결과적으로 동일한 위상을 차지하게 되었다는 점이다. 셋째, 역사학에서 인간과 사회를 누락시킴으로써 미래에 대한 환상을 조장한다는 점 등을 들 수 있다. 자본주의 맹아론, 식민지 수탈론, 두 가지 길 이론, 민족국가 수립 이론 등 거대한 이론적 담론 구성은 모두 서구 근대를 전범(典範)으로 설정하고 있으며, 한국사회의 발전 경로를 이에 입각해 증명하려 함으로써 강력한 목적론적 도식을 구성하고 있다. 이 때문에 오히려 철저한 사료 비판이나, 소수자의 목소리는 논의의 주 대상이 되기 어렵다. 또한 내재적 발전론은 식민주의 (역)사학과 식민주의 이론의 극복을 가장 중요한 목적이자 가치로 내세웠지만, 오히려 식민주의 이론 및 포스트 식민사회의 발전 이론과 동일한 목적과 가치를 공유하는 경우가 많았다는 점을 확인할 수 있었다. 나아가 내재적 발전론은 민족 지상, 국가 지상, 근대 지상의 논리 위에 구축되었기 때문에 인간과 사회는 그 내용에서 축출되었다. 이는 완결된 민족과 국가의 형식 그리고 지선(至善)의 근대를 위한 환상을 조장하고, 현실에 대한 비판의식을 마비시켜버린다. 대부분의 내재적 발전론자들이 강력한 규범적 역사학을 내세우는 것도 이와 무관하지 않으리라.

내재적 발전론은 1980년대 이후 고착화 과정을 밟아나감으로써 스스로에 대해 질문할 능력을 상실했다. 이는 그 이론이 더 이상 복합적인 사회 변화에 대응할 능력을 가지고 있지 않음을 드러내는 것이었다. 내재적 발전론이라는 한국사학계의 '전통'이 한국 역사학의 현재에 대해 적절한 질문을 제기할 능력을 상실했다면, 그 교의-전통을 붙들고 있는 것은 헛된 일일 뿐 아니라 전통 자체를 왜곡시켜버릴 수도 있다. 그러므로 이런 전통은 필연적으로 붕괴되어야 한다. 전통은 이제 그가 가진 권위를 '놓아버리고' 과거의 한 자리를 차지해야만 한다. 한국사학계는 위기를 위기 그 자체로 인식해야 할 시점이 된 것이다.

'숨은 신'은 비판의 대상이 될 수 없다. 한국사학계의 '숨은 신'은 가장 비판적이고 역동적인 방식으로 근대의 '숨은 신'을 체현하고 있다. '숨은 신'은 '진보'와 '민족'의 이름으로 여전히 한국 역사학계에 널리 퍼져 있는 것이다. 내재적 발전론을 구성하는 개별 논리들은 비판받기도 하고 시의성을 상실하기도 하고 스스로 그 논리를 포기하기도 했지만[44] 아직도 '숨은 신'은 건재하다. '숨은 신'은 '근대의 신'을 뒤집은 방식으로 전유하고 있기 때문이다. 국가와 대립하는 것처럼 보이지만 민족을 매개로 협력관계를 유지하고, 사회와 대립하는 것처럼 보이지만 발전을 매개로 밀월관계를 유지하고 있는 것이다. '지금' '숨은 신'을 구성하는 개별논리를 비판하는 것은 매우 진부한 일처럼 보인다. 그럼에도 현실에서 강력한 생명력을 유

---

44) 김용섭의 실증적 업적은 대표적으로 이영훈의 작업에 의해 비판되었다. 이영훈, 앞의 책 참조. 이영훈의 작업이 아니더라도, 김용섭의 지주전호제론이나 이행론은 이제 여러 분야의 다양한 업적에 의해 그 타당성이 크게 의심받는 지경에 도달했다.

지하는 것은 무엇 때문인가?

근대역사학을 포함한 근대적 지식과 학문의 체계 또는 학문적 전통 일반은 현재 심각한 위기에 직면해 붕괴하고 있는 것처럼 보인다. 민족국가와 진보의 논리 위에 입각해 있는 내재적 발전론은 그 근대성 때문에 자신의 발밑에서 붕괴가 일어나는 것을 보지 못한다. 이제 근대적 개념으로는 더 이상 근대를 바라보지 못하는 상황이 되어버렸기 때문이다. 그렇다면 '숨은 신'으로부터 벗어날 수 있는 길은 무엇인가? 그 신에 대한 믿음을 포기하는 자만이 그로부터 벗어날 수 있지 않을까? 내재적 발전론이 '지식권력'의 역할을 포기할 때, 비로소 참신한 대안이 마련되기 시작할 것이다. 원래 근대란 자신의 '외부'를 허용하지 않는다. 그러므로 근대적 사유 속에서 근대를 넘어서는 대안을 발견하는 일은 지난한 일일 수밖에 없다. 근대의 대안은 언제나 그 모습을 잘 드러내지 않는 것이 아닐까?

김용섭의 연구 논저 목록

1. 《朝鮮後期農業史研究》 1, 지식산업사, 1995(일조각, 1970).

2. 《朝鮮後期農業史研究》 2, 지식산업사, 1995(일조각, 1971; 일조각, 1990 증보판).

3. 《朝鮮後期農學史研究》, 일조각, 1988(《朝鮮後期農業史研究》 2, 일조각, 1971).

4. 《(增補版) 韓國近代農業史研究》 1, 지식산업사, 2004(일조각, 1975; 일조각, 1988).

5. 《(增補版) 韓國近代農業史研究》 2, 지식산업사, 2004(일조각, 1975; 일조각, 1988).

6. 《韓國近代農業史研究》 3, 지식산업사, 2001.

7. 《(增補版) 韓國近現代農業史研究》, 지식산업사, 2000(일조각, 1992).

8. 《韓國中世農業史研究》, 지식산업사, 2000.

9. 《남북 학술원과 과학원의 발달》, 지식산업사, 2005.

＊ 김용섭의 논문은 《김용섭저작집》 1~8권으로 지식산업사에서 간행되었다.

10. 〈이조시대 농민의 존재형태〉, 《史叢》 1, 1955.

11. 〈東學亂性格考〉, 고려대학교 석사학위논문, 1957.

12. 〈東學亂 研究論—성격문제를 중심으로〉, 《역사교육》 3, 1958.

13. 〈최근의 실학연구에 대하여〉, 《역사교육》 6, 1962.

14. 〈日帝官學者들의 韓國史觀〉, 《사상계》, 1963.

15. 〈한국사연구의 회고와 전망—최근세(고종 순종시대)〉, 《역사학보》 20, 역사학회, 1963.

16. 〈조선 후기에 있어서의 사회적 변동—농촌경제〉, 《史學研究》 16, 1963.

17. 〈書評: 實證 통한 契의 이론— 金三洙《韓國社會經濟史硏究》〉,《신동아》, 1964. 9.

18. 〈일본-한국에 있어서의 한국사 서술〉,《역사학보》 31, 1966.

19. 〈收奪을 위한 測量〉,《韓國現代史》 4, 신구문화사, 1969.

20. 《朝鮮後期 農學의 發達》, 韓國文化硏究所, 1970.

21. 〈우리나라 근대역사학의 성립〉,《韓國現代史》 6, 신구문화사, 1970.

22. 〈우리나라 근대역사학의 발달 1〉,《文學과 知性》 4, 일조각, 1971.

23. 〈우리나라 근대역사학의 발달 2〉,《文學과 知性》 9, 일조각, 1972.

24. 〈한국농업사〉,《韓國文化史新論》, 중앙대출판국, 1975.

25. 〈서평: 愼鏞廈《獨立協會硏究》〉,《韓國史硏究》 12, 韓國史硏究會, 1976.

26. 〈조선 후기의 농업개혁론〉,《韓國思想大系 2 — 社會經濟思想編》, 大東文化硏究院, 1976.

27. 〈전근대의 토지제도〉,《韓國學入門》, 大韓民國學術院, 1983.

28. 〈農書小史 —《農書》 해제에 부쳐서〉,《農書》 36, 亞細亞文化社, 1986.

29. 〈高麗 忠烈王朝의 '光山縣題詠詩序' 의 分析: 新羅 金氏家 貫鄕의 光山지역 定着過程을 중심으로〉,《역사학보》 172, 역사학회, 2001.

30. 〈宣祖朝 '雇工歌' 의 農政史的 意義〉,《學術院論文集: 人文社會科學編》 42, 大韓民國學術院, 2003.

＊ 10~30의 자료들은 1~9의 저작 또는 저작집에 수록되지 않은 것이다.

3장

트랜스내셔널 히스토리의 가능성
—한국근대사를 중심으로

1. 트랜스내셔널 히스토리, 어떻게 볼 것인가

최근 수년 사이에 트랜스내셔널 히스토리(Transnational History)에 관한 관심이 국내외 학계에서 급속히 높아지고 있다. 트랜스내셔널 히스토리가 무엇인가에 대한 최소한의 합의 같은 것이 아직 만들어지지는 못했지만, 이를 위해서라도 왜 관심이 높아지고 있는지를 살펴볼 필요는 있을 듯하다. 어떤 문제의식이 새로 대두하는 것은 기왕의 개념이나 방법론이 채워주지 못하는 무엇인가를 해결해주기를 기대하기 때문일 것이다. 과연 트랜스내셔널한 역사학 방법론에 기대하는 바는 무엇일까?

하지만 트랜스내셔널이라는 용어 자체가 지칭하는 바조차 분명하지 않으므로, 우선 이에 대해 살펴볼 필요가 있겠다. 'Trans'라는 용어는 보통 across(횡단), beyond(超), through(通)라는 의미를 포괄하는 접두어이다. 그렇다면 트랜스내셔널이라는 용어는 횡단국가적, 초국가적, 통국가적이라는 의미를 함축하고 있을 터인데, 아직 동아시아 지역에서는 적절한 번역어조차 만들지 못한 상황이다.[1] 한편 트랜스내셔널이라는 용어는 금융과 기업의 초국적화, 초국적적 혹은 전 지구적 공치(共治, governance)의 발전, 심지어 초국적적 범죄의 횡행과 관련하여 우리의 일상 속에서 익히 사용되어 왔다.

어쨌든 international(국제 혹은 국가 간) 혹은 multinational(다국적) 이라는 수식어가 현실을 제대로 표상하지 못할 뿐만 아니라, 변화하는 현실을 얽어매는 장애 요소로 작용한다는 인식이 트랜스내셔널 이라는 새로운 개념을 필요로 하게 하는 듯하다. 비근한 예로 트랜스젠더(transgender)라는 개념을 들 수 있을 것이다. 트랜스젠더라는 개념은 "일반적으로 정상적인 젠더 역할로부터 벗어난 개인, 행위, 집단 그리고 성향"을 일컫는 것으로, 어떤 특정한 성적 지향을 의미하는 것이 아니다. 트랜스젠더는 heterosexual, homosexual, bisexual, pansexual, polysexual, asexual 등의 상태를 모두 포괄하는 개념으로 사용되고 있다.[2] 요컨대 복잡한 젠더 정체성을 드러내는 개념을 찾는 과정에서 만들어진 것이 트랜스젠더라는 개념일 터이다.

이런 측면에서 트랜스내셔널 히스토리는 국가 간의 관계 (international)나 다국적적 상황(multinational)을 넘어서는 새로운 현

---

1) 일본에서 인터내셔널의 번역어인 국제(國際)에 대응시키는 맥락에서 트랜스내셔널을 '민제(民際)'로 번역한 사례가 있다고 하는데, 아직 자세한 사항은 확인하지 못했다. 국가가 아니라 시민 혹은 시민사회의 역할을 중시하는 측면에서 민제라는 용어가 흥미로운 번역이긴 하지만, 트랜스내셔널이라는 용어의 함의를 전부 담아내고 있는지는 의문이다. 합의된 용어가 없으므로, 여기에서는 트랜스내셔널이라는 용어를 번역하지 않고 그대로 쓰기로 한다.
2) Wikipedia, transgender 항목 참조

실을 표상하고자 하는 시도에서 만들어진 것이라 할 수 있다. 인류의 역사 특히 근대 세계체제의 역사는 일국적 단위를 전제로 해서만 이해되어 왔던바, 그것이 바로 근대역사학의 가장 중요한 속성이었다. 하지만 국가를 초월하고, 국가 사이를 횡단하며 관통하는 그런 시각을 가지지 않으면, 인류 삶의 발자취를 올바로 볼 수 없다는 자각에서 제기된 것이 트랜스내셔널 역사학의 시도라 할 수 있을 것이다.

요컨대 트랜스내셔널 히스토리란 일국사를 넘어서려는 대안적 역사로서 제기된 것이다. 하지만 아직 지구사(global history), 세계사(world history), 보편사(universal history), 통합사(ecumenical history), 거대사(big history), '얽혀 있는 역사(histoire croisee)' 등의 개념과 착종되어 사용되고 있는 것에서도 알 수 있듯이, 그 지향이 명확한 것만은 아니다. 최근 강력히 대두되고 있는 지구사는 다음과 같은 문제의식을 담고 있는 것으로 알려지고 있다. 첫째, 유럽중심주의를 넘어서려는 시도, 둘째, 중심에 대한 주변의 문제제기, 셋째, 국사(national history)의 이분법적 시도를 넘어서려는 시도, 넷째, 지역사(regional history)의 폐쇄성에 대한 우려 등이다.[3] 지구사란 근대역사학의 기초인 일국사를 넘어서되, 유럽중심주의를 극복하고 주변과 소수자를 중심으로 전 지구적 차원에서 역사를 새로이 이해하자는 문제의식을 담고 있다고 할 수 있을 것이다. 여기에 더하여 인간 중심의 역사를 상대화함으로써 생태사적 문제의식을 강화한다는 점에

3) 지구사 연구의 문제의식과 현황에 대해서는 임지현, 〈'지구사' 연구의 오늘과 내일〉, 《역사비평》 83, 역사비평사, 2008; 조지형, 〈지구사란 무엇인가〉, 《서양사론》 92, 서양사학회, 2007 참조.
4) 한편 지구사 연구가 지닌 위험성에 대해서도 인식할 필요가 있을 것이다. 새로운 지구사가 영어 중심의 유럽중심주의를 극복하고, 지구화된 이익집단에 봉사할 가능성

서도 지구사 연구의 의의를 인정할 수 있을 것이다.[4]

트랜스내셔널 히스토리가 지구사의 문제의식과 혼재되어 사용되기도 하지만, 그 용어가 드러내는 바와 같이 그 지향에서 차이점도 없지는 않다. 트랜스내셔널 히스토리는 내셔널한 상황을 넘어서거나 횡단하고자 하지만, 내셔널한 상황 자체를 무시하지는 않는다. 그것이 실체적 기반이라는 것을 인정할 수밖에 없기 때문이다.[5] 이런 점에서 트랜스내셔널 히스토리는 하나의 패러다임이 되기보다는 일종의 지향으로서의 성격을 강하게 가지는 것처럼 보인다.[6]

이런 점에서 트랜스내셔널 히스토리의 지향은 식민지를 경험한 역사 혹은 역으로 식민지를 보유한 곧 제국주의 지배의 경험을 가진 역사를 해명하는 데에 가장 적절한 인식체계를 제공할 수 있을지도 모르겠다. 식민지 혹은 제국주의 지배를 경험한 역사란 곧 근대 세계체제 일반의 경험을 아우르는 것을 지칭하는 것일진대, 근대의 경험을 해명하는 데에 의미 있는 문제의식을 함축하고 있다고 할 수도 있을 것이다.[7]

식민지와 제국은 그 발생과 유지의 폭력성과 억압성을 제쳐둔다면, 트랜스내셔널 상황을 그 고유한 속성으로 한 체제라고 볼 수 있

을 차단하는 데 관심을 기울여야 한다는 것이다. 조지형, 위의 글, 317~325쪽 참조.
5) 내셔널한 현실의 기반을 인정함으로써 'glocal'이라는 용어를 사용할 때에 빠질 수 있는 위험을 넘어설 수 있다는 점에서도 트랜스내셔널 히스토리가 가진 현실성을 인정할 수 있을 듯하다.
6) 임지현은 트랜스내셔널 히스토리를 '방법론적 민족주의(Methodological Nationalism)'로 간주한다. Jie-hyun Lim, "Transnational History as a Methodological Nationalism-Comparative Perspectives on Europe and East Asia", 비교역사문화연구소(RICH) 주최 국제학술회의 Globalization from Below: Theory and Praxis of Transnationalism 발표문, 2008.
7) 근대 경험 일반을 해명하는 데에 도움이 된다는 것은, 제국과 식민지 혹은 식민주의를 본질로 삼는 근대 세계의 역사적 경험을 해명하는 데에도 트랜스내셔널 히스토리가 유효할 수 있을 것이라는 점을 시사한다.

을 것이다. 이런 지적은 주변지역을 식민지로 흡수하여 동화(同化)와 영구병합(永久倂合)을 지배의 목표로 내걸었던 제국주의 일본의 식민통치를 통해서, 트랜스내셔널한 상황을 잘 읽을 수 있다는 것을 말한다. 제국주의의 식민지 지배란, 특히 일본 제국주의의 경우 동화와 영구병합이라는 목표에서 잘 확인할 수 있듯이, 지배의 일방적 관철을 의미하는 것은 아니다. 제국주의 지배의 억압과 갈등, 저항, 협력, 동화, 교류 등을 포함하는 민족 간의 다양한 상호작용을 포괄하는 것이 제국주의 지배의 본질이다. 더욱이 식민지가 제국에 깊이 편입되면 될수록, 양 민족집단 사이의 트랜스내셔널한 상황은 더욱 복잡하고 첨예한 문제를 발생시킨다. 제국과 식민지를 잇고 있던 동화 나아가 동아시아 연대를 내건 다양한 슬로건(동아협동체, 대동아공영권 등)이 지시하듯이, 제국주의적 근대의 트랜스내셔널 상황은 더욱 복잡하고 미묘한 문제를 함축하기 마련이다. 이런 점에서 한국 나아가 동아시아의 근대 경험을 트랜스내셔널한 문제 상황으로 파악하는 것이 근대 경험을 새로이 해석하는 데에 크게 도움이 될 것이라는 점은 명확하다. 이 글은 한국근대사를 대상으로, 트랜스내셔널 역사학의 가능성을 검토해보는 시론이다. 한국근대사의 트랜스내셔널한 경험을 이해하기 위해서, 여기에서는 근대성을 이해하는 방식을 둘로 나누고 이에 대한 역사학적 접근방식을 재검토해보고자 한다. '국민국가 시대의 근대 읽기'와 '전 지구화(global) 시대의 근대 읽기'를 비교하면서,[8] 역사 이해와 서술의 방법론에 대해 검토해볼 것이다. 두 시기의 각기 다른 근대 읽기는 각기 어떤 특징을

---

8) 여기서 말하는 '전 지구화 시대'라는 것은 1990년대 이후 가속화되고 있는 전 지구화 경향과 그 이데올로기(globalism)를 특별히 지칭하는 것으로 사용하며, 이런 맥락에서 그 전 시대를 '국민국가 시대'로 지칭하여 구분하고자 한다.

가지고 있으며, 그 특징은 역사 이해와 서술에서 어떤 방식으로 표출되어왔으며 앞으로 어떻게 변화할 것인가를 중심으로 논의를 끌어가고자 한다.

2. 국민국가 시대의 근대 읽기

1) 국민국가 시대 근대 파악의 특징

지나간 20세기는 국민국가(nation-state) 시대로 기억될 것이다.[9] 국민국가 시대란 곧 국제(international)의 시대이기도 하고, 세계체제적 시각으로는 국가 간 체제(inter-state system)가 작동하는 시대이기도 하다. 국민국가 시대란 국민국가를 역사적 행위의 주체이자 단위로 간주하는 시대를 지칭한다. 이 시대에 개인의 정치적-경제적-사회적 행위는 국민국가를 확대하거나(제국주의) 국민국가를 창설(식민지)하는 데에 수렴되고 또 수렴되어야 하는 것으로 해석되어왔다고 해도 과언이 아닐 것이다. 국민국가의 시대에 근대역사학은 국가-국민 형성에 기여하는 학문으로 자신의 모습을 드러내었다. 이른바 국민 만들기(nation-building)에 근대역사학은 자신의 정체성을 일치시켜왔던 것이다.

국민 만들기에 기여하는 역사학으로서 국민국가 시대의 역사학을

---

9) 이성시는 동아시아 20세기를 사학사의 차원에서 "훗날 동아시아 사학사에서 20세기란 국민국가의 거푸집 속에서 상상의 공동체를 창출하기 위한 이야기를 재생산한 '국사의 시대'로 자리매김될 것"이라고 평가한다. 이성시는 국민국가 시대를 국사의 시대로 표상하고 있는바, 국민국가 시대에 근대역사학이 수행했던 역할을 잘 압축하고 있다고 할 것이다. 이성시, 《만들어진 고대》, 삼인, 2001 참조.

규정할 때, 그 특징은 근대성을 일국사적 차원에서 규정하는 데에서 찾을 수 있을 것이다. 근대성을 일국사적 차원에서 확인하고자 할 때, 근대성의 기원을 일국사적 차원에서 추적하고자 할 뿐만 아니라, 근대성의 작동원리를 일국사적 범위에 국한시켜 해명하려는 시도가 동반되는 것은 필연이라 할 것이다. 제2차 세계대전 이후 동아시아 역사학계를 풍미한 내재적 발전론(혹은 내발적 발전론)을 국민국가 시대의 국민 만들기에 기여하는 역사학이라는 차원에서라면 그 '시대적 타당성'을 이해하지 못할 바도 없을 것이다. 또한 일국사적 차원에서 근대성의 기원과 작동원리를 추적할 때 동반되는 역사학적 방법론으로 국제관계론적 접근과 비교사적 접근을 들 수 있을 것이다. 아래에서는 한국근대사를 대상으로, 국민국가 시대의 근대 읽기의 속성으로서 일국사적 근대성에 대해 먼저 살펴보고, 국제관계사와 비교사적 접근에 대해서 언급해보고자 한다.

2) 일국사적 근대성(national modernity)

한국의 식민지 경험을 둘러싼 해석은 이른바 수탈론 대 근대화론이라는 이분법적 대립도식을 형성한 채 단속적이지만 오랫동안 지루하게 대치해왔다. '수탈 대 근대화' 혹은 '시장 대 계급착취'라는 도식은 식민지를 해석하는 틀에서 근본적인 차이를 노정하는 듯이 보이기도 한다.[10] 하지만 근대성에 대한 접근방식이라는 점에서는

---

10) 수탈론 대 식민지 근대화론 사이의 논쟁에 대해서는 다음의 글들을 참조할 수 있다. 조석곤, 《한국 근대토지제도의 형성》, 해남, 2003; 한국정신문화연구원 엮음, 《식민지 근대화론의 이해와 비판》, 백산서당, 2004; 정태헌, 《한국의 식민지적 근대 성찰》, 선인, 2007; 김낙년, 〈'식민지 근대화' 재론〉, 《경제사학》 43, 경제사학회, 2007.

압도적으로 일국사적 입장을 취하고 있다는 점에서 공통적이다. 어떤 점에서 그러한가?

먼저 이른바 식민지 근대화론에 대해서 살펴보자.[11] 식민지 근대화론은 이기적인 존재인 경제인(호모-에코노미쿠스)이 수행하는 합리적인 행위를 입론의 출발점으로 설정하고, 이를 통해 식민지하의 경제성장과 식민지하에서의 근대화를 증명하고자 한다. 식민국가(조선총독부)의 산업정책을 통해 자립한 경제 영역의 독자성을 강조하고 나아가 자율적 시장의 존재를 통해 식민지하 경제성장의 역사적 정당성을 입증하고자 한다. 토지조사사업을 비롯한 식민지 산업정책을 통해 자율적 시장이 창출된 측면을 내세우면서, 자율적 시장을 통한 식민지 공업화의 수행을 식민지기 근대화의 지표로 강조한다. 나아가 식민지기 1인당 생산이 증가함으로써, 한국인들의 소득 역시 증가하여 평균적 생활수준은 향상되었다고 주장한다.[12]

하지만 식민지 근대화론의 식민지 해명에는 부당한 전제와 과잉해석이 깔려 있다고 하지 않을 수 없다. 경제의 주체를 욕망하는 이기적 존재인 경제인으로 보고 이들의 활동이 합리적이라고 전제하

---

11) 정태헌은 식민지 근대화론의 속성을 '경제성장론'으로 파악하고 그렇게 지칭할 것을 주장한다. 식민지 근대화론이 제국주의 침략과 지배의 속성을 언급하지 않은 채 식민지배하의 경제적 성장을 과대포장함으로써, 식민지기 근대화를 경제성장으로 대치시키는 측면이 강하다는 점에서 경제성장론이라는 명명에는 타당성이 있다고 할 것이다. 정태헌, 〈경제성장론 식민지상의 대두와 파탄의 논리〉, 앞의 책, 선인, 2007, 145~149쪽 참조. 하지만 여기에서는 일반화된 명칭인 식민지 근대화론을 그대로 사용하기로 한다.

12) 식민지 근대화론의 대표적 성과로 김낙년 엮음, 《한국의 경제성장》, 서울대학교출판부, 2005 참조. 이 책은 식민지기 국민계정을 새로이 추계한 노작이다. 그럼에도 식민지 상황을 부당하게 전제하거나 추계를 과도하게 해석함으로써 문제를 발생시키는 것으로 보인다. 식민지기의 경제 상황을 국민계정 추계를 통해 해석할 때에는 통계 자체에 대한 근본적인 회의가 필요할 뿐만 아니라, 해석의 범주에 대한 근본적인 재검토가 필요하다. 식민지는 독립적 국민국가가 아니기 때문이다.

는 것은 신고전주의 주류 경제학 일반에 공통된 현상이라 할 수 있 겠지만, 이에 대해서는 이미 심각한 반론이 제기된 바 있다.[13] 더욱 이 식민지 근대화론이 한국인과 일본인 사이에 경제주체로서의 차 별성을 인정하지 않는 것은 식민지 이해에 있어 부당전제가 되기 십 상이다. 식민지민인 한국인들에게는 기본적 인권에 제약이 주어져 있었으며, 한국인들의 정치 참여는 심각하게 제한되어 있었다. 한국 인들에게는 자신들의 사회를 스스로 운영할 권리가 주어져 있지 않 았으며, 이에 따라 경제활동에도 심각한 제약이 따를 수밖에 없었 다. 식민지기 경제와 사회를 운영하는 제반 법령은 일본인을 중심으 로 편제되고 운영되고 있었다.

식민국가가 경제 영역의 독자성을 창출하는 역할을 수행했던 데 에는 의심의 여지가 없지만, 한국인이 경제주체로서 심각한 제약을 받고 있었다는 점을 인정한다면, 아무런 제약 없는 자율적 시장의 존재를 상정할 수는 없다. 식민지에도 상품시장, 자본시장, 토지시 장, 노동시장 등 각종 시장이 존재하고 있었지만, 이는 식민국가에 의해 강력히 통제되고 경제주체 내에 민족별 분단이 존재하는 불완

---

13) 신고전주의 경제학에 대한 비판은 행동경제학과 정보경제학을 통해 살펴볼 수 있 다. 행동경제학에 대해서는 에릭 바인하커, 안현실 · 정성철 옮김, 《부의 기원》, 랜덤 하우스, 2007. 정보경제학에 대해서는 조지프 스티글리츠, 강신욱 옮김, 《시장으로 가 는 길》, 한울아카데미, 2003 참조.

14) 대표적인 시장중심주의적 견해로서 주익종의 글을 들 수 있다. 주익종은 식민지 공 업화를 식민국가의 시장개입적인 산업정책에 의해 수행된 것이 아니라고 주장하면 서, 이를 상대가격체제의 변화에 의한 시장중심적 논리를 통해 확인하고자 한다. 그 는 식민지에 공업화를 위한 요소가 존재하지 않고 시장친화적인 산업정책이 수행되 지 않았다면, 식민지 공업화는 불가능했을 것이라고 주장한다. 식민지의 공업화를 식 민국가의 산업정책을 도외시하고서 이해할 수 있다고 주장하는 것은 식민지의 시장 을 완전하고 자율적인 것으로 간주하기 때문에 가능한 발상이다. 하지만 이는 역사적 맥락을 무시한 시장맹신주의라고 하지 않을 수 없다. 주익종, 〈일제하 한국의 식민정 부, 민간기업, 그리고 공업화〉, 《경제사학》 35, 경제사학회, 2004; 주익종, 《대군의 척

전시장일 따름이었다.[14]

또한 이 시장은 제국주의 본국 및 제국 영토 내의 기타 식민지 또는 국민국가 등과 교류하는 단절되지 않은 곧 세계시장과 연결된 그런 시장이기도 하였다. 그런 점에서 식민지 경제를 하나의 '지역' 경제 개념으로 접근하는 것은 정당하다. 그러나 민족문제＝정치적 차원의 문제를 경제 분석 과정에서 제외함으로써, 식민지 경제가 자율적이고 균형적으로 작동하는 시장경제인 것처럼 간주하는 것은 부당하다.[15] 식민지의 시장은 세계시장과 연결된 불완전시장이었으며, 정치논리가 심각한 영향을 미치는 그런 시장이었음을 간과해서는 안 될 것이다.

이와 관련하여 제국주의의 경제적인 힘이 '광역적 공공재(廣域的 公共材)'의 제공에 의해 중심과 주변의 결합도를 향상시킨다는 지적에도 주의할 필요가 있다. 광역적 공공재란 중심이 주도하는 광역적 도로교통망, 화폐제도, 무역권의 정비를 말하는 것으로, 그것은 그 상호성에 의해 주변을 중심으로 끌어들이는 힘을 가지고 있다는 것이다.[16] 식민지의 경제성장이 광역적 공공재의 제공에 의해 식민지가 제국으로 편입되는 정도가 높아지는 것을 의미하는 것이라면, 그것을 피식민의 경제성장으로 연결하는 것이 얼마나 큰 위험성을 가지고 있는지를 확인할 수 있다.

피식민 경제주체의 경제행위가 불완전한 시장에서 차별받는 존재

후》, 푸른역사, 2008 참조.

15) 김낙년, 《일제하 한국경제》, 해남, 2003 참조.

16) 山本有造, 〈'帝國'とは何か〉, 山本有造 編, 《帝國の硏究》, 名古屋大學出版會, 2004a, 10~19쪽. 광역적 공공재 혹은 국제 공공재에 대해서는 〈杉原薰, 〈近代國際經濟秩序の形成と展開―帝國・帝國主義・構造的權力〉, 山本有造 編, 《帝國の硏究》, 名古屋大學出版會, 2004 참조.

였다는 점을 인정한다면, 식민지 전체의 경제성장을 식민지 근대화로 해석하는 것은 명백한 논리적 비약이다. 피식민지민들에게는 그 근거가 불명확한 경제성장이라는 지표만을 통해, 식민지 근대화를 주장할 수는 없을 것이기 때문이다. 기본적 인권과 정치 참여의 문제는 제쳐두더라도, 식민지 근대화란 식민지 사회-경제의 구조적 변화와 시민복리의 증진을 포함하는 '개발'을 포함하는 것이어야 할 터인바, 경제성장(growth)은 개발(development)과 동일한 것이 아니다. 식민지 근대화론자들은 식민지하 사회-경제적 차원의 개발조차 입증하지 못한 채, 경제성장이라는 경제적·부분적 지표만으로 근대화를 주장함으로써, 자가당착에 빠져들지 않을 수 없게 되었다. 그들의 주장은 '개발 없는 성장'에 지나지 않는 것이고, 그에 따라 그들이 주장하는 성장은 식민지 경제 자체에 대해서도 알려주는 바가 거의 없게 되는 것이다.

식민지배하에서의 개발을 온전히 이해하기 위해서는 개발이 단순히 경제만의 성장이 아니라 인간의 잠재능력(capabilities)을 확대시킴으로써 '자유'를 확산시키는 개발이 되어야 한다는 아마티아 센의 논리에 귀 기울일 필요가 있다. 식민지배를 통해 설령 경제가 성장하고 소득이 증가했다고 하더라도 그것은 복지와 자유에 기여하는 하나의 요소일 뿐이다. 개발이란 경제적 부(富)보다는 삶의 기반이 되는 인간적 부를 진전시키는 것이어야 하며, 인간이 무엇을 성취하거나 어떤 상태에 놓일 수 있는 잠재능력을 향상시키는 것이어야 한다는 것이다.[17] 그렇다면 기본적 인권이 부재하고 항상적인 차별이 존재하는 식민지하에서의 총량적 경제성장이란 피식민지민들

---

17) 아마티아 센, 박우희 옮김, 《자유로서의 발전》, 세종연구원, 2001; 네르멘 샤이크, 김병철 옮김, 《역사로서의 현재》, 모티브북, 2008, 15~37쪽 참조.

의 잠재능력을 박탈하고 자유를 억제하는 '빈곤'에 지나지 않게 된다. 식민지 근대화론은 식민지의 경제성장이 식민지민의 능력을 박탈하고 자유를 부인하는 빈곤화에 지나지 않는다는 역설에 답해야 할 의무가 있다.

이에 대해 이른바 수탈론은 어떤가? 주류 역사학 일반의 식민지 해석을 수탈론이라고 하기에는 여러 가지 문제가 있는 것이 사실이다.[18] 일반화되고 속류화된 식민지 인식을 통틀어 수탈론이라고 전제하기에는 어려움이 있지만, 식민지 근대화론에 대비되는 의미에서의 수탈론을 논의의 대상으로 삼을 수는 있을 듯하다. 수탈론이 전제하는 행위주체로 일반적 인간형이 있는 것은 아니지만, 식민지 근대화론의 경제인에 대응한다는 점에서 '저항인'을 상정해볼 수 있을 듯싶다. 피지배 식민지민의 저항인으로서의 속성이 강조됨으로써, 역으로 그들의 경제행위에 대한 해석에는 과도한 제약을 가하는 것으로 보인다. 수탈론에서는 식민지하에서 경제 영역이 독자성을 가지고 기능하기 시작했으며, 경제를 구성하는 각종 요소를 대상으로 하는 독자적인 시장이 형성되기 시작했다는 점을 인정하는 데에는 인색하다. 그것이 불완전한 시장이라는 점을 인정하더라도, 요소 시장을 통한 경제행위와 경제의 양적 변화를 탐구하는 행위가 무의미하지는 않을 것이다.

경제성장을 포함하는 식민지 자본주의를 근간으로 식민지배와 수탈의 효율성을 높이기 위해 제국주의의 개발과 수탈이 진행되었다

---

18) 정태헌은 수탈론을 원시적 수탈론과 과학적 수탈론 혹은 개발 수탈론으로 구별한다. 수탈론을 정교화하고자 하는 시도로 의미 없다고 할 수는 없지만, 아직 자신의 논리를 체계화하여 제출한 적은 없는 듯하다. 정태헌, 앞의 글 참조.
19) 정태헌, 앞의 글 참조.

는 점[19]을 강조하기는 하지만, 엄밀한 분석적 성과는 드문 것처럼 보인다. 식민지하에서 경제가 분화하고, 경제의 각종 요소시장이 성립하는 것을 인정하는 데에 인색한 대신, 수탈론은 정치-사회적 권리의 제약을 통한 경제적 불평등을 지나치게 강조하기 때문일 것이다. 그런 점에서 수탈론적 입장에 선 것으로 보이는 '개발 없는 개발'[20]이라는 명제는 자신의 논리적 딜레마를 드러내는 데 지나지 않는다. 식민지 경제의 각종 시장은 민족별로 '분단'되어 있었지만, 그 분단 상황을 민족별로 '분할'해서 양적으로 지표화하기는 어렵다. 분할이 불가능할 정도로 식민지 사회-경제는 민족적-계급적으로 복합화-혼성화되었기 때문이다. 이런 점을 인정한다면, 수탈을 분석적 개념으로 활용하는 방식은 이제 재고해야 할 것이다.

수탈이라는 개념은 경제적 분석 개념일 수 없고 또 그렇게 간주해서도 안 된다. 민족적-계급적으로 혼성화되어 있었으며, 제국주의 본국과 분리된 독자적 국민경제로 간주할 수도 없는 식민지에서, 수탈이 이루어진다는 것은 무엇을 의미하는 것일까? 계급착취적인 수탈은 단순히 식민지하에서만 일어나는 현상은 아니다. 수탈을 계급 착취적 차원에서나 혹은 민족적 차원에서만 해석할 수 없다. 그렇다고 식민지하에서 수탈이 없었다고 볼 수도 없을 터이다.[21] 식민지에서의 수탈은 시장적·비시장적 통제를 통해 일상적으로 수행되고 있

---

20) 허수열, 《개발 없는 개발―일제하 조선경제개발의 현상과 본질》, 은행나무, 2005.
21) 자신의 논리를 '개발 수탈론'이라고 주장하는 정태헌 역시 수탈은 간단한 개념이 아니라는 점은 인정한다. 그를 규명하기 위해서는 제국주의의 식민지에 대한 수탈의 작동원리와 규모, 그것이 조선사회와 식민지민의 삶과 이후 역사에 미친 영향을 종합적으로 규명하는 방법론을 필요로 한다는 것이다. 정태헌, 앞의 글, 147~148쪽. 하지만 수탈은 분석적 개념으로 성립하기 어렵다는 점에서, 수탈의 작동원리와 규모를 파악하는 방법론이 수립될 수 있을지는 의심스럽다.

었다고 할 수 있을 것이다. 그런 점에서 식민지 수탈이란 근대성과 차별이 동시적으로 발현하는 상황을 지칭하는 것일 터이다.[22] 근대성과 차별이 동시적으로 발현한다는 것은, 식민지 '규율권력'의 이중성이 작동하는 것을 지칭하는 것이다. 식민지배하에서의 욕망과 규율화의 이중성은 식민지민에 대한 차별화를 통해서 작동하는 것이며, 이것이 바로 식민지의 수탈을 의미하는 것이 아니겠는가?[23]

이처럼 수탈론과 식민지 근대화론은 매우 다른 입론을 펼치고 있지만, 근대성의 지표설정에서는 공통점과 차이점을 아울러 가지고 있는 것으로 보인다. 식민지의 근대성을 세계체제에서 상호 연관된 현상의 일환으로 보지 않고, 그로부터 분리된 독립적인 현상으로 간주하는 점에서는 공통적이다. 공간적 은유를 통해 비유컨대, 수탈론은 근대의 지표를 구름 위에(근대인 또는 근대적 시민사회, 근대국가), 식민지 근대화론은 땅속(경제 영역)에 설정하고 있다고 할 수 있다. 한쪽에서는 근대적 국민국가 혹은 시민사회의 형성을, 다른 한쪽에서는 근대적 경제성장을 근대성의 지표로 설정하는 것은 모두 일국사적 근대성 해석에서 연유한다. 그런 점에서 양자 모두 근대지상주의를 벗어나지 못한다. 이리하여 양자는 근대적 '진보'라는 역사관을 공유하고 있지만, 수탈론은 과거 회상적으로, 식민지 근대화론은

---

22) 윤해동, 〈'식민지 근대'의 패러독스〉, 《식민지 근대의 패러독스》, 휴머니스트, 2007a, 54~55쪽. 수탈에 대한 이런 이해는 식민지의 특질을 "식민지에 거주하고 있는 이민족에 의한 식민지 토착민족의 조직적 차별"이라고 정의하는 박섭의 논의와 상통하는 점이 있다. 박섭, 〈식민지기 한국의 경제성장: 제국주의 정책과 식민지민의 상호작용〉, 한국정신문화연구원 엮음, 《식민지 근대화론의 이해와 비판》, 백산서당, 2004, 47~53쪽 참조.

23) 나는 수탈 개념과 아울러 '저항'도 재개념화할 필요가 있다고 주장해왔다. 식민지배하에서 저항과 협력이 교차하는 지점에 '정치적인 것'으로서의 '공적 영역'이 존재하고, 이를 통해서 식민지를 재해석할 수 있다고 보는 것이다. 윤해동, 위의 글, 2007a, 55~56쪽 참조.

부당하게 현재를 추인하는 과잉해석에 빠져드는 것이다.[24] 근대란 언제나 근대가 아닌 다양한 존재를 전제로 한다. 이를 세계체제론자들은 비자본주의적 시장 곧 자본주의적 시장으로 편입될 대상의 존재로 설명한다. 하지만 양자는 모두 자본주의적 근대의 이런 측면을 무시한다.[25]

일국사적 근대성 해석이 국민 만들기에 관여하는 방식은 어떤 것일까? 우선 수탈론은 홉슨-레닌 이후의 고전적 제국주의론 혹은 종속이론의 한국적 변용이라는 성격을 가진다고 할 수 있다. 이에 따라 제국주의로부터 독립적인 국민국가의 건설과 독자적 국민경제의 형성에 관심을 집중하면서, 민족해방운동의 전개와 해방 후의 통일국가 수립운동 혹은 민주화운동에 정통성을 부여한다. 한반도의 분단된 현실은 국민국가 건설과 국민경제 형성이라는 관점에서 볼 때, 근대에 미달하는 상태에 지나지 않는다. 통일 민족국가의 건설과 자립적 국민경제의 수립이라는 과제는, 한국이 근대에 '적응하고 극복' 하는 과정에서 달성해야 할 지상의 목표로 설정된다.[26] 이에 반하여 1950년대 이후의 근대화론 혹은 '시장균형론' 의 한국적 변용

24) 식민지 근대화론자들이 정치적으로 뉴라이트의 입장을 취하면서 국가중심주의적 현대사 해석을 과도하게 주장하는 것은, 시장중심주의라는 측면에서 이해하기 어려운 측면도 있지만, 경제성장 중심의 일원론이라는 점에서는 일관성이 있다고 할 것이다.
25) 대만 근대에 대한 커즈밍(柯志明)의 해석은 흥미롭다. 대만의 식민지 경험에 대한 연구 역시 오랫동안 발전과 종속, 시장균형과 계급착취라는 이분법적 논쟁에서 빠져나오지 못했던바, 이 난국을 돌파하기 위하여 커즈밍은 연속이론(articulation theory)의 입장을 취한다. 자본주의와 전자본주의라는 상이한 생산양식의 운동법칙을 개별적으로 명확히 파악하고, 구체적인 맥락 속에서 양자가 어떤 입장을 취했는가를 경험적으로 설명함으로써, 대만의 근대성을 해명하고자 하는 것이다. 커즈밍, 문명기 옮김, 《식민지 시대 대만은 발전했는가》, 일조각, 2008 참조. 한국의 경우에도 커즈밍이 주장하는 이른바 절합(articulation)이론을 식민지 근대성 해명에 활용하는 것을 고려해볼 필요가 있을 것이다. 커즈밍은 절합을 연속(連屬)이라는 용어로 번역하여 사용하고 있다.
26) 대표적인 논저로 정태헌, 앞의 책, 참조.

이라고 할 수 있는 식민지 근대화론은 식민지기 경제성장으로부터 이어지는 남한 경제성장의 연속성을 증명하는 데 관심을 집중한다. 식민지 근대화론의 입장에서 볼 때, 경제성장에 실패한 북한은 '문명사적' 맥락에서 '야만'으로 해석되고 한국(남한)의 '건국'에 지나치게 중요한 의미가 부여된다. 이들에게 남북한 '건국의 등가성'은 인정되지 않으며, 경제성장에 성공한 남한만이 정통성을 가진다.[27]

이처럼 평행선을 그리며 진행되고 있는 '통일 대 건국'의 이항대립적 현대사 해석은, '수탈 대 성장'이라는 식민지 근대성에 대한 일국사적 해석에서 연유한 측면이 강하다. 그럼에도 이 두 가지 입장에서 '국민 만들기'의 양가성을 확인하는 것은 어렵다. 국민 만들기이란 언제나 국민국가적 정통성을 만드는 과정에서 수반되는 억압성과 아울러 국민적 정체성을 부여하는 양가적 성격을 가진다.[28] 국민국가 시대의 국민 만들기에 기여하는 근대성 해석에 대한 자기비판이 필요한 시점이라 하겠다.

3) 국제관계사와 비교사 연구

국민국가를 행위주체이자 단위로 사유하는 국민국가 시대의 역사 이해를 대변하는 전형적인 방법론으로 국제관계사와 비교사 연구를 들 수 있을 듯하다. 먼저 국제관계사를 살펴보자. 국제관계사란 국가 간(international) 시대의 전형적인 고안물이다. 그러나 제국−식민

---

27) 대표적인 논저로 박지향 외, 《해방 전후사의 재인식》 1·2, 책세상, 2005 ; 이영훈, 《대한민국 이야기》, 기파랑, 2007 참조.
28) 윤해동, 〈머리말―한국 근대 인식의 새로운 패러다임을 위하여〉, 《근대를 다시 읽는다》 1, 역사비평사, 2006a 참조.

지 관계는 국제관계가 아니다. 그런 점에서 한국 근대의 국제관계는 한국을 둘러싼 열강의 국제관계가 되기 십상이다.[29] 그렇지 않으면 식민지인 한국에 대한 주변국의 인식이나, 한국인의 주변국에 대한 인식을 연구할 수 있을 따름이다.[30] 그럼에도 동아시아 지역 내의 국가-민족 간 상호인식에 대한 연구는, 동아시아 연구로 이어지는 디딤돌이 될 수 있었다는 점에서 역사적 의미를 부여할 수 있을 것이다. 이런 상호 인식을 기반으로 한 동아시아 연구를 동아시아에 대한 기억 연구로 적극적으로 발전시켜갈 필요가 있을 듯싶다. '완바오산(萬寶山) 사건'처럼 동아시아인의 기억 속에서 내셔널한 경계에 서 있는 사건은 기억 연구의 전형적 사례를 제공할 수 있을 것이다. 완바오산 사건은 동아시아 각국이 각기 다른 방식으로 전유해온 기억의 터였다. 완바오산 사건은 동아시아 각국의 내부에서 각기 다른 방식으로 망각되거나 파편화되어 기억되어왔던 것이다. 동아시아가 공유하는 공동의 기억을 환기하는 것도 새로운 '동아시아 의식' 나아가 '동아시아 정체성'을 형성하는 데서 중요하고 또한 필요할 것이지만, 지배·피지배, 침략·피침략의 상호 배치되고 갈등하는 역사의 터를 망각으로부터 환기하고 새로운 방식으로 기억하는 것도

---

29) 구대열의 식민지기 한반도 국제관계 연구가 전형적으로 이런 입장에 선 것이다. 구대열, 《한국 국제관계사 연구》1·2, 역사비평사, 1995 참조. 이런 계열의 연구는 매우 많이 거론할 수 있다. 최근의 성과로는 나가타 아키후미, 박환무 옮김, 《일본의 조선통치와 국제관계》, 일조각, 2008 참조.

30) 민두기의 일련의 논저가 이런 방면의 연구를 개척하는 데 선구적인 역할을 수행한 것으로 보인다. 민두기, 《시간과의 경쟁》, 연세대학교출판부, 2001 참조. 다른 한편 해방 이후의 중국사 연구를 한중관계사 연구가 주도하고 있었다는 점도 흥미롭다. 한중관계사 연구가 식민주의 사학의 영향과도 무관하지 않다는 지적도 있는데, 이 역시 국제관계사 연구가 연구자의 주관적 의도와는 달리 빠질 수 있는 위험을 암시하는 것이라 하겠다. 하세봉, 〈한국 동양사학계에 대한 비판적 검토〉, 《동아시아 역사학의 생산과 유통》, 아세아문화사, 2001 참조.

반드시 필요한 일이라 하지 않을 수 없다.[31]

다음 비교사에 대해 살펴보자. 비교의 대상을 국민국가로 설정할 때 가능한 것이 비교사의 방법론이지만, 대개 비교사는 국민국가의 정당성을 합리화하는 데로 귀결될 위험성을 가진다. 왜냐하면 국민국가란 상호 비교가 불가능한 복합적인 존재이지만, 이를 상호 비교한다는 것은 그 복합성을 무시한다는 것을 의미하는 것이고, 그를 통해 국민국가의 정당성을 확보해주기 십상이기 때문이다. 이런 맥락에서 비교사는 1950년대 이후 근대화론의 중요한 방법론적 무기로 등장할 수 있었다. 근대화론은 일국의 발전단계 곧 근대를 시간의 선후 문제로 도치시키고, 이를 공간의 문제로 전환시킨다. 다시 말하면 근대화가 뒤처진 국가(후진국)는 근대화에 앞선 국가(선진국)를 따라가야 하며, 이는 근대화를 구성하는 요소적 문제로 환원되어 버린다.

이런 맥락에서 비교사 연구가 가지는 유럽중심주의 또는 시각의 착종현상에 대해서 유의하지 않으면 안 된다. 베네딕트 앤더슨은 이를 두고 '비교의 망령'이라고 은유하고 있다.[32] 앤더슨은 인도네시아의 수카르노 대통령이 그가 주장하던 '교도 민족주의'가 보편성을 가지고 있으며 국제주의와 분리될 수 없다는 점을 주장할 때 쑨원, 케말 파샤, 간디, 데 발레라, 호찌민 등의 사례를 들어서 연설했다고 한다. 수카르노에게는 히틀러 역시 반유대주의자이자 홀로코스트의 범죄자와는 상관없이 강렬한 민족주의자로만 간주되었다.

---

31) 윤해동, 〈동아시아 기억의 터—'萬寶山事件'에 대한 한국인들의 기억을 중심으로〉, Asian Cultural Forum 발표문, 베이징 사회과학원, 2007b 참조.
32) 베네딕트 앤더슨, 糟谷啓介・高地薫・イヨンスク・鈴木俊弘, 《比較の亡靈》, 作品社, 2005(Benedict Anderson, *The Spectre of Comparison*, Verso, 1998) 참조.

이것이 바로 수카르노의 주변을 배회할 뿐만 아니라 비서구 지역에 일상적으로 존재하는 서구의 '유령'이다. 앤더슨은 망원경으로 바라볼 때 발생하는 착시현상을 두고 비교사 연구의 어려움을 논했던 것이다. 앤더슨은 서구의 유령을 퇴치하기 위하여 망원경을 거꾸로 돌려서 볼 것을 제안한다. 이른바 '거꾸로 돌려진 망원경(the inverted telescope)'이 그것이다.[33] '비교의 망령'이란 서구와의 비교에서 발생하는 거리감의 혼란을 지칭하는 것인데, 이것은 바로 비교를 통한 유럽중심주의의 지속성을 이르는 것이기도 할 것이다.

하지만 제국주의 지배와 식민지 경험의 특수성을 강조하는 한국 학계의 흐름에서, 비교사 연구의 유효성을 인정하는 것은 매우 어려운 일이었다. 근대화론의 비교사 연구와 달리, 한국적 근대의 특수성을 강조하는 일은 비교 불가능성을 전제하는 것이었기 때문이다. 일본 제국주의 지배는 전례 없는 수탈성과 잔혹성을 특징으로 삼고 있었으며, 이에 대한 한국인의 저항도 다른 식민지와 비교할 수 없을 만큼 지속적이고 강인한 것이었다는 일종의 선험적 식민지 이해가 비교사적 식민지 연구를 가로막고 있었다.[34]

하지만 최근 식민지 비교 연구의 사례가 축적되고 있는바, 이는 식민지 경험의 특수성에 대한 인식이 희석되고 있는 경향을 반증하는 것이 아닐까 한다.[35] 일본제국주의 내부의 식민지(내부식민지를 포

---

33) 문학-문화 연구 분야를 중심으로 글로벌 연구의 동향을 분석하면서, 비교 연구의 어려움을 논한 논문으로 다음을 참조할 수 있다. 박선주, 〈궐위의 시대 학문의 지평—글로벌 연구의 동향〉,《안과밖》25, 영미문학연구회, 2008, 252~335쪽.
34) 사례를 들 것도 없이, 아직도 식민지기에 관한 대부분의 통사적 서술이나 상당수의 개별 연구는 이런 인식에 기초를 두고 있다.
35) 박섭,《식민지의 경제변동—한국과 인도》, 문학과지성사, 2001 ; 강만길 외,《일본과 서구의 식민통치 비교》, 선인, 2004 ; 변은진 외,《제국주의 시기 식민지인의 정치참여 비교》, 선인, 2007 ; 호리 가즈오 외, 박섭·장지용 옮김,《일본 자본주의와 한국·대만—제국주의하의 경제변동》, 전통과현대, 2007 등 참조.

함하여) 곧 오키나와, 대만, 조선, 만주 등을 상호 비교하는 작업과 아울러, 여타 제국주의의 식민지인 베트남, 인도, 알제리 등과 식민지 조선을 비교하는 연구는 식민지 나아가 한국 근대성 이해를 더욱 풍부하게 할 것이다. 다른 이런 공시적 차원의 비교 연구와 아울러, 통시적 차원의 비교 연구가 제국과 식민지의 상대성을 확인하고 통합적 역사인식에 기여할 수도 있을 것이다.

이처럼 비교사 연구는 그 맥락에 따라 유럽중심주의를 강화하고 국민국가의 정당성을 뒷받침하는 연구로 기능하기도 하고, 역으로 제국-식민지 인식의 특수성을 희석시키는 역할을 하기도 하는 것처럼 보인다. 국제관계사, 비교사 연구는 이런 차원에서 일국사적 관점을 기본으로 삼는 근대역사학의 중요한 방법론적 기반 혹은 보완물의 역할을 수행하였다고 하겠다.

3. 트랜스내셔널 히스토리의 가능성
  ─전 지구화 시대의 근대 읽기

1) 전 지구화 시대 근대 파악의 특징

국제(혹은 국가 간) 시대를 뛰어넘어 전 지구화 시대 혹은 트랜스내셔널 시대로 이행하고 있다는 것은 무엇을 의미하는 것일까? 그것은 적어도 다음과 같은 몇 가지 의미를 함축하고 있을 것이다. 첫째, 교류와 상호작용의 단위 또는 행위의 주체가 국민국가 '만' 이 아닌 시대가 도래하고 있다는 점이다. 특히 초국적 자본의 등장으로 국민국가는 그 역할이 심각하게 축소되고, 그 소멸마저 운위되고 있다.

둘째, 그에 따라 국민국가가 아닌 새로운 행위주체 또는 다양한 교류와 상호작용의 단위가 등장하고 있다는 점이다. 개인과 시민사회를 비롯하여 다양한 행위자가 초국적 행위자로 등장하고, 새로운 방식의 교류와 상호작용이 다원적으로 수행되고 있다. 이리하여 셋째, 국민국가라는 행위 주체를 뛰어넘는 새로운 공통의 장―그게 지역이든 지구이든―이 등장하고 있다. 동아시아 시민사회, 동아시아 공동체, 지구 시민사회와 같은 새로운 공치(共治, governance)의 단위가 거론되고 있는 것을 그 사례로 들 수 있을 것이다.[36]

'이런 시대에 필요한 역사학은 어떤 것일까' 라는 질문을 내포하고 있는 것이 트랜스내셔널 히스토리일 것이다. 트랜스내셔널 히스토리는 국민 만들기에 기여하는 역사학 곧 일국적 역사학을 극복하고자 하는 시도이자 지향이다. 그런 점에서 트랜스내셔널 히스토리는 일국사적 차원을 넘어서서 근대성을 규정하고자 하는 지향을 함축하고 있다고 할 것이다. 다른 한편 근대란 그 체계의 세계성을 특징으로 하는 것이라 할 때, 근대의 속성을 일국사적인 차원에서 추적하는 것은 근원적으로 근대에 대한 오해를 낳을 수밖에 없다. 그런 점에서 트랜스내셔널 히스토리는 내재적 발전론처럼 일국적 차원에서 근대성의 기원을 추적하고 해석하고자 하는 논리를 넘어서고자 하는 시도인 것이다. 근대성을 전 지구적 차원에서 재해석하고자 할 때, 그에 동반되는 역사학적 방법론 역시 달라지지 않으면 안 된다. 아래에서는 전 지구적 근대성과 아울러 국제관계사 혹은 비교사를 넘어서는 새롭고 대안적인 역사학 방법론을 제국사(imperial history) 혹은 지역사라는 방법론을 통해 모색해보고자 한다.

---

36) 데이비드 헬드, 조효제 옮김, 《전지구적 변환》, 창작과비평사, 2002; 헬무트 안하이어, 조효제 옮김, 《지구시민사회―개념과 현실》, 아르케, 2004 참조.

2) 전 지구적 근대성 혹은 식민지 근대(colonial modern)

식민지 해석을 둘러싼 오래된 논쟁에 대해 대안의 논리로 제시되어 온 것이 식민지 근대성론이다.[37] 식민지 근대성론은 식민지를 둘러싼 논의를 근대성 논의로 전환했다는 점에서 그 의의를 부여할 수 있겠지만, 그럼에도 근대성 해석에서의 일국사적 관점을 탈피했다고 보기에는 어려움이 있다.[38]

하지만 근대성에 관한 논의는 전 지구적 근대성(global modernity)의 전개를 전제로 하는 것이어야 한다는 점을 분명히 해둘 필요가 있다.[39] 그간 식민지 근대성(colonial modernity)에 대한 많은 오해 또는 곡해는 이를 무시한 데서 발생한 것이다. 식민지 근대성론을 전 지구적 차원에서 발전시키고자 하는 논의가 '식민지 근대론'이라고 명명되어온 듯하다. '식민지'는 근대 세계체제가 그 체제로서의 속성을 갖추기 시작하는 지점이다. 즉 식민지체제란 근대 세계체제의 하위체제로서, 문화적 교류와 융합 및 동화가 가장 활발하게 일어나는 체제이기도 하다. 그러므로 역설적이게도 식민지체제란 국민국가 체제를 구성해가는 출발점으로서의 위치를 갖지만, 국민국가적

---

37) 식민지 근대성론에 대해서는 다음의 저작을 참조할 것. 신기욱 · 마이클 로빈슨 엮음, 도면회 옮김, 《한국의 식민지 근대성—내재적 발전론과 식민지 근대화론을 넘어서》, 삼인, 2006: Gi-wook Shin and Michael Robinson eds., *Colonial Modernity in Korea*, Harvard University Asia Center, 1999; 임지현 · 이성시 엮음, 《국사의 신화를 넘어서》, 휴머니스트, 2004; 공제욱 · 정근식 엮음, 《식민지의 일상, 지배와 균열》, 문화과학사, 2006 등.

38) 식민지 근대론이 주로 민족주의와 관련해서 독해되고 있는 데서 역설적으로 일국사적 관점의 강고함을 확인할 수 있겠다. 이승렬, 〈'식민지 근대'론과 민족주의〉, 《역사비평》 80, 역사비평사, 2007.

39) 대만이나 일본에서 논의되고 있는 다원적 근대성 혹은 대안적 근대성에 대한 논의 역시 전 지구적 근대성에 대한 문제의식과 맞닿아 있는 것으로 보인다. 張隆志, 〈식민주의—근대성과 대만 근대사 연구〉, 《역사문제연구》 12, 역사문제연구소, 2004 참조.

퍼스펙티브(perspective)만으로는 그 속성을 헤아리기 어려운 체제이기도 하다.[40]

이런 점에서 서구와 식민지는 동시적으로 발현한 근대성의 다양한 굴절을 표현하고 있으며 근대는 특정한 지정학적 위치에만 결부시킬 수 있는 주제는 더 이상 아니다. 그리하여 "모든 근대는 당연히 식민지 근대"이다. 이는 식민지를 사회진화론적 문명론의 발전단계론에 따라 하위에 위치시키지 않는다는 것을 의미한다.[41] 이런 인식은 식민지가 일국적이고 자족적인 정치-경제-사회적 단위가 아니라 제국의 일부를 구성하고 있었다는 점과 제국과 식민지는 상호작용하는 하나의 '연관된 세계'를 구성하고 있었다는 데서 출발한다. 다른 한편 식민지배로 해방되어 정치-경제-사회적으로 독립된 단위를 구성한다고 해서 자동적으로 식민지로부터 벗어난다고 볼 수도 없다. 오래된 논의이지만, 식민주의는 후기 식민지시기를 특징 짓는 또 하나의 현상이기도 하다.[42] 그런 점에서 식민지 근대론은 제국과 식민지를 관통하는 공시성과 식민지와 후기 식민지를 연결시키는 통시성을 아울러 갖는다.[43] 다른 한편 식민지 역시 수탈과 문명화-개발의 양면을 갖는다. 그런 점에서 식민지 근대라는 문제의식은 근대의 양가성과 식민지의 양가성이 만나는 어느 지점에 위치한다고 볼 수 있다.[44]

식민지기 조선의 자본주의는 일본제국 전체의 경제를 구성하는

---

40) 윤해동, 앞의 글, 2007a, 54~55쪽.
41) 윤해동, 〈1부를 묶으며〉, 《근대를 다시 읽는다》 1, 역사비평사, 2006b, 30~31쪽.
42) 니시카와 나가오는 전 지구화 시대의 식민주의를 신식민주의로 재규정하기도 한다. 西川長夫, 《'新' 植民地主義論—グローバル化時代の植民地主義を問う》, 平凡社, 2006 참조.
43) 윤해동, 앞의 글, 2006b; 윤해동, 앞의 글, 2007a 참조.
44) 윤해동, 앞의 글, 2006b; 윤해동, 앞의 글, 2007a 참조.

하위부문으로 점차 편입되어 제국주의의 경제적 분업의 일환을 구성해나가게 된다. 조선에 침투한 일본의 독점자본은 조선인 자본을 예속시키면서 조선 전체의 생산력을 향상시켰던 것이다. 이러한 생산 활동의 적극적 전개는 경제 전 분야에 걸친 상품경제의 발전 및 시장의 확대를 초래한다. 시장의 발전과 자율성의 증대는 차츰 균형적 시장가격의 형성을 지향한다. 하지만 정치적으로 종속된 식민지의 경우에는 시장의 균형을 달성하지 못하고 불균등 성장을 이룰 수밖에 없게 된다. 이를 거꾸로 본다면, 식민지에서 시장의 균형을 달성하지 못하고 불균등 성장을 지속할 수밖에 없는 이유는 복수의 생산양식 곧 자본주의 생산양식과 전근대적 혹은 소농경제적 생산양식이 공존했기 때문이다. 전근대적 혹은 소농경제적 양식의 유지는 자본주의 생산양식을 향한 분해도 아니고 순수한 보존도 아닌 재편(reconstruction)의 과정으로 볼 수 있으며, 이를 생산양식의 절합(articulation)이라고 부를 수 있을 것이다. 소농경제적 양상이 제국의 독점자본과 어떤 방식으로 결합하면서, 식민지적 양상을 구성하는지는 각각의 식민지적 특수성에 의존할 수밖에 없다. 이런 점에서 생산양식의 절합에 의한 불균등시장의 지속이라는 문제의식은 전지구적 근대성의 이해방식과도 맞닿아 있다.

이매뉴얼 월러스틴의 세계체제론(world system theory)에 의하면, 자본주의 세계경제의 확장과정이란 만물의 상품화의 과정이며 자본주의 세계경제는 이를 통하여 축적의 정치학을 가동시켜야만 했다. 지리적 팽창을 통하여 끊임없이 이질적인 생산양식을 '절합' 함으로써 수많은 사람들을 새로운 프롤레타리아로 창출해내야만 했던 것이다. 새로운 프롤레타리아의 창출과정이란 사회를 합리화하는 과정이기도 하지만, 다른 한편 자본의 끊임없는 축적의 과정이 그 이면에 은폐되어 있다는 것이다.[45] 제국주의의 새로운 식민지 확보과정이란, 세계경제의 확장에 수반하여 구래의 생산양식의 절합을 통하여 새로운 프롤레타리아를 창출하는 과정이다. 식민지배를 통해 확산되는 구래의 신분적 구속의 해방과 합리성의 확대과정이란 이처럼 자본주의 세계경제의 확장과정이자 새로운 프롤레타리아의 창출과정이기도 한 것이다. 예를 들어 식민지 조선에서 진행된 백정집단의 사회적 신분해방운동을 이러한 차원에서 이해한다면, 신분해방운동을 단순히 민족해방운동의 틀 속에서 이해하는 오래된 틀을 벗어날 수 있게 될 것이다.[46] 식민지의 다양한 근대성은 이처럼 전 지구적 근대성이라는 차원에서 새로이 해석해나갈 수 있을 것이다.

한편, 전 지구적 근대성에 대한 문제의식은 새로운 지구사 혹은 세계사 논의와 연결된다. 아리프 딜릭(Arif Dirlik)의 논의를 살펴보자. 그는 유럽중심주의적 목적론을 탈피하기 위하여 다원적 근대성(혹은 대안적 근대성)을 설정하되, 근대성 형성에서의 근대 유럽의 변형적 역할을 부정할 수 없다는 점에서 논의를 출발한다. 또한 유럽·미국에 의해 발명된 근대성을 식민지 근대성이라고 규정하고 이것이 현재의 전 지구적 존재조건을 형성하고 있다고 본다. 전 지구화와 그것이 생산한 지구적 근대성은 식민지 근대성의 유산인 불평등한 발전과 권력 관계를 지속시킨다는 점에서 문제가 있다고 본다. 그리고 이를 극복하기 위한 자원을 초기 근대(early modernities)가 아니라 근대의 초기 국면에서의 대안적 근대성 속에서 찾고자 한다.[47]

---

45) 대표적으로 이매뉴얼 월러스틴, 나종일 외 옮김, 《역사적 자본주의/자본주의 문명》, 창비, 1998 참조.
46) 백정운동을 인권적 차원에서 해석한 논문으로는 김중섭, 〈인권을 찾아서: 식민지 한국의 백정운동〉, 신기욱·마이클 로빈슨, 앞의 책, 439~467쪽 참조.

지구적 근대성이 지구사 서술과 맞닿아 있다는 점에서도 그렇지만, 지구적 근대성을 해명하려는 시도가 세계체제론 혹은 초기 근대론으로 확장되면서 대안적 근대성 논의와 맞물리고 있다는 점에서 볼 때도, 지구적 근대성이 포괄하는 시간적·공간적 범위는 더욱 확장되어나갈 것으로 보인다. 지구적 근대성에 대한 고려는 트랜스내셔널 히스토리의 지향이 지구사 논의의 지평으로 나아가는 데 중요한 기반을 제공할 수 있을 것이다.

3) 제국사 혹은 지역사의 대두

일국사(식민지사, 제국주의사) 혹은 관계사, 비교사에서는 무시될 수밖에 없는 제국 혹은 한 지역 속의 구조적 관련을 드러내는 방법론적 대안으로서 제국사(imperial history) 혹은 지역사를 상정할 수 있을 것이다. 이런 문제의식에서는 관계가 아니라 교류, 이동(상품, 자본, 노동 등등), 상호 인식의 통합, 수렴 등을 전제한다. 그리고 이를 통하여 전체 속의 구조적 관련을 드러내는 것을 목표로 한다.

최근 새로 대두되고 있는 제국사 연구의 문제의식을 살펴보자. 1980년대부터 영국에서는 제국사라는 문제의식이 역사학 연구의 하위분야로 대두되었다. 영국제국사를 단순한 '잉글랜드사'로서가 아니라 '브리튼사'로서 나아가 그들을 중핵으로 삼는 '대영제국사'로

---

47) Arif Dirlik, "Comtemporary Perspectives on Modernity", 성균관대학교 동아시아학술원 해외석학 초청 학술회의 발표문, 2007 참조. 지구적 근대성에 대한 논의는 세계체제론 혹은 그에 기반한 다양한 세계사 서술의 시도로 나타나고 있다. 이와 관련하여 캘리포니아학파의 세계사 논의에 대해서는 강진아, 〈동아시아로 다시 쓴 세계사〉, 《역사비평》82, 역사비평사, 2007 참조. 이와 아울러 프랑크의 세계사 논의에 대해서는 안드레 군터 프랑크, 이희재 옮김, 《리오리엔트》, 이산, 2003; 강성호, 〈전지구적 세계체계로 본 세계사와 동아시아사〉, 《역사비평》82, 역사비평사, 2007 참조.

파악하고자 하는 동향이 정착되기 시작한 것이다.[48] 영국의 역사를 대영제국사로 파악하고자 하는 제국사의 문제의식은 본질적으로 지구상의 여러 지역과 서로 다른 민족 사이에 존재한 중첩된 접속과 연관성을 밝히는 목표로 삼았다. 제국사 연구에 대해 린다 콜리(Linda Colley)는 다음과 같이 말한다.

> 영국학자들은 과거 제국의 본질과 그 행위에 대해 다른 나라들이 어떻게 인식하고 있는지 알아야 할 뿐만 아니라, 영국에 의해 충격을 받은 사회들의 자율적인 과거에 대해서도 알아야 한다. 마찬가지로 아시아와 북아메리카, 카리브해, 아프리카, 태평양의 역사가들도 제국에서 영국이 차지하는 위치에 대한 다양하고 미묘한 차이가 있는 최근의 평가에 대해서 알아야 한다. 그들은 과거 영국이 그렇게 보인 것이나 아직도 일반적으로 그랬으리라고 생각되는 것과는 달리 영국이 실제로 어떤 특정 시기에 어떤 종류의 세력이었으며 사회였는지를 명확이 인식하고 판단해야 한다.[49]

이런 영국의 제국사 연구에 영향을 받아 일본 학계에서도 1990년대 이후 제국사 연구가 일종의 붐을 일으키게 되었다. 일본의 제국사 연구는 일본 근대사 연구의 범위를 '소일본=일본 본토'에 한정하지 않고 제국의 전 범위로 확장하고자 하는 의도를 가진 것이었다. 여기에는 근대 일본 제국의 형성이 본국의 국민 형성과 불가분

---

48) 山本有造, 〈序文〉, 山本有造 編, 《帝國の硏究》, 名古屋大學出版會, 2004b 참조. 일본에서의 제국사의 대두에 대해서는 山內昌之 · 增田一夫 · 村田雄二郎 編, 《'帝國'とは何か》, 岩波書店, 1997 참조.
49) 린다 콜리, 〈오늘날 제국사란 무엇인가?〉, 데이비드 캐너다인 엮음, 문화사학회 옮김, 《굿바이 E. H. 카》, 푸른역사, 2005, 230~258쪽.

의 과정을 이루고 있다는 인식이 깔려 있었다. 제국사 연구는 조선 대 일본, 만주 대 일본이라는 이항대립에 그치지 않는, 일본 제국을 그 전체 구조로서 파악하고자 하는 것이었다. 이런 문제의식은 "국민사는 항상 제국사"여야 한다는 인식으로 발전해갔다.[50]

야마모토 유조(山本有造)는 근대의 제국은 트랜스내셔널한 힘에 의해 형성된다고 보고 다음과 같이 주장한다.

> (제국의 속성으로서―인용자) 구심성(求心性)과 확산성(擴散性)을 아울러 가진 지배와 피지배의 관계는 강력한 중앙통치기구를 갖춘 중심, 중심으로부터의 영향력에 대하여 저항력이 약한 주변 그리고 중심과 주변을 결합하는 트랜스내셔널한 군사적-정치적-경제적 혹은 이데올로기적인 힘과 장치라는 세 개의 요소로 형성된다. 중심으로부터 발생하는 트랜스내셔널한 힘은, 기본적으로는 그리고 특히 제국의 형성기에는 군사력이라는 폭력 장치에 의해 뒷받침되지만, 그와 동시에 화폐와 무역이라는 경제적 이익 혹은 종교와 이데올로기라는 문화적 흡인력에 의해 보완되어야 한다.[51]

야마모토는 제국이 중심과 주변 그리고 양자를 연결하는 트랜스내셔널한 힘과 장치에 의해 형성된다는 보는 것이다. 제국사 이해에서 트랜스내셔널한 힘을 중시하는 발상은 근대 제국이 가지는 고유한 성격으로부터 유래하는 것이라 할 수 있다. 근대 제국은 곧 국민국가 단계의 제국으로서, 국민국가를 핵심으로 하면서 제국적 지배를 수행해야 하는 이중적 존재이다. 곧 국민국가와 제국적 지배라는

---

50) 山本有造, 앞의 글, 2004b.
51) 山本有造, 앞의 글. 2004a, 10〜19쪽.

각기 다른 원리 사이에서 제국은 어떤 태도를 취했던가 그리고 그것을 어떻게 이해할 것인가가 문제의 핵심이라 할 수 있다.[52]

야마무로 신이치(山室信一)의 '국민제국론'은 이중적 존재로서의 제국을 중심으로 하는 제국사 이해에 있어서 흥미로운 문제제기라 할 수 있다. 야마무로는 국민제국을 "주권국가 체계 하에서 국민국가 형성을 채택한 본국과 이민족–원격지배지역으로부터 이루어지는 복수의 정치공간을 통합하는 정치형태"로 정의한다.[53] 곧 국민제국을, 국경을 넘어선 민족이 자본과 군사라는 두 개의 힘으로 획득한 공간을 자신과는 다른 정치사회로서 어디까지나 '외부'로 규정하면서, 동시에 자신의 주권 영역으로 '내부화'한다는 상반되는 벡터에 의해 형성되고 있던 초영역정치체(supra-territorial body politic)라고 규정한다. 근대의 제국은 식민지를 외부로 간주하면서도 내부화해야 한다는 두 개의 모순된 힘에 의해 규정된 초영역적 복합정치체라는 것이다. 야마무로는 국민제국을 분석하기 위해서 네 가지의 과제를 설정한다. 첫째, 세계제국과 국민국가의 확장이기도 하면서 각각이 그 부정으로 나타난다는 모순과 양면성(제1테제), 둘째, 형성–추진기반이 사적 경영체로부터 내셔널한 것으로 전화하는 측면(제2테제), 셋째, "다수의 제국이 동시성을 가지고 다투면서 결합"하

---

52) 제국사와는 다르지만, 근대 국제경제 형성과정에서의 트랜스내셔널한 역학을 강조하는 스기하라 카오루(杉原薫)의 연구나 '지역'과 '네트워크'를 강조하면서 영역성을 전제로 한 국민국가 형성사를 비판하는 하마시타 다케시(濱下武志)의 연구 등도 트랜스내셔널 히스토리의 중요한 사례로 들 수 있을 것이다. 杉原薫,《アジア間貿易の形成と構造》, ミネルヴァ書房, 1996(스기하라 카오루, 박기주 옮김,《아시아간 무역의 형성과 구조》, 전통과현대, 2002); 濱下武志,《朝貢システムと近代アジア》, 岩波書店, 1997 참조.

53) 山室信一,〈「國民帝國」論の射程〉, 山本有造 編,《帝國の研究》, 名古屋大學出版會, 2004, 87~128쪽.

는 경쟁체제로서의 세계체제(제3테제), 넷째, 본국과 지배지역이 '격차원리'와 '통합원리'에 기반한 이법역(異法域) 결합(結合)으로 존재하는 점(제4테제) 등을 분석함으로써 제국사에 접근하고자 하는 것이다.[54]

이와 관련하여 중화 질서라는 전근대 제국 및 근대 일본의 제국 지배가 비교적 연속성을 강하게 가지고 있으며 영역도 크게 차이가 나지 않았다는 점에서, 제국사 연구를 동아시아 지역사 연구와 연관시켜 이해하는 방식도 유효할 것으로 보인다. 더욱이 동아시아 특히 한 · 중 · 일 사이에 역사교과서 및 역사인식 문제가 '뜨거운 감자'로 대두하면서, 한국에서는 '동아시아사' 서술과 교육이 역사학계의 현안으로 부상하고 있다는 점에서, 지역사로서의 동아시아사 서술에 대해 살펴보는 것은 의미 깊다. 이미 동아시아사 서술이 시도되고 있고,[55] 이와 관련하여 활발한 논의가 진행 중이다.[56] 그럼에도 일국사의 모자이크를 넘어선 지역사로서의 동아시아사가 성립할 수 있을 것인가, 그것이 가능하다면 어떤 측면에 유의해야 할 것인가에 대한 이론적 접근이 필요한 시점이 아닌가 한다.

여기에서는 근대 동아시아 세계의 형성을 둘러싼 역학관계를 간단히 살펴보고, 이를 토대로 근대 동아시아사 서술의 가능성을 검토

---

54) 위의 글.
55) 대표적인 동아시아사 서술의 시도로 한중일3국공동역사편찬위원회, 《미래를 여는 역사》, 한겨레출판사, 2005를 들 수 있다. 나리따 류우이찌, 임성모 옮김, 〈'동아시아사'의 가능성: 한중일3국공동역사편찬위원회 《미래를 여는 역사》에 대하여〉, 《창작과비평》 131, 창비, 2006 참조. 이 밖에도 다양한 주체에 의해 다양한 방식으로 한일 양국의 공동역사 교재가 편찬되고 있다.
56) 유용태, 〈다원적 세계사와 아시아, 그리고 동아시아〉, 《역사교육과 역사인식》, 책과함께, 2005; 김기봉, 《동아시아공동체 만들기》, 푸른역사, 2006; 백영서, 〈자국사와 지역사의 소통: 동아시아인의 역사서술과 성찰〉, 《역사학보》 196, 역사학회, 2008 등 참조.

해보고자 한다. 전근대 동아시아 세계는 중화 질서를 중심으로 형성되어 있었다. 이는 중화제국과 주변의 상호관계로 존재한 '지역질서'였지만, 다른 한편으로는 중화를 완결적 체계로서의 '천하＝보편'으로 인식한 '보편 질서'이기도 했다. '보편적 지역 질서'로서의 중화 질서는 구미제국의 진출로 인해 붕괴되기 시작하였다. 아울러 여러 개의 '보편 질서로서의 지역 질서'의 다원적 결합에 의해 구성되어 있던 전근대 세계는 하나의 자본주의 세계체계로 통합되기 시작하였다. 이처럼 구미제국의 글로벌한 진출로 인해 강요된 다원적 지역질서의 해체는 새로운 사태를 초래하였다.

구미제국의 글로벌한 진출로 인해, 지역 질서 속의 각각의 정치사회는 정치적으로는 국민국가의 틀 속으로 편입되고, 경제적으로는 자본주의 세계시장의 일부로 편입될 것이 강요되었다. 만국병립(萬國竝立)의 공법 질서 속으로 편입된다는 것은 현실에서 국민국가로서의 자격을 요구하는 것이었다. 만국공법 질서에 속할 만한 국민국가로서의 자격이란 서구 '문명의 표준'에 합치하는 정도의 법제를 갖추는 것을 의미하였다. 다른 한편 이런 국민국가로서의 자격은 자본주의 경제시스템을 갖추는 것과 표리일체의 관계를 가지고 있었다. 이를 구미 문명을 표준으로 하는 국민국가로의 표준화라고 할 수 있을 것이다.[57]

하지만 국민국가로의 표준화 과정은 간단히 진행되는 것이 아니다. 이질적인 국가제도를 서구 표준의 국민국가로 변화시키는 것은 많은 장애를 수반하는 것이었다. 국민국가 형성에 먼저 성공한 주변 국가를 모범으로 다른 국가가 국민국가 형성에 나서게 되는데, 동아

---

57) 山室信一, 〈國民國家のトリアーデと東アジア世界〉, 古屋哲夫・山室信一 編, 《近代日本における東アジア問題》, 吉川弘文館, 2000, 120~153쪽 참조.

시아 지역에서 국민국가 일본을 모범으로 삼아 국민국가 수립의 움직임이 본격화되었다. 이 과정에서 동아시아 지역세계라는 의식이 본격적으로 나타나게 되었던 것이다.[58] 이처럼 동아시아 지역세계는 한편으로는 구미의 침략에 저항하고 다른 한편으로는 구미문명을 수용하면서 만들어낸 세계였다. 또한 동아시아 지역세계에는 새로운 국민국가를 형성하면서 이전의 지역질서를 바탕으로 의식하게 된 공통의 문명에 대한 의식이 작용하고 있었다.

근대 동아시아 세계는 이처럼 글로벌한 세계체제, 지역 질서, 국민국가가 중층적으로 교차하는 세계였다. 나아가 제국주의, 국민국가, 식민지 등의 각기 다른 정치체가 상호 교직된 하나의 질서가 바로 근대 동아시아 세계였다. 이런 의미에서 근대 동아시아 세계는 트랜스내셔널한 상황을 포괄하는 지역 질서이기도 하다. 근대 동아시아 지역은 제국과 제국, 제국과 국민국가, 제국과 식민지, 국민국가와 식민지, 식민지와 식민지 사이의 상호작용이 다양한 차원에서 횡단하거나 관통하고 있었던 것이다. 예를 들어, 식민지 조선은 제국 본국 일본을 중심으로 국민국가로서의 중국, 식민지로서의 대만, '괴뢰국가' 로서의 만주 등을 아울러 분석대상으로 삼지 않으면 온전히 파악할 수 없는 중층적 교차의 대상이었다.[59]

이처럼 트랜스내셔널한 상황에 처해 있던 동아시아 근대 세계를 인식하고 서술하기 위해서는 어떠한 고려가 필요할 것인가? 두 가지 측면에 주목하고 싶다. 하나는 아래로부터의 동아시아에 대한 인

---

58) 위의 글, 120~153쪽 참조.
59) 냉전기 미국 중심의 동아시아 경제체제가 중국 중심의 조공무역체제와 유사하다는 세계체제론자들의 지적은 전후 동아시아의 트랜스내셔널한 상황을 잘 보여주고 있다고 할 것이다. 지오바니 아리기·비버리 실버, 최홍주 옮김, 《체계론으로 보는 세계사》, 모티브북, 2008, 381~429쪽 참조.

식이다. 동아시아 지역통합이 지향해야 할 목표는 동아시아 지역주의가 아니라, 세계시민사회를 지향하는 동아시아 시민사회를 형성하는 것이다. 곧 아래로부터의 동아시아를 지향함으로써 동아시아 시민사회를 형성하고 이를 바탕으로 열린 형태의 동아시아공동체를 만들어나가야 할 것이다. 아래로부터의 동아시아 곧 동아시아시민사회를 형성하는 일이 동아시아공동체를 구축하는 데서 무엇보다 중요한 것은 바로 이런 이유 때문이다.

두 번째는 동아시아에 대한 성찰적 시각이다. 동아시아를 둘러싼 논의가 활발하게 진행될 수 있었던 역사적 배경에는 동아시아 지역을 강하게 구속하고 있던 냉전이 해체되고 전 지구화가 급속하게 진행된 상황이 놓여 있다. 유교자본주의론 또는 아시아적 가치를 주장하는 논의는 이런 상황에서 배제되었다. 또한 동아시아론은 국가주의를 넘어서기 위한 논의이기도 하다. 국민국가를 그대로 두고서는 동아시아공동체를 형성할 수 없기 때문이다. 동아시아론은 세계(공동체) 형성의 새로운 원리를 탐구하고자 하는 것으로, 기존의 민족주의 또는 국가중심주의에 대한 성찰을 바탕으로 평화에 대한 희구를 담고 있는 것이기도 하다.

아래로부터의 동아시아 그리고 국민국가를 넘어선 성찰적 동아시아에 입각한 새로운 동아시아사 인식과 서술은 동아시아공동체를 위한 신뢰 형성을 위해서도 필수적인 과제라 할 수 있다. 동아시아 시민사회는 상호 신뢰가 형성되지 않으면 절대로 형성될 수 없기 때문이다. 새로운 동아시아적 정체성은 이런 상호 신뢰를 바탕으로 비로소 형성되어나갈 수 있을 것이다. 이른바 동아시아적 가치가 있을 수 있다면, 그것은 배타적인 가치가 아니라 상호 신뢰에 바탕을 둔 동아시아 시민사회의 정체성을 형성하기 위한 것이어야 한다. 또 동아시아 공동의 정체성을 형성하는 데에서, 동아시아 공동의 기억을 환기하고 공유하는 일이 큰 역할을 하게 될 것이다. 동아시아 통합에 동아시아(지역)사가 큰 역할을 수행할 수 있는 것은 이런 이유 때문이다.

4. 트랜스내셔널 히스토리를 위하여

전 지구를 하나로 묶는 지구화는 지금도 급속하고 깊숙하게 진행되고 있다. 작금에 경험하고 있는 미국발 경제위기를 통해서도 지구화의 강도를 실감하기에 어렵지 않다. 미국에서 시작된 금융위기는 세계금융을 위기로 몰아넣고 있으며, 전 지구 구석구석의 실물경제마저도 공황상태로 몰아가고 있는 중이다. 현재 진행되고 있는 경제위기가 1920년대 후반에 시작된 세계대공황과 근본적으로 다른 점은 여기에 있다. 전 지구의 경제가 이리저리 깊숙하게 얽혀 있으므로 경제위기로부터 '자유로운' 지역은 지구상 어디에도 있을 수 없는 것이다. 작금의 경제위기는 근대적 자본주의 세계체제의 근본적 전환을 표지하고 있는지도 모른다.

지구화는 이처럼 국가 간의 관계를 중심으로 한 다국적적 상황을 전혀 다른 차원의 트랜스내셔널한 상황으로 전환시키고 있다. 역설적으로, 이런 트랜스내셔널한 상황이 도래함으로써 인류의 발자취에 대한 새로운 전망이 가능하게 된 듯하다. 국민국가를 초월하고 국민국가를 관통하는 새로운 시각을 가짐으로써, 지나간 역사를 바꿔 읽을 수 있는 능력을 가지게 될 것이다. 지구화 혹은 자본주의 세계체제의 전환이 초래한 트랜스내셔널한 상황은 지나간 시대를 트랜스내셔널한 맥락에서 다시 읽을 수 있는 시각을 제시하고 있다.

트랜스내셔널 히스토리는 지구사와 달리 하나의 패러다임으로 전환할 수 있을 성싶지는 않다. 내셔널한 실체적 기반을 인정하고 이를 바탕으로 트랜스내셔널한 상황을 해석하고자 한다는 점에서 트랜스내셔널 히스토리는 일종의 역사학적 지향이라고 할 수 있을 것이다. 식민지배로 점철되어 있는 한국의 근대는 트랜스내셔널한 상황을 잘 드러내고 있다. 제국주의 지배의 억압과 갈등, 저항, 협력, 동화, 교류, 혼성화 등을 포함하는 민족 간의 다양한 상호작용을 포괄하는 것이 제국주의 지배와 식민지 경험의 본질이다. 식민지가 제국주의에 깊이 편입되면 될수록 트랜스내셔널한 상황은 더욱 복잡하고 첨예한 문제를 발생시킨다. 이런 점에서 한국의 근대를 해석하는 데에 트랜스내셔널한 시각은 유용하다.

한국 근대의 트랜스내셔널한 상황은 식민지 해석에서 일국사적 근대성 읽기를 인정하지 않는다. 수탈론과 식민지 근대화론 사이의 오래된 논쟁은 일국사적 근대성 읽기라는 점에서는 전혀 다르지 않다. 트랜스내셔널 히스토리는 내재적 발전론이나 식민지 근대화론처럼 일국적 차원에서 근대성의 기원을 추적하거나 해석하고자 하는 논리를 넘어서 있다. 근대성은 언제나 지구적이다. 한국의 근대성을 지구적 근대성의 전개라는 차원에서 읽을 수 있을 때, 한국 근대사 해석의 근본적 전환은 가능하게 될 것이다. 식민지는 일국적이고 자족적인 단위가 아니라 제국의 일부를 구성하고 있었고, 제국과 식민지는 상호작용하는 하나의 연관된 세계를 구성하고 있었던 것이다.

트랜스내셔널한 지구적 근대성 인식은 일국사적 근대 이해가 동반하던 국제관계사와 비교사를 넘어서 새로운 제국사와 지역사 인식의 문제로 역사학의 방향을 인도하게 될 것이다. 제국과 식민지를 하나로 묶어 제국의 전 범위를 대상으로 전체 구조를 파악하고자 하는 제국사적 문제의식은 지구상의 여러 지역과 민족 사이에 중첩하는 접속과 연관성을 밝히는 것을 목표로 삼는다. 요컨대 제국사 연구는, 국민사는 언제나 제국사일 수밖에 없다는 인식에서 출발한다고 할 수 있다. 이런 제국사의 문제의식은 식민지배의 역사를 국민사 혹은 국민국가사에 단선적으로 편입시키고자 하는 기존의 문제의식을 거부하는 것이기도 하다. 제국사가 국민국가사이기도 하듯이, 식민지배의 역사 역시 제국사와 중첩하기도 하는 것이다.

  이런 제국사 연구의 문제의식은 동아시아를 대상으로 한 지역사 곧 동아시아사 인식으로 나아갈 수 있게 한다. 지역사로서의 동아시아사에 대한 추구는 근대 동아시아의 다양한 트랜스내셔널한 경험에 눈을 돌리게 한다. 근대 동아시아 세계는 다양한 트랜스내셔널한 작용을 바탕으로 구축된 것으로서, 근대 동아시아사는 트랜스내셔널한 지역사가 되어야 할 것이다. 이리하여 새로 기술된 동아시아사는 이후 동아시아 지역의 협력과 상호 의존을 강화하는 데 기여하게 될 것이다. 트랜스내셔널 히스토리의 문제의식이 유용한 지점은 여기에서도 확인할 수 있다. 트랜스내셔널 히스토리에 대한 지향은 근대성의 지평을 확장하고 이를 바탕으로 제국사, 지역사 연구로 나아가게 할 것이다. 대안역사학으로서의 제국사, 지역사 연구에 더욱 주목할 필요가 있을 것이다.

'동아시아 시민사회'의 형성과 동아시아공동체

동아시아, 그 개념과 경계

21세기는 '동북아 시대'가 될 것이라고들 합니다. 미국이 중심이 된 세계를 해체하고 동북아 시대가 도래할 것이라는 지적은, 동북아 지역이 세계 경제의 가장 역동적인 지역으로 부각되고 있으며 북미·유럽과 아울러 세계 경제의 3대 축을 형성하고 있다는 현실에 바탕을 두고 있습니다. 앞으로 동북아 지역이 세계 경제의 견인차 역할을 담당할 것이라고 예상한 것입니다. 인구와 경제의 규모 면에서 이미 동북아시아는 세계에서 가장 규모가 큰 지역입니다. 앞으로 이 지역이 경제적으로 통합되고, 정치·군사적으로도 안정을 이룰 뿐만 아니라 통합을 수행하게 되면 동북아 시대가 도래할 것이라는 예상이 이루어질지도 모릅니다.

노무현 정권 들어 제기된 한국의 동북아 균형자론은 이런 예측에 기반을 두고 있습니다. 동북아 균형자론의 현실성을 떠나서 정권 차원에서도 이미 동북아시아는 그저 남의 일만은 아니게 된 것입니다. 그런 점에서 동북아시아는 한국인에게도 중요한 화두가 되었습니다. 동북아 경제 중심국가론도 마찬가지 맥락에서 사용되고 있는 말입니다. 하지만 한국이 실제로 동북아시아의 균형자나 경제의 중심적 역할을 수행할 수 있을 것인지를 떠나서, 국민국가로서의 한국의 역할을 강하게 의식하고 있다는 점에서 이런 논의는 동북아공동체론까지는 미치지 못한다고 할 수 있겠습니다. 동북아공동체론은 이런 점에서 위의 논의와는 조금 다른 맥락에 위치해 있습니다. 국민국가를 초월해 새로운 공동체를 만들자는 발상이기 때문입니다.

그러나 동북아 또는 '동아시아' 라는 말은 실은 매우 모호한 말입니다. 그 지역의 경계가 명확하지 않기 때문입니다. 먼저 동아시아라는 말에는 동북아시아와 동남아시아가 모두 포함되어 있습니다. 그러나 동아시아라고 할 때에는 동북아시아를 지칭하는 경우가 많습니다. 동아시아라는 말을 쓰기가 거북한 경우에는 아시아 · 태평양이라는 말을 쓰기도 합니다. 그럴 경우 미국이나 오스트레일리아도 포함하기 때문에 그 범위가 훨씬 더 광범위해집니다. 여기에서는 일단 한국, 중국, 일본을 대상으로 하는 동북아시아를 지칭하여 동아시아라고 사용하고자 합니다.

아시아라는 말은 원래적으로 타자성을 가진 말입니다. 아시아는 아시아에 사는 사람들 자신이 자신을 규정하기 위해 만들어낸 말이 아닙니다. 아시아는 서구인들이 만들어낸 말입니다. 아시아나 아프리카와 같은 지역을 지칭하는 말은 대개 정치적 강자들이 만들어낸 정치적 고안물인 경우가 많습니다. 아시아라는 말은, 동남아시아라는 말이 제2차 세계대전 후 미국인이 지역의 전략적 중요성을 고려해서 만들어낸 말인 것과 마찬가지로, 유럽인들이 만든 말입니다. 서구와 미국은 지역을 정의함으로써 세계를 자신의 의도대로 재편성하고자 했던 것입니다. 이것이 첫 번째 의미에서의 타자성입니다.

두 번째 의미에서의 타자성은 일본 제국주의가 아시아라는 말을 자신의 제국주의적 침략을 분식하기 위해 사용하면서 형성되었습니다. 19세기 후반 일본 제국주의는 제국주의적 팽창의 필요성에서

'(동)아시아' 또는 '동양'이라는 새로운 개념을 만들어냈습니다. 따라서 동아시아나 동양이라는 말은 제국주의의 식민정책학이 만들어낸 심상지리(imaginative geography)였습니다. 동아시아나 동양이라는 것은 실재하는 지리적 개념이 아니라, 상상 속에서 만들어진 공동체인 것입니다.

그러므로 동아시아는 '일본의 오리엔트'로서 만들어진 것입니다. 동아시아는 주체적으로는 근대화를 수행할 수 없고, 지리적으로는 동양에 속하지만 문명적으로는 이미 동양으로부터 탈피한 일본에 의해서만 근대화할 수 있는 그런 지역인 것입니다. 일본에서 만들어진 '동양사'라는 것은 동아시아라는 심상지리의 기원을 설명해줄 역사 이야기로서 만들어진 것입니다. 일본인들은 동양사를 발명함으로써 서양 중심의 세계사적 위계질서를 대체할 수 있을 것으로 믿었습니다. 그리고 이런 논리는 나중에 대동아공영권의 침략논리를 설명하는 역사적 이야기로 이용되었습니다.

일본이 아시아라는 말을 만들면서 역설적으로 일본 자신의 정체성은 끊임없이 이중화하였고 이에 따라 자신의 정체성도 위협받았습니다. 일본은 제국주의적 지배의 정당성을 확보하기 위해서는 비서구로서는 유일하게 근대화했다는 점을 들어 탈아입구(脫亞入歐)의 정체성을 만들어냈습니다. 그러나 서구 제국주의와의 전쟁에 아시아인들을 동원할 필요가 있을 때에는 일본을 중심으로 아시아인이 단결함으로써 서구로부터 아시아인들이 해방되어야 한다고 주장했습니다. 일본의 정체성은 서구와 아시아 사이를 왔다 갔다 하는 진자운동을 하는 것처럼 보였습니다.

지역을 가리키는 말들은 대개 강자들이 만들어낸 것이지만, 그 용어는 역사적 산물이자 그 시기 세계체제의 산물입니다. 그리고 그 속에는 지역민의 지향이 담겨 있습니다. 그러므로 동아시아라는 말에도 지배와 저항의 모순적인 역사적 현실이 담겨 있으며 또한 그경계도 끊임없이 유동합니다.

동아시아라는 말이 지니는 타자성과 침략성을 지양하고, 동아시아론의 현실성을 제고하기 위하여 노력한 사람들이 있습니다. 이른바 '동아시아 담론'이라는 것은 이런 노력을 두고 일컫는 말입니다. 제2차 세계대전이 끝나고 난 후, 제국으로부터 다시 일국으로 회귀한 일본에서는 동아시아라는 말이 거의 사용되지 않았지만, 오직 타케우치 요시미(竹內好)라는 중국 연구자만이 동아시아라는 말을 두고 깊이 사유했습니다. 타케우치는 동아시아를 지리적이고 실체적인 공간으로서가 아니라 일종의 사유의 방법으로서 간주했습니다. 이를 '방법으로서의 동아시아'라고 불렀지만, 타케우치에게 동아시아는 저항을 통하여 근대화를 이룩하는 공간으로 간주되었습니다.

냉전이 종식되고 난 후, 1990년대 초반부터 한국에서도 동아시아를 둘러싼 논의가 진행되었습니다. 계간지《창작과비평》이 동아시아 논의를 시작하는 데 중요한 역할을 수행했으나, 이 논의를 이끌고 있는 백영서도 자신의 논의를 '지적 실험으로서의 동아시아'라고 부릅니다. 백영서도 동아시아를 과거의 경험적 공간일 뿐만 아니라 미래의 기대를 포함한 공간으로 간주하고, 새로운 미래를 열어갈 지적인 기획으로서 동아시아라는 상상의 공간을 사유하고자 하는 것입니다.

동아시아론의 계보

전근대 동아시아 지역에는 중국 중심의 보편 질서가 형성되어 있었습니다. 이를 중화 질서라고 합니다. 조공-책봉의 상호성을 바탕으로 하는 중화 질서는 전근대 동아시아 사회에서는 국가를 뛰어넘는 일종의 보편 질서로 기능하고 있었습니다. 그러나 중화 질서에는 17세기 이후 약간의 변화가 발생합니다. 소중화사상을 통해 그 동요 현상을 살펴볼 수 있습니다.

소중화사상은 17세기 이후 중화 질서의 주변에서 일반적으로 나타나는 청왕조 성립에 대한 대응방식의 하나였습니다. 조선을 비롯하여 베트남, 일본 오키나와 등에서 이런 구상은 동시적으로 나타났습니다. 소중화라는 관념은 지역적 보편 질서를 왕조 단위로 축소하여 내면화한 질서 관념입니다. '소'는 현실이자 특수성을 반영하는 수식어이고, '중화'는 상상이자 보편을 지향하는 관념입니다. '소'와 '중화'는 상호 규제하면서 하나의 독특한 관념을 형성하는 것으로서, 소중화는 일종의 형용모순의 관념체계를 구성하고 있습니다. 이처럼 소중화는 명-중화에의 숭배를 바탕으로 화이 질서를 내면화한 질서이자, 그런 상상적 보편 질서의 틀 속에서 지역적 특수 질서를 지향하는 관념인 것입니다.

중화체제가 가지고 있던 힘은 청일전쟁을 계기로 파탄의 계기를 맞이하였으며, 중화 질서는 이제 보편 질서로서 더 이상 상상되기 어려운 관념이 되어버렸습니다. 이런 상황에서 나타난 것이 동아시아 연대 구상이었습니다. 동아시아 연대 구상은 탈중화적이었으며, 근본적으로 '수평적인 보편 질서'를 상상하는 지역 질서에 대한 구상이었습니다.

이런 연대 구상은 일본이 '탈아(脫亞)'를 표방하고, 근대적 국민 국가 수립의 방향으로 나아가게 되면 파탄할 수밖에 없는 것이었습니다. 그리하여 이 시기 한국에서의 동아시아 연대 구상은 균열적이 었다. '3국정립론' 또는 '3국공영론'으로부터 '일본맹주론'에 이르기까지 다양한 편차를 가지고 연대론 구상은 운위되었습니다. 《황성신문》의 3국공영 구상과 1900년대 초반의 '동양평화론'이 그런 상황을 잘 보여주고 있습니다. 일본은 청일전쟁을 통하여 문명의 우수성을 보여준 반면, 러일전쟁을 통하여 황인종의 긍지와 위신을 보여준 것이 되었습니다. 윤치호에게서 드러나는 바와 같이, 황인종의 명예를 옹호한 일본을 황인종의 일원으로서는 사랑하고 존경하지만, 조선의 독립을 앗아가고 있는 일본은 증오한다는 방식으로 일본에 대한 애증은 교차하고 있었습니다. 이러한 연대 구상의 내적 · 외적 균열은 민족주의의 대두를 기정사실화하는 것이었습니다. 그리하여 "국가는 주인이요 동양주의는 손님"(신채호)이 되어갔던 것입니다.

그러나 일본은 제국주의 침략전쟁인 청일전쟁과 러일전쟁도 조선의 안전을 확보하고 일본 제국의 안전을 보장하기 위한 것이었다고 강변했습니다. 일본 제국주의는 조선을 병합하여 식민지로 만든 것을 조선과 일본의 행복과 안전을 도모하고, 동양의 평화를 영원히 유지하기 위한 성스러운 과업이라고 선전했습니다. 예를 들어 이른바 〈한국병합조서〉는 동양의 평화를 영원히 유지하고 제국의 안전을 보장하기 위하여, 한국을 일본 제국의 보호 아래 둠으로써 한국이 동양 평화를 위협하는 근원이 되지 못하도록 하고, 이를 통해 동양의 평화를 확보하기 위하여 한국을 병합한다고 했습니다. 일본의 근대화는 일본 제국주의의 동아시아 침략과 동전의 앞뒤를 이루고 있었는데, 일본이 동아시아의 침략을 합리화한 것은 이처럼 동양의 평화를 유지한다든지 주변 국가의 안전을 확보한다는 명분을 내건 것이었습니다.

이런 논리의 연장선 위에서 나타난 것인 제2차 세계대전 중에 나타난 대동아공영권이라는 것이었습니다. 일본은 구미의 동아시아에 대한 식민지배를 타파하고 아시아 민족을 해방한다는 명분으로, 중화 질서를 대체하는 대동아공영권을 내세웠습니다. 제2차 세계대전은 황인종의 해방을 위하여 백인종에 대항하는 전쟁이었고, 대동아공영권은 대일본제국이 중심이 되는 자급자족체계를 지향하는 것이었습니다. 대동아공영권은 민족주의를 초월하는 것에 호소함으로써, 동아시아에서의 일본의 패권을 추구하고자 하는 것이었습니다. 그러나 대동아공영권은 중화 질서와 달리 보편적인 문명의 표준을 제시하지는 못했습니다. 일본은 정치군사적인 힘을 동원한 직접지배에 의존해 제국을 유지하려는 의도를 표출했던 셈입니다.

제2차 세계대전 이후 동아시아는 냉전 질서가 지배하게 되었습니다. 미국 중심의 세계체제 아래서 형성된 냉전 질서 때문에 동아시아는 완전히 분열되었습니다. 미국은 압도적인 군사력과 경제력으로 동아시아를 지배했는데, 직접지배가 아니라 개별 국가들과의 양자동맹을 통해 간접적으로 지배하는 지역통합방식을 채택했습니다. 그리고 일본을 동아시아 지배의 하위 파트너로 삼았습니다. 한국의 이승만과 대만의 장제스 등은 이에 반발하여 반공동맹의 성격을 띤 태평양동맹을 결성하려 했지만 무산되었습니다. 미국은 동아시아에서 미국을 중심으로 한 동아시아 안보 질서와 경제동맹 체제를 유지할 수 있었습니다. 이런 점에서 남한은 냉전 질서의 수혜자였습니다. 한국 정부는 미국 중심의 냉전 질서를 경제성장과 국민국가 건설의 기회로 활용했습니다.

동아시아의 현존

동아시아 지역은 정치, 경제, 문화, 종교, 민족 등의 측면에서 매우 다양한 사회를 포함하고 있습니다. 여기에 일본이 전쟁 중에 구축하려 했던 대동아공영권 구상이 환기하는 침략이라는 기억이 존재합니다. 이런 현실적 · 역사적 조건이 동아시아공동체 논의를 가로막는 역할을 수행한 것은 분명한 듯합니다. 그러나 현존하는 유럽연합의 역사적 기억이 동아시아보다 평화로운 것으로 보이지는 않습니다.

동아시아 지역은 한국전쟁 이후 비록 냉전이 강고하게 지속되었지만 오랜 기간 동안 평화를 유지했습니다. 이른바 냉전 아래에서의 평화입니다. 논란이 되는 그 성격 여하를 떠나, 이런 평화를 바탕으로 급속한 경제성장을 이룩할 수 있었습니다. 이리하여 1990년대 이후 지역 내의 경제적 상호 교류와 상호 통합 역시 놀랄 만큼 빠르고 폭넓게 진행되고 있습니다. 이에 따라 각국의 상호 의존도 매우 심화되고 있습니다. 이것이 바로 동아시아를 논의해야 하는 현실적인 기반입니다. 21세기 들어 세계는 EU(유럽연합), NAFTA(북미자유무역협정)와 같은 세계적 규모의 지역 통합이 확대되고 있습니다. 동아시아의 지역통합 논의도 이런 세계적 추세와 무관하지 않습니다. 동아시아경제권, 동아시아경제공동체, 동아시아공동체 등의 다양한 논의가 각국에서 제출되고 있는 것은 이런 점에서 바람직한 일입니다.

현재 동아시아 지역통합 논의를 주도하고 있는 것은 아세안(ASEAN, 동남아시아국가연합)입니다. 아세안은 1967년 지역협력기구로 만들어졌지만 그동안 큰 역할을 하지는 못했습니다. 그러나 1990년대 후반부터 동북아 3개국 한국, 중국, 일본을 포함한 아세안+3 정상회의를 제도화시키면서, 커다란 역할을 수행하고 있습니다. 그러나 아세안을 포함한 이런 구조로 동북아 문제를 해결하기는 어려운 듯합니다.

1990년대 이후 무역과 자본 이동을 중심으로 한 경제 분야와 정치·군사 부문에서의 협력 곧 위로부터의 동아시아 교류가 활발히 진행되고 있습니다. 현재 동아시아는 중국을 중심으로 비약적으로 무역이 확대되고 있으며, 그중에서도 역내무역 곧 한·중, 중·일, 한·일 간 무역의 비율이 급속하게 상승하고 있습니다. 아세안을 포함하면 역내무역의 비중이 매우 높아지지만, 한·중·일 사이의 역내무역도 20퍼센트 정도로 상당히 높은 편에 속합니다. 그에 따라 동아시아 지역의 경제적 상호 의존은 심화되고 있습니다. 아직 동아시아 지역 내 투자의 흐름은 충분하지 않지만, 그것은 주로 일본의 역내투자가 미비한 탓입니다. 한국과 중국의 경우 역내 투자의 비중이 매우 높습니다. 앞으로 동아시아 지역 내 다자간 FTA를 체결하게 된다면, 경제적 상호 의존은 더욱 심화될 것입니다.

그 밖에 환경 분야, 에너지 분야, 농업 분야, 통화·금융 분야에서의 상호 협력의 가능성은 매우 높습니다. 동아시아 환경공동체를 형성하는 일은 환경문제를 공동으로 해결하기 위해서 반드시 필요한 일입니다. 예를 들어 중국 내륙 지역의 사막화로 인하여 초래되는 황사 피해처럼, 동아시아가 공동으로 직면하고 있는 심각한 환경문제를 혼자서 해결하기는 매우 어렵습니다. 그리고 동아시아 통화공동체를 형성하려는 움직임은 이미 1990년대 말 동아시아 외환위기 사태 때에 시작된 바 있습니다.

군사·정치적 측면에서의 동아시아 공동안보협력체제 형성은 경제 분야보다 상대적으로 뒤처진 것으로 보입니다. 그러나 최근 북핵문제 해결을 위한 6자회담의 진행상황을 보건대, 동아시아 공동의 안보협력체를 구성하는 일이 불가능한 것만은 아닌 것으로 보입니다. 지금까지 동아시아 공동의 안보협력체제를 구축하는 데에서 미국의 패권주의와 양자주의(bilateralism)가 가장 심각한 장애가 되어 왔습니다. 그러나 경제적 측면에서 공동협력이 진전되면, 정치군사적 분야에서의 협력도 진전될 가능성이 높습니다. 미국이 역내협력체제에서 반드시 배제되어야 한다고 볼 수는 없습니다. 동아시아의 불안정한 군사적 상황으로 보건대, 미국의 군사력이 얼마 동안은 군사적 균형자 역할을 수행할 수도 있을 것입니다. 그러나 궁극적으로는 동아시아에 의한 동아시아 안보협력체제가 구축되어야 할 것입니다.

그러나 더욱 중요한 것은 아래로부터 형성되고 있는 동아시아일 것입니다. 1990년대 후반부터 '한류'가 동아시아를 강타하고 있습니다. 한국의 대중문화가 동아시아에 급속하게 확산되고 있는 것을 한류라고 지칭하고 있습니다. 한류 이전에 이미 일류가 있었지만 그때에는 별로 주목하지 않았습니다. 한류든 일류든 상업적 대중문화가 동아시아에 급속하게 확산되고 있는 것은 문화의 교류라는 점에서는 바람직한 일입니다. 한류를 자본의 논리를 관철되는 공간으로 그냥 두면 안 되는 것은 이런 이유 때문입니다. 한국의 문화가 다른 지역으로 확산된다는 것은 다른 나라의 문화를 한국에서도 수용하여 한국의 문화를 더욱 풍부하게 만들어야 한다는 점을 가르쳐줍니다.

현재 한국과 일본은 인구의 노령화가 급속하게 진행되고 노동력이 감소하고 있으므로, 동아시아 지역의 노동력을 수용하지 않으면 경제를 유지할 수 없을 정도입니다. 그에 따라 한국과 일본으로 동아시아 지역의 노동자들이 기하급수적인 숫자로 이동하고 있습니다. 이런 점에서 동아시아는 이미 동아시아를 넘어선 동아시아가 되었는지도 모릅니다. 현재 동아시아 각국의 지식인들과 문화인들의 상호 교류도 매우 활발하게 이루어지고 있습니다. 아직은 낮은 단계이지만, 다양한 수준에서 동아시아의 국가를 넘어선 인식공동체가 형성되고 있는 상황입니다. 이런 점에서 각국의 시민사회는 이미 다문화사회로 변화하고 있습니다. 이처럼 동아시아에서 국경을 넘어 문화와 노동의 교류와 이동이 활발하게 이루어지고 있습니다. 이것이 아래로부터 새로운 동아시아가 형성되고 있다고 볼 수 있는 근거가 됩니다.

동아시아공동체를 실현하기 위해서는 우선 경제 분야에서의 협력체제를 견고히 하는 일이 가장 중요합니다. FTA를 비롯한 폭넓은 경제협력을 중심으로 동아시아경제공동체를 형성한 후에, 마지막으로 정치, 안보 면에서의 지역협력을 포함한 동아시아공동체를 구축할 수 있을 것입니다. 그런 점에서 현재의 상황이 그리 나쁘다고만 할 수는 없습니다. 아래로부터의 동아시아가 동아시아공동체를 더욱 견고하게 구축할 수 있는 바탕을 마련해줄 것입니다.

동아시아 시민사회와 동아시아공동체

인적 · 물적 교류의 장벽을 철폐함으로써 공동으로 번영하는 동아시아경제공동체를 구축하고, 정치 · 군사적 패권주의를 극복하여 동아시아에 공동안보협력체를 이룩하며, 역사와 교육, 문화의 교류를 통하여 동아시아 공동의 문화공동체를 구축하는 데에 노력해야 합니다. 그러나 동아시아의 교류가 확대되고 통합이 진행된다고 하더라도, 동아시아가 동아시아 지역을 배타적인 중심으로 간주하는 동아시아 중심주의로 진행되어서는 안 될 것입니다. 이런 지적은 아주 중요합니다. 이것은 EU라든지, 여타 지역의 지역통합이 그 지역을 중심으로 하는 배타적 지역주의로 전화되지 않아야 하는 것과 마찬가지입니다. 배타적인 지역주의가 지구를 지배하게 되면 불행한 일이 일어나게 될 것입니다.

그러므로 동아시아 지역통합이 지향해야 할 목표는 동아시아 지역주의가 아니라, 세계시민사회를 지향하는 동아시아 시민사회를 형성하는 것입니다. 곧 아래로부터의 동아시아를 지향함으로써 동아시아 시민사회를 형성하고 이를 바탕으로 열린 형태의 동아시아 공동체를 만들어나가야 할 것입니다. 아래로부터의 동아시아 곧 동아시아 시민사회를 형성하는 일이 동아시아공동체를 구축하는 데서 무엇보다 중요한 것은 바로 이런 이유 때문입니다. 국가의 경계를 뛰어넘어 동아시아 전체의 이익을 추구하는 데에 시민사회가 앞장서야 합니다. 예를 들어 동아시아가 공동으로 직면하고 있는 환경문제를 해결하는 데에는 시민사회의 역할이 큽니다.

동아시아를 둘러싼 논의가 활발하게 진행될 수 있었던 역사적 배경에는 동아시아 지역을 강하게 구속하고 있던 냉전이 해체되고 전 지구화 급속하게 진행된 상황이 놓여 있습니다. 유교자본주의론 또는 아시아적 가치를 주장하는 논의는 이런 상황에서 제기되었습니다. 또한 동아시아론은 국가주의를 넘어서기 위한 논의이기도 합니다. 국민국가를 그대로 두고서는 동아시아공동체를 형성할 수 없기 때문입니다. 동아시아론은 국가주의와 민족주의를 넘어 세계(공동체) 형성의 새로운 원리를 탐구하고자 하는 평화의 희구를 담고 있습니다.

그러나 냉전 해체 이후 동아시아 지역 국민국가 내부의 민족주의는 더욱 강화되고 있습니다. 잘 알고 있는 것처럼, 일본의 역사교과서 문제, 야스쿠니 참배 문제와 중국의 동북공정 문제를 둘러싸고, 한국, 일본, 중국 사이에는 역사인식을 둘러싼 첨예한 논쟁이 이어지고 있습니다. 이에 새로운 동아시아를 만드는 것이 중요한 것이 아니라, 각국의 민족주의가 더욱 강화되어야 할 시점이 아닌가라는 의심이 들 정도입니다.

자국사 교육을 강화해야 한다는 논의의 한편에서, 동아시아 공동의 역사교육을 수행하고 '동아시아사'라는 독자적인 역사 교과목을 편성해야 한다는 인식도 강화되고 있습니다. 2011년부터 한국에서는 동아시아사라는 교과목이 중등학교에서 정식으로 편성되어 교육될 예정입니다. 국사 교육과 동아시아사 교육이 병행될 예정이지만, 언젠가 동아시아사 교육이 국사교육을 흡수하게 될 것입니다. 한국사도 동아시아사의 일부를 구성하고 있기 때문입니다. 유럽에서는 이미 유럽사라는 교과서가 편성되어 교육되고 있지만, 아직 동아시아에서는 이런 일은 요원한 미래의 일에 지나지 않는 것처럼 보입니다. 하지만 이런 조그만 출발이 곧 큰 걸음으로 변할 것이라 믿습니다.

전쟁과 식민의 갈등이 지배하고 있던 동아시아에서 공동체 형성이 가능할 것인지에 대해서는 회의하는 사람이 많습니다. 오늘날 유럽연합을 구성하고 있는 유럽은 제2차 세계대전 직후 국가와 민족 간의 갈등이 동아시아보다 훨씬 심했습니다. 제2차 세계대전 직후 유럽공동체를 말하는 사람들은 꿈을 꾸고 있다고 조롱을 받았습니다. 누구도 오늘날과 같은 성과가 있을 것이라고는 생각하지 못했습니다. 동아시아가 전쟁 직후의 유럽보다 상황이 나쁘다고는 말할 수 없습니다. 동아시아공동체 형성은 동아시아인들의 노력 여하에 달려 있는 것입니다.

아래로부터의 동아시아공동체를 형성하기 위해서는 동아시아 각국 국민들 사이의 신뢰를 구축하는 일이 무엇보다 시급합니다. 동아시아 시민사회는 상호 신뢰가 형성되지 않으면 도저히 형성될 수 없습니다. 이런 상호 신뢰를 바탕으로 새로운 동아시아적 정체성을 형성해 나갈 수 있을 것입니다. 이른바 동아시아적 가치가 있을 수 있다면, 그것은 배타적인 가치가 아니라 상호 신뢰에 바탕을 둔 동아시아 시민사회의 정체성을 형성하기 위한 것이어야 할 것입니다. 또 동아시아 공동의 정체성을 형성하는 데에서, 동아시아 공동의 기억을 환기하고 형성하는 일이 큰 역할을 하게 될 것입니다. 동아시아공동체 의식을 함양하지 않으면 동아시아공동체를 형성할 수는 없습니다. 이런 역할을 동아시아 시민사회가 감당해나가야 할 것입니다.

간주곡

지금 여기, 역사란 무엇인가

―근대역사학과 나

지금 여기에서, 역사란 무엇인가

2005년 《굿바이 E. H. 카》(데이비드 캐너다인 엮음, 문화사학회 옮김, 푸른역사)라는 제목의 번역서가 출간되었다. 이 책의 원제는 *What is History Now?*(Palgrave Macmillan, 2002)로, 런던의 역사연구소(Institute of History Research)에서 카의 《역사란 무엇인가》 출간 40주년을 기념하여 2001년 개최한 심포지엄의 발표문을 묶어 출간한 것이다. 심포지엄은 《역사란 무엇인가》 출간 40주년을 기념하고 재평가하는 작업과 아울러 출간 이후 전개된 역사학의 발전과 변화를 탐색하고 설명하기 위해 개최되었다. 카가 1961년 케임브리지 대학의 '트레벨리언(G. M. Trevelyan) 강좌'에서 행한 강의의 결과물이 《역사란 무엇인가》였고, 출간 이후 이 책이 서구의 역사학계에 미친 영향을 위 책의 출간을 통해 충분히 이해할 수 있을 것이다.

잘 알고 있다시피, 1970년대 이후 한국에서 대학을 다닌 사람들에게 카의 《역사란 무엇인가》가 미친 영향은 자못 심대한 것이었다. 한국에서 1966년에 처음 번역된 이후, 모르긴 해도 아마 10여 종류의 번역본이 출간되지 않았나 싶다. 이 책이 이렇게 인기를 끌었던 것은 거의 모든 대학에서 이 책을 신입생들의 필수 교양도서로 선정했을 만큼 독자 '시장'이 넓었기 때문이다. 하지만 어떤 이유에서든 대학 신입생들이 결코 쉽게 이해할 수 있는 수준으로는 보이지 않는 《역사란 무엇인가》라는 책을 근 40년 동안 한국 대학생들이 가장 많이 읽었다는 사실 자체가 한국 지성사 탐구의 중요한 대상이 되어야 하지 않을까 싶다.

돌이켜보면 어느 정도로 이해하고 있었는지는 짐작하기 어렵지만, 내가 역사학을 직업으로 선택하기 훨씬 이전부터 이 책은 내게 역사와 사회를 이해하는 하나의 분명한 이정표로 구실하고 있었다. 이 책은 그 결론을 장식하고 있는 "역사는 현재와 과거와의 대화이다"라는 유명한 명제를 통해 아직도 내게 그 인상을 선명하게 남겨놓았지만, 동시에 그 명제를 이해하기 위해 골머리를 앓았던 경험도 나의 뇌리를 떠나지 않는다. 역사가의 해석은 진공 상태에서 수행되지 않으며 그 역사가가 처한 시대와 사회의 인식을 반영할 수밖에 없다는 그의 주장이, 그가 그토록 심각하게 비판했던 '있었던 일 그대로'를 추구하는 이른바 고루한 '상식학파'의 주장과 얼마나 모순적인 것인지를 알아챈 것은 그보다 훨씬 나중의 일이 아니었나 싶다. 오히려 이 책은 내게 역사란 원인과 결과에 대한 분석을 통해 합리적으로 해석할 수 있는 대상이며 역사는 끊임없이 진보하는 것으로서, 역사를 공부함으로써 현재를 극복하고 미래를 변화시킬 수 있다는 믿음을 심어주는 '세속적 바이블'의 역할을 수행했다. 지금 보면 대단히 진부하지만 모순적인 두 가지 주장을 담고 있는 셈인데, 앞서 말한 바와 같이 역사 해석에 대한 지극히 상대주의적인 입장이 그 하나라고 한다면, 다른 하나는 역사의 과학성과 진보에 대한 '신앙이라고 부를 수 있을 정도의 믿음'이 바로 그것이다.

이 책이 출간된 이후 1970년대까지 서구에서 크게 유행한 것은 카가 정의한 것과 같은 종류의 역사로서, 계량화된 경제사와 사회사가 전통적인 정치사를 주변으로 몰아냈고, 원인과 결과에 대한 분석적 접근은 이야기체와 연대기에 대한 오래된 관심을 대체했으며, 역사학 연구에 역사의 진보에 대한 대중적 목표를 부여했다고 한다. 이런 점에서라면 이 책이 끼친 영향력이 한국에서도 거의 동질적인 것이 아니었던가 싶다.

하지만 1980년대 이후 서구 역사학 연구의 본질을 바꾼 대표적인 변화 양상을 《굿바이 E. H. 카》의 편자는 다음과 같이 요약한다. 역사가들이 가장 많이 차용하는 인접학문이 사회학에서 인류학으로 바뀐 점, 미셸 푸코(Michel Foucault)와 포스트모더니즘, '언어적 전환'의 영향, 여성사·젠더사·문화사의 성장, '제국사'의 재구성, 인과관계에서 의미 추구로 연구 대상이 광범위하게 변화한 점 등을 지적한다. 그중에서도 특히 제국사, 종교사, 문화사 영역에서 근본적인 변화가 일어났으며, 나아가 이 모든 영역에서, 원인에서 의미로, 설명에서 이해로 연구자의 관심이 바뀌는 점을 가장 주목할 만한 현상으로 꼽는다.

1980년대 이후 역사학 연구가 원인 규명에서 의미 부여로, 역사적 사실의 설명에서 그것을 이해하는 방식으로 변화한다는 점은 무엇을 말하는 것일까? 카의 《역사란 무엇인가》를 두고 본다면, 역사의 과학성과 진보에 대한 믿음이 흔들리는 대신, 역사 해석의 상대주적 측면이 강화됨을 말하는 것이겠다. 카가 내세운 상호 모순적인 두 가지 주장이, 서구에서는 1980년대 이전과 이후를 경계로 발현된다는 점에 주목할 필요가 있다. 그렇다면 《역사란 무엇인가》의 이런 모순적인 측면을 나는 언제부터 알아채기 시작했을까? 그리고 지금 여기에서, 내게 역사란 무엇인가?

근대역사학과 나의 역사 연구

나는 대학원 석사 과정에 진학하여 근대역사학의 전통적인 연구 경향에 맞추어 식민지기 민족주의운동에 대한 논문을 준비했다. 하지만 1980년대 후반부터 90년대 초반에 걸친 석사 수련 기간은 당시의 사회적·학문적 상황과 더불어 심각한 혼란으로 점철된 시기였다. 이 시기에 사회주의권 붕괴와 더불어 사회운동이 전망을 상실하고 새로운 사조로서 포스트모더니즘이 유입되기 시작했다. 단지 시대 상황의 변화와 아울러 다양한 포스트주의를 수용하고 있었다는 사실만으로는 설명하기 어렵겠지만, 근대역사학의 전통적 방법론에 대한 회의와 아울러 그에 대한 집착이 무질서하게 혼재하고 있었던 시기가 석사 수련 기간이 아니었던가 한다. 1920년대 초반 물산장려운동에 관한 석사논문을 마치고 난 후 나의 회의는 본격적으로 시작되었던 것 같다.

내가 품은 회의 가운데 가장 심각했던 것은 근대역사학이 가진 학문으로서의 보편성에 대한 의문으로 생각된다. 또한 선후관계를 명확히 알기는 어렵지만, 근대역사학의 보편성에 대한 회의는 근대적 사유 일반에 대한 회의로 이어졌다. 회상에는 언제나 따르기 마련인

과장이 없다고는 자신할 수 없지만, 근대적 사유 일반에 대한 회의와 근대역사학의 보편성에 대한 의문이 동거하고 있었다는 사실만은 어렴풋이 확인할 수 있겠는데, 이는 지금 되돌아보아도 일종의 아이러니로만 받아들여진다. 역사의 과학성과 진보에 대한 믿음으로 무장하여 역사학 연구를 시작했던 자가 어찌하여 그런 믿음에 대한 회의를 한꺼번에 넘어서서 근대역사학과 근대적 사유 일반에 대한 회의로 나아갈 수 있었을까? 근대역사학의 보편성에 대한 회의가 민족주의에 대한 극단적 숭배에서 비롯되었다고 한다면 지나친 억측일까? 이에 대해서 나 스스로도 자신 있는 대답을 내놓을 수는 없지만, 그 당시 나의 민족주의에 대한 신념 역시 결코 약한 것은 아니었다. 나는 1990년대 초반에 《친일파 99인》(돌베개, 1992)과 《청산하지 못한 역사》(청년사, 1993)라는, 지금 생각하면 지나치게 단순하고 소박하게 이른바 친일파를 규정하려던 그런 민족주의적 저작을 편집하는 데에 주도적으로 참여했기 때문이다. 그런 점에서 나는 이런 나 스스로에 대한 의문조차 결코 명백하게 해결할 수 없을 것처럼 보인다.

그 시기의 혼란을 극복하기 위해 많은 시간을 독서에 매달렸다. 1990년대 중반의 5, 6년 동안은 나에게 독서의 시간이었다. 대부분 번역서를 통한 것이었지만, 서구 사상의 고전에서부터 새로운 사조에 관한 저작까지 나름대로는 '광범위한' 독서를 비체계적이나마 고집스럽게 수행했다. 이런 점에서 1990년대 이후 이른바 '고전적' 저작에 대한 본격적인 번역과 소개가 이루어지던 상황이 나의 회의에 큰 도움이 되었던 셈이다. 이리하여 근대 자체에 대한 회의는 더욱 깊어졌고, 근대역사학에 대한 비판도 가속화되었다. 이런 회의와 비판의 과정은 나 혼자만의 것이었기 때문에, 혼란스럽고 장기적인 것이 될 수밖에 없었지만, 동시에 새로운 길을 모색하는 과정이기도 했다.

지금 돌이켜보면, 이런 혼란과 모색의 과정에서 크게 세 가지의 연구 대상 혹은 연구 방법론을 설정하고 있었던 것으로 보인다.

그 첫 번째의 것이 근대역사학의 기초를 이루는 민족주의에 대한 비판과 새로운 '공공성'을 모색하는 작업이었다. 근대역사학은 기본적으로 민족주의를 인식론적 기저로 삼지만, 적어도 내게 있어 민족주의는 이미 1990년대에는 대안으로서의 성격을 완전히 상실하고 있는 것으로 보였다. 1990년 후반 때마침 유행하고 있던 "폐쇄적 민족주의를 극복하고 열린 민족주의를 지향하자"는 슬로건보다 민족주의에 대한 나의 회의는 더욱 근본적이고 역사적인 것이었다. 민족주의와 관련한 한국사회의 논쟁 구도는 10여 년이 경과한 지금도 그 근본적 성격이 크게 변한 것 같지는 않다. 내게는 준전시의 분단 상황을 극복하고 민주주의를 고도화시켜야 한다는 한국의 현실적 과제에 비추어 보더라도, 민족주의가 문제를 타개하거나 새로운 비전을 열어줄 것이라고는 전혀 생각되지 않는다. 그런 점에서 한국의 민족주의가 폐쇄성을 극복하고 개방성·건강성을 회복할 수 있을 것인가 하는 문제보다는, 스스로의 논리적 기반이 내파(內破)되어 가는 민족주의 일반의 논리는 공공성의 논리에 의하여 보완되어야 한다고 생각했다. 1990년대 후반부터 이에 관한 몇 개의 논문을 집필한 것은 이런 모색의 결과였다고 하겠다.

두 번째로 설정한 연구 대상 혹은 방법은 '지역'이었다. 석사논문을 집필하는 과정에서 느꼈던 가장 심각한 결여의 대상이 바로 지역이었던 탓이리라. 1990년대 초반까지만 하더라도 한국의 역사학 특히 근대사 연구는 중앙의 정치나 운동에 너무 치우쳐 있어 대체로 지역은 관심 밖의 영역에 머물렀다. 지역에 대한 관심은 촌락 연구로 나를 유도했다. 일제하 촌락 연구를 박사학위논문으로 집필한 것은 이 때문이었다. 박사학위논문을 보완하여《지배와 자치》(역사비평사, 2006)라는 이름의 책을 새로 출판했는데, 여기에서 나는 '3국면 구조'라는 틀을 만들어 한국 근대 촌락 연구의 방법론을 나름대로 제시하려고 노력한 바 있다. 촌락과 아울러 지역에 관한 나의 다른 두 가지 관심은 입회권과 친족 문제인데, 이 두 가지 분야는 이후 과제로 남아 있다.

　나머지 세 번째 연구 관심은 '식민지 근대'와 탈식민에 대한 것이었다. 식민지 연구의 일면성을 극복하지 못하면 근대역사학으로서의 한국역사학이 나아갈 길이 주어지지 않을 것이라는 위기감은, 식민지에 대한 단순한 반정향(反定向)에 입각하여 한국의 근대역사학이 정립되어 있다는 판단 때문에 더욱 강하게 조성되었다. 그리하여 내재적 발전론에 입각한 한국의 근대역사학을 근본적으로 반성하고 비판하지 않으면 안 된다고 본 듯하다. 식민지 근대와 탈식민에 대한 몇 편의 논문은 이런 관심의 산물이겠다. 대개 위의 관심사와 관련한 논문은《식민지의 회색지대―한국의 근대성과 식민주의 비판》(역사비평사, 2003)이라는 논문집에 묶여 있다. 또 탈식민에 대한 관심은 국민국가를 넘어선 상위의 지역 곧 동아시아에 대한 관심을 촉발하였다. 2000년부터 '비판과 연대를 위한 동아시아 역사포럼'이라는 한·일 간 연대 모임에 참여한 것은 바로 이런 이유 때문이었다. 역사포럼의 첫 번째 연구 성과는《국사의 신화를 넘어서》(휴머니스트, 2004)라는 저작으로 간행된 바 있다.

　편의적으로 나누어본 나의 역사학 연구 대상 혹은 연구 방법이 일관된 방법론적 회의 위에 구축된 것이라고 할 수는 없으며, 근대역사학 나아가 근대에 대한 나의 인식론적 회의가 딱히 그에 걸맞은 결과물로 나타났다고 할 수는 더욱 없다. 그러나 근대역사학의 보편성에 대한 나의 회의는 더욱 깊어졌고, 근대에 대한 비판적 태도는 더욱 강화되었다. 이제 다시는 근대역사학에 대한 회의 이전의 시간으로 나의 역사학 연구가 되돌아갈 수 없다는 점은 명백할 것이다. 다시 《역사란 무엇인가》로 돌아가본다면, 역사학의 과학성과 진보에 대한 믿음을 바탕으로 역사학 연구를 시작하였으나 이제 단순히 그런 믿음을 공유할 수 없게 되었다는 점에서, 나 역시 카에게 '굿바이'라는 인사를 하고 있는 셈이다. 그런 점에서 근대역사학을 넘어서는 대안적 역사학 또는 탈근대역사학을 모색하는 여정에 들어서 있는 것은 아닐까 하고 스스로에게 자문한다. 내가 감히 나의 연구 여정을 되돌아볼 수 있는 위치에 서 있지 않다는 것을 스스로 잘 알고 있음에도, 근대역사학을 회의하는 나의 연구 이력을 살펴볼 엄두를 낸 것은 바로 이런 이유 때문이다. 한국의 역사학 연구가 이제 커다란 전환점에 서 있다는 자각이 바로 그것이다.

탈근대역사학을 위하여

근대역사학을 비판하고 새로운 대안적 역사학을 모색하는 과정은 그 목적지를 알 수 없는 지난한 경로를 걷게 될 것이다. 그리고 나의 모색의 여정이 그에 이르기에는 턱없이 모자란다는 점 역시 스스로 잘 알고 있다. 그럼에도 대안적 역사학을 모색하는 나의 여정을 멈출 수는 없을 것이다.

나는 대안적 역사학이 적어도 다음의 세 가지 과정을 거쳐야 그 모습을 드러내지 않을까 생각한다.

첫째, 근대역사학의 기반에 대한 철저한 회의와 반성이다. 근대역사학은 민족주의와 진보 그리고 실증주의를 인식론적·방법론적 기반으로 삼는다. 진보-발전이라는 관념 또는 믿음은 근대역사학의 최대 성과이기도 하지만, 가장 심각한 폐해를 낳은 믿음이기도 하다. 그 폐해를 교정하기 위해서는 진보를 다원화시킬 필요가 있다. 실재와 가치의 분리를 전제하는 실증주의로는 말할 수 있는 바가 틀림없이 제한되어 있다. 근대역사학이 확보한 실증-과학적 방법론의 장점을 살리되, 근대역사학이 잃어버린 서사성 곧 이야기의 구조를 도입할 필요가 있다.

둘째, 국가적 기억 곧 역사기억 또는 공식기억을 넘어선 대중·소수자의 기억을 회복하는 일이다. 국가의 기억에서 배제된 소수자의 기억을 회복하기 위해서는 성찰적 공공공간을 회복하는 일이 시급하다. 민족주의와 공공성을 반성적으로 되돌아볼 필요가 있는 것은 이 때문이다.

셋째, 전 지구화 시대에 전 지구적 인식 체계를 마련하는 일이다. 인간의 역사가 국가라는 경계를 중심으로 구축되었다는 가정은 국가가 근대적 국민을 형성하는 과정에서 용의주도하게 만들어낸 것이 아니던가? 유적 존재로서의 인간의 역사는 경계를 갈라서는 이해할 수 없는 그 무엇이다. 민족주의를 바탕으로 삼는 근대역사학의 지평에서는 전 지구적인(transnational) 역사를 구축할 수 없다. 학제적이고 융합적인 인식체계가 필요한 것이다. 그런 점에서 역사 인식을 둘러싼 국가 간 갈등이 고조되는 와중에서도 동아시아에 대한 관심이 높아지고, '동아시아사' 곧 동아시아 공동의 역사가 존재하며, 이를 교육할 필요가 있다는 데에까지 국가적 관심이 나아간 점은 근대역사학에 대한 큰 도전이자 근대역사학을 극복할 수 있는 좋은 기회가 될 것이다.

2006년 나는 몇몇 연구자와 함께 《근대를 다시 읽는다》(역사비평사, 2006)라는 편저를 출간한 바 있다. 《해방 전후사의 재인식》(책세상, 2006) 출간으로 초래된 한국 현대사 논쟁이 진부한 진영 논리에 입각한 소모적인 측면을 지니고 있다는 판단에 입각하여 이 책을 엮을 생심을 냈다. 하지만 기실 내심으로 의도하고 있었던 더욱 중요한 목표는 새로운 역사학 연구를 위한 기반을 조성하는 것이었다. 식민지와 분단을 보는 새로운 시각과 방법론을 운위할 수 있는 학문적 기반이 이미 한국 학계에 구축되어 있는 것으로 판단했던 것이다. 그리하여 식민지를 '식민지 근대'로 재해석하고— '식민지 근대화'가 아니라—분단 시대를 국민 만들기(nation-building)를 중심으로 다시 해석해야 한다고 보았으며, 이를 언어적 전환, 문화적 전환, 표상과 기억이라는 방법론을 동원해 보완할 수 있다고 감히 주장하였던 것이다. 나는 이를 대안적 역사학 또는 탈근대역사학을 구축하기 위한 첫걸음이라고 감히 자부한다. 어쩌면 대안적 역사학은 반가운 '손님'처럼 소리 없이 우리의 눈앞에 나타나게 될지도 모를 일이다. 근대역사학에 대한 성찰적인 태도를 가지고 나아간다면……

1장

식민지 근대와 공공성
―변용하는 공공성의 지평

1. 문제제기

'식민지에 공공성 따위가 도대체 있을 수 있는가?' 이 질문에 답
하기 위해서는 다음의 두 가지 과제를 해결해야 할 것이다. 하나는
기존의 식민지 이해를 확장하는 일이고, 다른 하나는 공공성의 범주
를 조정하는 일이다.

니시카와 나가오(西川長夫)는 공(公)과 사(私)의 구분은 근대 국민
국가의 법적 의제(擬制)이며 이데올로기였다고 비판한다. 근대 국민
국가는 사적(私的)인 모든 제도를 국가의 이데올로기 장치로 변용하
는 능력을 갖추고 있었다는 것이다. 이런 점에서 국민국가의 다양한
공공 영역을 근본적으로 규정하고 있던 것은 국경과 국적이었다고
본다. 하지만 이제 지구화와 더불어 국민국가의 이데올로기인 공과
사의 틀을 해체하는 작업이 시작되었다. 근대적 공공성이 의문에 부

쳐지고 있다는 것은 국민국가의 존립 조건이 변화하고 있다는 것을 의미할 것이다.[1]

식민지 영유를 동반했던 고전적인 식민주의는 20세기 후반의 지구화 경향에 앞서 나타난 이른 지구화 경향을 대변하는 것이었다. 이는 최근 지구화 경향의 고조가 새로운 식민주의를 동반하는 것이었다는 지적과 상통하는 것이다. 요컨대 식민지가 근대의 고유한 한 측면을 드러내는 것이라면, 최근 고조되고 있는 지구화는 식민주의의 새로운 양상을 대변하고 있는 것이다. 다른 한편으로 지구화의 거대한 흐름과 이에 발맞추어 새로 등장하고 있는 다문화주의는 기존의 공공성에 대한 근본적인 도전을 의미한다. 곧 국민국가 시대의 공사 영역 구분은 이제 커다란 도전을 맞이하고 있으며, 스스로 변용해가지 않을 수 없는 상황을 맞이하고 있다고 할 것이다.[2]

지구화와 마찬가지로 식민지배에도 새로운 방식의 공공성이 요구되고 있었다고 볼 수 있다. 다시 말하면 공공성의 변용이라는 측면에서는 최근의 지구화 경향과 이전의 식민지배 사이에 상동성(相同性, homology)을 인정할 수 있을 것이라는 말이다. 어떤 점에서 그런가? 식민국가(혹은 식민권력) 역시 공과 사의 기준을 변용하여 식민지민들에게 제시하지만, 식민국가가 제시하는 공사의 구분은 식민지 피지배민에게 공공성으로 수용되지 않음으로써 변용된 공공성은 폐기되었다. 식민지기 공공성 논의의 이러한 양상은 조정된 공공성 논의를 출발할 수 있는 새로운 가능성을 제시한다. 한편 역으로 식

---

1) 西川長夫, 박미정 옮김, 《新植民地主義論》, 일조각, 2009, 157~190쪽(원저는 《〈新〉 植民地主義論》, 平凡社, 2006) 참조.
2) 니시카와 나가오는 '질서의 친구'였던 공공성은 다문화주의에 대응하여 어떤 질서를 상정하고 있는지 답할 의무가 있다고 주장한다. 위의 책, 186~187쪽.

민지 시기 공공성 논의의 이와 같은 변용 양상은 지구화 시대 변용하는 공공성의 양상을 환기시키기도 하는 것이다. 과거의 식민지에서 지구화의 흐름을 확인할 수 있는 것처럼, 현재의 지구화로부터 식민주의를 환기할 수 있다. 이런 맥락에서 과거의 식민지에서 변용되었던 공공성은 지구화 시대 공공성의 변용에 대해서도 생생한 의미를 가지게 될 것이다.

2. 실체화된 공공성

필자가 수년 전 제기한 바 있는 '식민지 공공성'[3]이라는 개념에 의해 촉발된 논쟁이 일본의 한국사학계를 중심으로 여전히 진행 중이다.[4] 식민지기에 공공성이 실재했다는 실재론(實在論)과 그것은 단지 환상에 지나지 않는다는 환상론(幻想論) 사이의 논쟁이 그것이다. 식민지 공공성이라는 개념은 지금까지의 일반적인 식민지 인식을 특징지어왔다고 보이는 '회색지대'의 성격을 이해하기 위해서 혹은 식민지의 존재론적 근거를 확인하기 위해서 제출한 것이었다. 하지만 동아시아에서든 서구에서든 공공성 논의는 그 자체로 상당한 복잡성과 딜레마를 동반하는 것이 일반적이다. 더욱이 공공성 개

---

3) 윤해동, 〈식민지인식의 회색지대—일제하 공공성과 규율권력〉, 《식민지의 회색지대—한국의 근대성과 식민주의 비판》, 역사비평사, 2003(《現代思想》 2002-5, 青土社 일역 수록).
4) '식민지 공공성'을 둘러싼 논쟁은 '식민지 근대' 논의와 맞물려 있으며, 앞으로 논쟁이 더욱 확산될 가능성이 있는 것으로 보인다. '식민지 공공성' 논의가 원래 식민지 근대 논의와 무관한 것이 아니므로, 이 논쟁이 생산적으로 이어지기를 기대해본다. 단 여기서는 공공성 문제만을 다루고, 식민지 근대에 관한 논의는 다른 기회를 기약하고자 한다.

넘을 식민지에 적용하고자 할 때 그런 복잡성과 딜레마는 한층 증폭되는 것처럼 보인다.

그러면 먼저 후자 곧 환상론을 대표하는 조경달(趙景達)의 논의부터 살펴보자. 조경달은 식민지 연구에서 식민지 공공성을 과대평가해서는 곤란하다고 비판한다. 민중사적 지평에서 볼 때, 많은 수의 민중이 식민지 공공성에 포섭되어 있었다고 보기는 어렵다는 것이다. 식민지 공공성은 총독부가 제한적으로 용인하고자 하는 공공 공간의 범위 안에서 관공리와 지식인, 학생을 중심으로 한 일부 조선인 사이에서만 존재하고 있었고, 자율적으로 형성된 것도 아니었으므로, 그 존재를 강조하기보다는 그 환상성을 명확히 해야 한다고 주장한다.[5] 예컨대 '식민지 공공성'이라는 것은 농촌지역에서 고립된 지식청년이 참여하기를 바라고 있었지만 용이하게 주어지지 않은 채 상상 속에서만 키워갈 수밖에 없었던, 그런 성격의 것이었다는 점을 강조한다. 이런 맥락에서 식민지 공공성은 도시 · 지식인 사회가 총독부로부터의 폭력을 민중에게 이양하고, 민중을 배제함으로써 성립한 것으로, '총독부적 공공=언설공간(總督府的 公共=言說空間)'이라고밖에 볼 수 없다고 강변한다.[6]

그러나 식민지 공공성 비판을 주도하고 있는 조경달의 논의에는 심각한 오해와 억측이 전제되어 있는 것처럼 보인다. 첫째 식민지 공공성 논의가 하버마스의 '시민적 공공성'을 연역하여 도출한 것이라는 주장이다.[7] 이제는 잘 알려져 있다시피, 하버마스의 시민적

5) 趙景達, 〈暴力と公論〉, 須田努 · 趙景達 · 中嶋久人, 《暴力の世紀を超えて─歷史學からの挑戰》, 靑木書店, 2004; 趙景達, 〈15年戰爭下の朝鮮─植民地近代論批判〉, 《朝鮮藥學會學術論文集》 25集, 2005. 이 두 논문은 모두 다음의 단행본에 수록되었다. 趙景達, 《植民地期朝鮮の知識人と民衆》, 有志舍, 2008 참조.
6) 위의 책, 9~32, 134~161쪽 참조.

공공성은 실제로는 부르주아적 공공성을 말하는 것이고, 여기에는 근대 가부장제적 이데올로기가 깊이 각인되어 있으며, 공공권의 타자를 배제함으로써 대내적으로는 등질의 1차원적 공간을 상정하고 있다는 점에서 비판되고 있다.[8] 이뿐만 아니라 하버마스는 합리적 의사소통의 이상적 발화상황을 전제하고 있다. 이런 점에서 식민지 공공성 개념이 이와 전혀 무관한 것이라는 점은 아래의 논의에서 밝혀지게 될 것이다. 두 번째의 심각한 오해 또는 억측으로는 식민지 공공성 논의를 식민지 권력의 헤게모니가 관철되어 있는 지표라고 간주하는 점이다.[9] 식민지 권력의 헤게모니가 관철되는 식민지가 과연 있었는지도 의문이지만, 식민지 근대(성)론이 식민지 권력의 헤게모니를 전제로 삼고 있다는 주장 자체에 대해서는 의혹의 눈초리를 보내지 않을 수 없다. 이런 해석은 식민지 공공성 논의를 하버마스적인 맥락에서 해석하기 때문에 발생한 심각한 오류가 아닌가 한다. 하지만 이런 맥락의 논의는 식민지 근대론 전체에 걸쳐 있으므로, 나중의 논의를 기약하고자 한다. 세 번째로는 식민지 공공성 혹은 공공 영역에 대한 주장이 식민지성을 등질적인 것으로 간주하고 '식민지성의 중층성'을 간과하는 논의라는 것이다.[10] 하지만 이런 비판도 실상과는 거리가 멀다. 식민지 공공성 논의는 오히려 식민지성의 중층성을 해석하기 위해 필요한 개념이다. 하지만 하버마스적 시각으로 공공성을 이해하면, 이런 중층성을 볼 수 없는 것이 오히

---

7) 위의 책, 9~11쪽 참조.

8) 대표적으로 사이토 준이치, 윤대석 옮김, 《민주적 공공성—하버마스와 아렌트를 넘어서》, 이음, 2009, 50~54쪽(원저는 《公共性》, 岩波書店, 2000).

9) 趙景達, 앞의 책, 9~22쪽. 아래에 거론하는 나미키 마사히토(並木眞人)는 식민지 공공성을 헤게모니가 관철되는 영역으로 간주하고 있다. 이 점에 대해서는 오해가 없기를 바란다.

10) 趙景達, 앞의 책, 17~22쪽.

려 당연한 일이다. 조경달은 민중운동에 기반을 둔 '민중사'를 유지하는 데에 지나치게 집착함으로써, 도시 · 지식인과 농촌 · 민중 사이에 너무나 먼 거리를 설정한다. 이런 맥락에서 식민지 근대론이 식민지 내부의 균열과 갈등을 무시하고 있다고 비판하고, 이것은 곧 식민지성을 간과한다는 지적으로 이어진다. 하지만 이런 비판 역시 근거가 취약하다고 하지 않을 수 없다. 근대란 언제나 식민지성을 내장하고 있기 때문이다.

조경달을 중심으로 하는 이런 환상론에 대해 전자 곧 실재론을 대표하는 나미키 마사히토는 식민지 공공성 또는 식민지 공공권 · 영역 성립의 가능성을 바기닝(bargaining)이라는 개념을 키워드로 사용하여 정립하고자 한다. 조선에서는 사족＝양반을 중심으로 한 공론정치 곧 주민의 태반을 공공연히 배제하고 있던 구래의 공공권이 해체되고, 식민지기 대중사회의 도래와 병행하여 대중적 공공권이 부상하는 가운데 대중을 포섭하는 식민지 공공성이 성립할 수 있었다고 주장한다. 더욱이 이 식민지 공공성은 파시스트적 공공성과 연결되어 있었다고 강변하기도 한다. 조선이 전시체제로 돌입하는 가운데 억압적이지만 동시에 축제적인 성격을 가진 시공간에서 일체감을 강조함으로써 집단적인 도취를 통하여 공적 감각을 육성하고 있었다는 것이다. 그리하여 식민지 공공성은 폭력적인 식민통치와의 마찰을 흡수하는 유연성을 가진 것으로서, 일본의 식민 지배를 연명시키는 결과를 초래하였다고 본다.[11]

---

11) 竝木眞人, 〈朝鮮における植民地近代性 · 植民地公共性 · 對日協力〉, 《國際交流研究》5, フェリス女學院大學, 2003; 竝木眞人, 〈植民地期朝鮮における '公共性'の檢討〉, 三谷博 編, 《東アジアの公論形成》, 東京大學出版會, 2004; 竝木眞人, 〈植民地公共性と朝鮮社會—植民地後半期を中心に〉, 朴忠錫外 編, 《〈文明〉〈開化〉〈平和〉—日本と韓國》, 慶應義塾大學出版會, 2006.

독일 나치즘 아래에서의 공공성을 이해하는 방식의 하나로 제출된 파시스트적 공공성이란 공공성으로부터 자유를 누락시킨 채 전적으로 질서로만 이해한 위에서, 집단적 도취에서 드러나는 '공적' 감각을 공공성이라고 파악하는 방식이다.[12] 나미키는 필자의 대중사회론(大衆社會論)[13]을 원용(援用)하여 파시스트적 공공성을 입증하려 하지만 이는 논리적 비약에 지나지 않는다. 식민지 사회에서 파시스트적 열광을 말하기 위해서는 훨씬 많은 논리적 장치와 역사적 증거들이 필요할 것이다. 그런 점에서 나미키가 식민지 공공성을 파시스트적 공공성과 연결 짓고자 하는 시도는 단지 희화(戱畵)로 보일 따름이다.[14]

식민지 공공성을 둘러싼 실재론과 환상론 사이의 논쟁은 매우 극단적인 입장 차이를 보이고 있는 듯하다. 그러나 단지 겉으로만 그렇게 보일 뿐, 식민지 공공성이 실재한다는 주장과 그것이 환상이라는 주장 사이에는 오히려 더욱 큰 공통성이 존재하고 있다. 그것은 공공성·영역을 사회적 실체로 간주한다는 점이다. 공공성이 사회적 규정력을 가진 존재로 실재한다는 주장은 두말할 나위도 없지만, 공공성이 환상에 지나지 않는다는 입장도 따지고 보면 그것을 실체

---

12) 佐藤卓己, 〈ファシスト的公共性—公共性の非自由主義的モデル〉, 岩波講座, 《現代社會學》 24, 岩波書店, 1996. 이에 대한 비판은 三谷博, 〈公論形成, 非西洋社會における民主化の經驗と可能性〉, 三谷博 編, 《東アジアの公論形成》, 東京大学出版會, 2004.

13) 尹海東, 〈植民地近代と大衆社會の登場〉, 宮嶋博史·李成市·尹海東·林志弦 編, 《植民地近代の時座》, 岩波書店, 2004 참조.

14) 나미키는 전시체제기에 식민지 공공성이 확대된 것은 물리적 강제의 돌출에 의한 헤게모니 영역의 소멸을 의미한다고 본다. 곧 '식민지 공공성'의 완성과 '식민지성'의 상실은 동시적인 것이었고, 식민지 공공성은 완성과 동시에 그 효용을 잃어버렸다는 것이다. 이런 해석 역시 공공성을 실체로 간주하고, 바기닝 개념을 과도하게 확대 해석함으로써 초래된 것이다. 並木眞人, 앞의 글, 2004, 참조.

로 간주할 때에만 가능한 입론일 따름이다.[15]

　식민지를 보는 전통적인 입장에 서면 식민지 공공성은 논의할 가치조차 없는 것으로 타매(唾罵)된다. 식민지기의 '공'을 둘러싼 논의는 국가에 대한 무조건적인 충성과 헌신을 '공적인 것'으로 미화하려는 정치적 의도 또는 사적 영역을 이른바 공공성을 명분으로 국가 영역으로 포섭하려는 의도가 개입된 이데올로기적 언설에 지나지 않는 것이 된다. 식민지에서는 '의제적 공' 또는 '사이비 공'만이 언설로 존재하고 있었을 뿐, 시민적 공공 영역은 존재하지 않았다는 것이다. 요컨대 공공 영역의 자율성이 존재하지 않는 것이 바로 식민지였다는 것이다.[16] 다른 한편 식민지 공공성이라는 개념은 귀납적 개념이 아니라 연역적으로 도출된 개념으로서, 물적 토대가 취약하고 시민사회가 존재하지 않는 식민지에서 공공성을 확인하기가 쉽지 않기 때문에 이를 주장하는 사람들은 주로 '대중사회'나 촌락에서 공공성을 찾으려 한다고 비판하기도 한다. 그러나 식민지기의 촌락에서 자율적 가치를 확인하려는 것은 무리라는 것이다.[17] 그런데 이들에게 공공성이란, 뭔가 고매한 가치를 내장하고 있는 단일한 실체로 간주되고 있는 듯하다. 근대에 대한 환상이 낳은 공공성에 대한 몰이해라 하지 않을 수 없을 것이다. 공공성이란 그 자체의 가

---

15) 한편 마쓰모토 다케노리(松本武祝)가 '공공성' 개념을 식민지 논의에서의 분석 개념으로 사용할 수 있을 것이라는 가능성을 제시한 적이 있다. 마쓰모토는 지역사회와 국가 간의 합의 형성이 가능하게 하는 언설이 가지는 힘의 원천을 '공공성'이라고 개념화할 수 있을 것이라고 보았지만, 단지 가능성만으로 제시되었을 따름이다. 松本武祝, 〈特輯にあたって〉, 《朝鮮史研究會論文集》 37, 1999 참조.

16) 지수걸, 〈일제하의 지방통치 시스템과 군 단위 '관료-유지 지배체제' —윤해동 저 《지배와 자치》(역사비평사, 2006)에 대한 논평〉, 《역사와 현실》 63, 2007.

17) 이준식, 〈탈민족론과 역사의 과잉해석: 식민지공공성은 과연 실재했는가〉, 《내일을 여는 역사》 31, 2008, 201~211쪽 참조.

치를 갖는 영역적 개념이 아니며, 그런 점에서 단일한 실체가 아니라 중층적이고 매개적인 역할을 수행하는 일종의 지향일 따름이다.

다른 한편, 최근의 새로운 연구에서는 식민지기에 공 개념이 확산되었을 뿐만 아니라 이를 통하여 공공 영역이 형성·재구성되고 있었다는 주장도 제기되고 있다. 구체적으로 경성에서의 상수도 문제와 차지(借地)·차가인(借家人) 운동을 중심으로 공공 영역이 형성되고 소비되는 양상을 살피고 있는 것은 식민지 공공성 논의를 일보 진전시키고 있는 것으로 보인다.[18] 그럼에도 공공 영역과 관련한 이런 구체성을 띤 논의가 빠지기 쉬운 논리적 함정에 대해서는 경계하지 않으면 안 된다. 그것은 위에서 본바, 바로 공공성 개념을 실체화하는 것이다.

기본권 시민권이 박탈된 상태였던 식민지에 시민적 공공성이 형성될 리 만무하다. 그런 점에서 공공성, 그것도 식민지에서의 공공성을 실체로 간주하는 것은 공공성 논의의 본래적 맥락으로부터도 벗어난 것이 아닐까 한다. 그럼에도 식민지 공공성을 말하고자 하는 근거는 어디에서 찾을 수 있을 것인가? 필자가 '식민지 인식의 회색지대' 곧 저항과 협력이 교차하는 지점에 존재하는 '정치적인 것 (The political)'을 식민지 공공성이라고 해석하고자 했던 것은, 식민지에서의 정치사 이해를 확장하고자 하는 의도 때문이었다.[19] 여기에서 이런 의도를 다시 한 번 확인해둘 필요가 있을 듯하다.

---

18) 《사회와 역사》 73집 (한국사회사학회, 2007)의 특집 〈식민지시기 공공영역 연구〉에 게재된 네 편의 논문 참조. 황병주, 〈식민지 시기 '공' 개념의 확산과 재구성〉; 김영미, 〈일제시기 도시의 상수도 문제와 공공성〉; 염복규, 〈1920년대 후반~30년대 전반 차지·차가인운동의 조직화양상과 전개과정〉; 소현숙, 〈경계에 선 고아들―고아문제를 통해본 일제시기 사회사업〉.
19) 윤해동, 앞의 글, 2003 참조.

3. 은유로서의 공공 영역

모든 제국주의는 식민지를 '질서의 왕국'으로 만들고자 하였다. 식민지에서는 서구적 의미에서의 인민민주주의와 대의정치가 가능하지도 또한 존재하지도 않았다. 식민지에서 가능했고 또 존재할 수 있었던 유일한 정치의 양식은 '저항의 정치' 뿐이었다. 하지만 저항의 정치를 중심으로 식민지를 해석하게 되면, 역사적으로 존재했던 식민지민의 생활과 사상의 많은 부분은 배제된다. 요컨대 저항의 정치만으로는 식민지의 정치를 나아가 식민지 자체를 이해할 수 없게 되는 것이다. 이 '구조화된 해석 부재의 영역'을 배제하는 데에 필요한 것이 바로 식민지 공공성 개념이다.

그렇다면 여기에서 사용하는 공공성 개념이란 무엇인가? 식민지 공공성은 식민국가 또는 저항세력에 의해 이념으로서 제기된 공공성과도, 나아가 일정한 법적 · 정치적 형식을 갖추고 만들어져 있던 식민지 제도로서의 공공성과도 무관한 것이다. 식민지 공공성에서 사용하는 공공성 개념은 다음과 같다. 공공성은 하나의 공동체 혹은 사회를 위해 절박한 문제를 서로 교환하기 위해 필요한 가치이며, 이는 사회 구성원의 자유로운 일치를 가능하게 한다. 공공성은 절박한 문제와 부차적인 문제를 구분하고, 사회에 부딪친 위험을 공동으로 극복하기 위해 적과 동지를 구분하는 과정을 거쳐 공속성(共屬性)을 의식할 수 있게 하는 것이다.[20] 따라서 공공성은 사회의 자유를 확대하기 위한 적극적 지향이자, 공간이나 영역과 같은 고정적인 대상과 관련된 가치라기보다는 유동성을 본질로 하는 가치라고 할

---

20) 폴커 게르하르트, 김종기 옮김, 《다시 읽는 칸트의 영구평화론》, 백산서당, 2007, 281~315쪽 참조.

수 있다.

그러므로 공공성은 실체로서가 아니라 식민국가(또는 국민국가) 비판을 위한 은유로서의 성격을 가진다. 대개 공공성을 거론할 때 가장 심각하게 부딪치는 모순은 개념과 실제 사이의 괴리이다. 이에 공공성을 '상품에 대한 마르크스적 은유'의 확장이라는 맥락에서, 식민지뿐만 아니라 근대사회 일반의 '정치적인 것' [21]을 상징하는 은유로 사용하고자 한다. 공공성은 어떤 고정적인 사회적 실체가 아니라, '사회적인 것'이 '정치적인 것'으로 전환할 때 유발되는 정치적인 효과를 지칭하는 것일 따름이다. 이런 측면에서 공공성이라는 개념을 식민지기 이후 지구화 시대의 대안적 영역 혹은 대안적 가치를 상상하기 위한 개념으로 사용할 수 있을 것이다. 다시 말하면 공공성을 어떤 통합적인 가치 혹은 지배의 계기로 설정하지 않으면서, 식민지 나아가 식민지 근대를 새로 읽는 은유적 계기로 만들어나가고자 하는 것이 문제의식의 핵심이라고 할 수 있을 것이다.

근대 유럽 사회를 중심으로 국가 또는 정부는 감독 기능을 담당하고 의회는 조정 기능을 담당하며, 사적이고 자발적인 조직체로 구성되는 시민사회는 공동체의 요구를 반영함으로써 그 역할을 분담하는 것으로 사유되었다. 그리고 공공성은 이러한 역할 분담을 통합하는 매개체로 간주되었다. 이리하여 공공성이라는 개념에 가치평가가 수반됨으로써, 공공성이 국가를 대변하거나 국가에 대해 보조적이라는 함의를 띠게 되었으며 공공성의 가치는 폄하되었다. 특히 20

---

21) 여기서 '정치적인 것'이란 모든 인간 사회에 본래부터 있으며, 인간의 존재론적 조건을 결정하는 하나의 차원으로 간주한다. 곧 정치적인 것은 필연적이며, 적대 없는 사회는 불가능하다는 급진론적 전제를 수용하는 입장에 선다. 샹탈 무페, 이보경 옮김, 《정치적인 것의 귀환》, 후마니타스, 2007, 10~21쪽(원저는 Chantal Mouffe, *The Return of the Poltical*, verso, 1993).

세기 현실 사회주의 사회에서는 국가와 사회 또는 사적 영역과 공공 영역의 분리가 부정되었다. 국가가 지배계급의 도구로서 철폐의 대상으로 간주되는 한, 국가로부터의 사회의 분리는 바람직한 것이 될 수 없었던 것이다. 그리하여 국가의 소멸에 의해 공공 영역은 국가로 수렴되어야 할 성질의 것으로 간주되었다.

식민지 조선에서도 선공후사(先公後私), 멸사봉공(滅私奉公)이라는 슬로건 아래 공공성은 절대적 가치로 언표되었다. 그리하여 언표상으로는 공공 영역과 사적 영역의 분리가 진행되었다. 그러나 사적 영역을 통해 공공 영역을 분리하는 방식이 아니라, 공공 영역을 통해 사적 영역을 분리하는 과정을 취하고 있었다. 공공 영역은 (식민)국가를 위한 것이었고, 공공 영역의 확립에는 국가가 주도적 역할을 수행하였다. 공공 영역과 사적 영역의 분리를 국가가 주도하였고, 공공 영역이 사적 영역에 대해 주도성을 갖게 됨으로써, 기본적으로 사적 영역은 부정의 대상이 되었다. 이처럼 (식민)국가 나아가 제국주의 천황제 국가는 공공성의 담지자로 간주되었다.

공공성의 담지자로 확정된 식민국가는 다시 사적 영역을 확정하는 데서 주도권을 발휘한다. 공공성이란 언제나 공사 영역을 분리하는 데서 출발하는 것이고, 그 분리를 주도하는 권력의 향방에 따라 공과 사, 공공 영역과 사적 영역은 다른 성격을 가지게 되는 것이다. 식민국가 나아가 천황제국가는 사적 영역 자체를 인정하지 않는 방향으로 공공성 논의를 이끌어가고자 했던 것이고(滅私奉公), 그 극단성의 틈 속에서 바로 식민지 공공성을 운위할 수 있는 공간이 새로이 주어지는 것일 터이다. 다른 한편 공공성은 민족 형성을 위한 저항담론으로도 활용되었다. 공공의 가치를 수용함으로써 공민을 형성한다는 것은 새로운 민족의 구성을 의미하는 것이기도 하였다.

이처럼 식민지기 공공성을 둘러싼 논의의 장은 식민국가와 조선인 엘리트들 사이에서 대중에 대한 헤게모니를 획득하기 위해 경합하는 공간이기도 했다.[22]

하지만 사적 영역 없는 공공 영역이 성립 가능할 것인가? 서구의 소유권적 자유주의에서는 사적 영역이 기본을 이루되 공공 영역은 사적 이해를 반영하는 공통의 보편적 토대를 세우려는 의도를 반영하고 있었다. 하지만 식민지 조선에서는 기본적으로 사적 이해는 부정의 대상으로 간주되지 않았던가? 바로 여기에 '구조화된 해석 부재의 영역'이 존재한다고 할 수 있다. 식민지에도 사적 이해를 반영함으로써 공통의 이해를 관철시키려는 의도로 만들어낸 공공의 가치 혹은 공공의 영역이 존재하고 있었던 것이다. 지금까지는 이런 영역이 하찮은 잔여 부분으로만 인식되었다. 식민지 공공성은 공공성 담론을 둘러싸고 경합하던 실체적 공간을 대상으로 삼는 것이 아니라, 역으로 공공성 담론이 국가와 민족이라는 상위 가치에 의해 전유됨으로써 무시되어왔던 잔여적 영역 곧 구조적으로 해석이 부재했던 영역의 골을 메우기 위한 것으로 수용한 것이다. 그리하여 '공공이라는 언표가 없는 곳에서야말로 식민지 공공성은 존재'하는 것이다. 이처럼 식민지 공공성은 식민지기의 정치적인 것을 은유한다. 이런 규정을 바탕으로 본다면 식민지 공공성은 식민지 거주민들의 자유를 향한 지향을 포함하고 있는 적극적인 계기로 규정할 수 있을 것이다.

---

22) 황병주, 앞의 글 참조. 식민지기 저항운동의 논리를 대표하는 신채호의 공공성 이해에 대해서는 윤해동, 〈신채호의 민족주의, 민중적 민족주의 또는 민족주의를 넘어서〉, 앞의 책, 역사비평사, 2003.

4. 식민지 공공성 재론

식민지 공공성을 실체화시키지 않고서 은유로서의 공공성 개념을 확장하기 위해서는 다음과 같은 네 가지 측면을 다시 살펴볼 필요가 있는 듯하다. 첫째, 공공성 개념을 동아시아적 차원에서 재규정하는 문제, 둘째, 식민지기 '사회의 형성'을 어떻게 볼 것인가 하는 점, 셋째, 근대적 미디어를 통해 구현되는 공공성 가운데서도 수용자적 입장에서 본 공공성의 문제, 넷째, 공공성을 일상의 영역으로 확장하기 위해 '준공공 영역'을 설정하는 문제 등이 그것이다.

첫 번째 문제 영역, 곧 공공성을 동아시아적 차원에서 재규정할 필요가 있다는 지적은 식민지 공공성이 단순히 서구적 공공성 개념에 바탕을 두는 것이 아니라는 점과 아울러, 국가주의적 공공성 개념이 횡행하던 동아시아 근대적 맥락 속에서도 전근대 동아시아에서 사용되던 공공성의 아비투스는 그대로 유지되고 있었던 측면을 강조하기 위한 것이다. 이는 식민지 공공성을 재론하는 데서 전제가 되는 논의라고 할 수 있을 것이다. 식민지기의 사회 형성이라는 두 번째 문제 영역은 서구적 시민사회가 형성될 수 없었던 식민지에도 식민국가와 구별되는 '사회'라는 영역이 존재하고 있었던 '사실'에 대한 것이다. 식민국가와 구별되는 영역을 식별할 수 없다면, 식민국가에 완전히 포섭되어 있던 '공공성에 대한 언표'만을 언급할 수 있을 따름이다. 하지만 이는 식민지 공공성과는 그다지 관련을 가지지 못하는 영역이다. 세 번째 문제 영역은 서구 근대에 새로 형성된 고유한 공공 영역, 곧 매스미디어를 통해 구현된 공공성에 대한 새로운 접근을 모색하기 위한 것이다. 식민지 공공성 논의는 미디어라는 장(場) 혹은 영역 자체가 공공성을 담보하지 못한다는 데서 출발한다. 식민지민들은 매스미디어를 자신의 영역으로 전유(專有)하는 새로운 방식을 모색하는바, 거기에서 식민지 공공성은 출발한다. 네 번째 문제 영역은 '일상생활 비판으로서의 공공성'이라는 문제와 관련되어 있다. 식민지 공공성은 일상생활 비판으로부터 출발하는바, 그것이 바로 '준공공 영역'이다.

식민지의 '사회'-매스미디어-일상생활이라는 중층적인 영역에서 형성되는 공공성을 동아시아적 아비투스가 관철되는 공공성이라는 맥락을 통해 접근하는 것, 여기에 식민지 공공성을 재론하는 목적이 있다. 그러면 차례로 그 내용을 살펴보기로 하자.

1) 동아시아적 공공성

첫 번째 동아시아 차원에서 공공성 개념을 재규정하는 일이다. 이를 위해 우선 전근대 동아시아의 성리학적 공(公) 개념과 서구 시민사회의 공 개념 사이의 차이점에 대해 간단히 지적해둘 필요가 있을 듯하다. 먼저 공의 담지자에 차이가 있다. 동아시아에서 공의 담지자는 사(士)로 규정되어왔다. 시민사회에서 공공성의 담지자로 거론되는 대상은 시민(citizen)이다. 하지만 시민은 사만큼 존재구속적이지 않다. 시민사회의 시민은 누구라도 될 수 있는 '가능성의 존재'이지만, 시민의 공의 실현 역시 가능성으로만 주어져 있을 뿐이다.[23]

이런 담지자의 차이는 다음과 같은 성리학적 공 개념에 기반을 둔 것이었다. 성리학에서는 천리를 따르는 것이 공(天理之公)이고, 인

---

23) 동양과 서양에서의 공 개념의 개략적 비교로는 다음의 글을 참조할 수 있다. 이상익 · 강정인, 〈동서양 사상에 있어서 政治的 正當性의 비교―유가의 공론론과 루소의 일반의지론을 중심으로〉, 《정치사상연구》 제10집 1호, 2004.

간의 욕심을 따르는 것이 사(人欲之私)라고 구분되었다.[24] 이리하여, 앞에서도 언급한 바이지만, 사(私)와 공의 관계 설정에도 차이가 생기게 된다. 전근대 동아시아에서 공과 사의 분리는 명확한 것이었다.[25] 공은 다만 (왕조)국가나 사에 의해서만 구현될 수 있는 것이었으므로, 국가나 사(士)에게 사(私)란 어울리지 않는 것이었다. 사(士)는 이해를 따지지 않고, 오직 의리를 추구함으로써 공을 실현하는 존재였던 것이다. 그러나 시민사회의 공공성은 사(私)에 기반을 둔 것으로, 사적 이해가 배제된 공공성의 존재는 불가능한 것이다. 사적인 이해와 공적인 이해가 일치될 때에만 공공성이 실현될 수 있기 때문이다.

이런 맥락에서 국가와 사회의 관계 설정에도 차이가 있었다. 동아시아적 상상에 의한다면 국가의 권위에 도전할 수 있는 하위부문이나 사적인 부문은 생각할 수 없는 것이었다. 그러나 시민사회적 발상에서 국가란 시민사회의 공공성을 최종적으로 수렴하는 공적 존재이다. 시민사회는 사적 이해를 조정하여 공적인 장으로 투영하는 역할을 수행하는 것이고, 궁극적으로 국가와 시민사회의 일치라는

---

24) 최석만, 〈공과 사―유교와 서구 근대사상의 생활영역 비교〉, 《동양사회사상》 5집, 2002 참조.

25) 하지만 성리학의 공사론은 영역의 불명료성을 그 본질로 하는바, 가(家)와 국(國)과 천하(天下)는 동일한 천리(天理)의 발현이며, 그 경계를 뛰어넘지 못하는 것이 바로 사(私)라고 간주되었다. 주자 이후 성리학은 공(公)으로서의 가(家)를 인정하고, 가라는 매개를 통해 '천지 자연의 공'이 실현될 수 있다고 보았던 것이다. 이승연, 〈宗法과 公私論〉, 《동양사회사상》 7집, 2003. 따라서 성리학적 의미에서의 공과 사 역시 상대적인 것이었고, 그런 맥락에서 연속성을 가진 것이었다. 성리학적 공공성의 상대성과 연속성에 대해서는 이승환, 〈한국 및 동양의 公私觀과 근대적 변용〉, 《정치사상연구》 6집, 2002. 한편 조선시대 성리학의 수양론(修養論)에서는 공과 사에 대한 형식적 구분보다는, 자아(自我)를 공의 차원으로 끌어올리기 위한 실천적인 노력이 더 중요한 것이었다고 보는 조남호의 논의도, 성리학적 공공성의 상대성 논의와 같은 차원의 것이라고 할 수 있겠다. 조남호, 〈조선 주자학에서 공과 사의 문제〉, 《법사학연구》 23, 2001 참조.

상황 즉 국가의 시민사회로의 용해 또는 소멸이라는 상황이 될 때에 가장 이상적인 조건이 갖추어지는 것으로 간주된다.

물론 같은 동아시아라고 하더라도 한국, 중국, 일본의 공 개념에는 차이점과 아울러 공통점도 존재하고 있었다. 중국과 한국의 경우 공(公)은 지배권력=공정=다수(共)의 의미를 지닌 복합개념으로서 도의성과 보편적인 원리성을 가지고 있었던 반면, 일본의 공은 보편적 원리성 대신 국가를 최고로 하는 영역적 의미를 갖고 있었다. 하지만 근대국가 형성과정에서는 모두 강력한 국가주의로 나아갔다는 공통점을 가지고 있다.[26] 이 과정을 좀 더 구체적으로 살펴보자.

전근대 동아시아의 공 개념이 서구적 혹은 근대적 공 개념으로 전환할 때, 가장 심각하게 제기되는 문제는 의리(義利)구조의 공사(公私)구조로의 전환의 문제 곧 리(利)를 해체하는 것이었다. 사회진화론의 발전론적 사고, 단체·국가·민족 등의 집단을 자각하고 발명해내는 것은 명분론적 의(義)의 구조를 대신하여 사(私)에 대립하는 공의 구조를 발명해내야 할 필요성을 제기하고 있었다. 전통적 리(利)의 구조가 해체됨으로써 공사 대립의 구조는 마련될 수 있었던 것이다. 이때 새로운 공과 사의 구조를 창조해야 하였지만, 그 구조는 기본적으로 서구적일 수밖에 없었다. 그러나 공을 대표하는 것은 집단적일 수밖에 없었지만, 사가 개인적인 것일 수는 없었다.

공사를 대립적으로 사유하는 구조는 근대전환기에 필수적이다. 이때 사(私)는 다시 한 번 해체되어 개체화되어야 한다. 이런 과정은 추상적이고 보편적인 양적 개인을 구성한다. 그러나 개체로 전화(轉

---

26) 김정현, 〈동아시아 公개념의 전통과 근대 공동체의식〉, 《민주사회와 정책연구》 13, 2008 참조.

化)하는 과정은 모든 전근대적 의무와 구속으로부터의 해방을 전제로 한다. 그럴 때에야 유적 존재로서의 평등성을 담지한 개체, 즉 추상적이고 보편적 존재로서의 (양적) 개인이 형성될 수 있는 것이다.

그러나 공공성에 압도된 동아시아에서는 거꾸로 개인주의 비판이 대두한다. 개인주의 비판은 천부인권론이 후퇴하고 국가주의적 민족주의가 대두하는 상황을 반영하는 것이지만, 서구 자유주의에 대한 이해의 결핍을 반영하고 있는 것이기도 하였다. 또한 집단이나 국가가 아닌 적극적 의미에서의 또 다른 공 개념의 결핍을 말하는 것일 터이다. 이 시기부터 지속되는 개인주의 비판의 특징은 개인주의를 이기주의로 치환하는 것인데, 이런 특징은 어떤 면에서는 현재까지도 이어지고 있다.[27]

이처럼 동아시아적 공공성의 개념에는 아직도 사(私) 곧 리(利)를 배제하는 관념이 저류를 관통하고 있으며, 공공성의 담지자는 국가 또는 민족 등의 집단이어야 한다는 사고가 이어지고 있었을 뿐만 아니라, 이전부터 이어지고 있던 전통적인 규범성을 강하게 유지하고 있다.[28] 이런 점을 고려하지 않으면, 식민지 공공성 논의의 함의를

---

27) 물론 서구적 의미에서의 공공성이라는 것도 역사적으로 다양한 편차를 가진 것이었다. 근대 이후 서구의 다양한 공공성 논의를 이승훈은 다음의 세 가지 차원으로 정리한다. 공공성은 절차적 공공성, 주체로서의 공공성, 내용으로서의 공공성이라는 세 가지 차원을 가지며, 각각의 차원들은 보완적 관계에 있으면서도 동시에 모순과 갈등 관계에 놓이기도 한다는 것이다. 이승훈, 〈근대와 공공성 딜레마〉,《민주사회와 정책연구》13, 2008 참조.

28) 중국에서는 천리를 의미하는 공과 공동성을 의미하는 공이 사회주의 이념의 모태가 되었으며, 일본에서는 정치윤리적 의미가 배제된 채 정치 영역적 의미의 공 개념이 일본 국가주의의 모태가 되었다. 김정현, 앞의 글: 溝口雄三,《中國の公と私》, 硏文出版, 1995; 박재술, 〈중국 근대화과정에서의 公·私의 이중변주〉,《시대와 철학》15권 1호, 2004 참조. 다른 한편 이승환은 동아시아의 공 개념이 정치적 국가주의의 바탕이 된 이유를 다음과 같이 설명한다. 동아시아 특히 성리학적 사유구조에 내포된 공 개념은 첫째, 정치적 지배 영역, 둘째, 보편적 윤리원칙, 셋째, 다수의 의지를 포괄하는 중층적 의미를 가지고 있었으나, 근대전환기 이후 정치적 지배 영역을 의미하는

정확히 이해할 수 없을 것이다. 이런 맥락에서도 식민지 공공성은 은유로서만 기능할 수 있다. 또한 식민지기의 공공성 논의가 지배의 논리 또는 그 매개로서만 작동하고 있었으며 이를 사이비 공공성이라고 보아야 한다는 논의 그 자체의 맥락을 이해할 수 없는 것도 아니다. 공공성에 대한 언표 자체가 건강한 공공성의 형성을 방해하는 측면이 존재하고 있었던 것이다. 하지만 그것은 사태의 한 면만을 본 것에 지나지 않는 것이리라.

2) 식민지기 '사회'의 형성

두 번째, 식민지기 사회의 형성에 대해 살펴보자. 최근 식민지에서의 사회 형성에 관한 몇몇 논의가 제기되었으나, 그것은 대개 회의적인 입장에 선 것이었다. 1920년대가 되면 사회 개념이 적극적으로 사용되고, '사회적인 것'의 중요성이 부각되었다. 곧 '사회적인 것'은 식민국가에 대립하는 식민지민의 자율성과 독자성을 반영하는 영역으로 자리 잡았다는 것이다. 또 식민지민들 사이의 관계구조와 상호 연관성은 소중한 것으로 부각되었고, 정치적 억압에도 불구하고 '사회적인 것'은 심지어 민족적인 것과 동일시되기도 하였다. 그러나 개인주의를 지지하는 정치적 공동체 곧 국민국가가 부재하는 상황에서, '사회적인 것'은 대개 식민지 지배를 용인하는 것으로 귀결되었다고 보았다. 요컨대 국가가 부재하는 상태에서 식민지민들의 부르주아적 이해를 민족적인 요구와 연결하는 데에는 그리 성공적이지 않았다고 이해하고 있는 것이다.[29] 그러나 개인주의에 입

공 개념만이 과도하게 부각되었다는 것이다. 이승환, 앞의 글 참조.

각한 자율적 사회의 형성이라고 하는 서구적 모델을 과도하게 의식
할 필요는 없을 것이다. 식민지라는 정치적 상황 곧 국민국가의 부
재라는 현상을 '사회적인 것'의 발현을 비정상적인 것으로 만드는
것으로만 해석하면, 논의를 불임(不姙)으로 몰고 가게 될 것이다.

식민지기 사회의 형성을 반증하는 지표로서, 사적 영역의 광범위
한 창출을 들 수 있을 것이다. 근대적 의미에서의 가정 곧 근대적 가
족 이데올로기는 이때부터 광범위하게 정착되기 시작하였고, 사적
개인의 주체성은 가정이라는 친밀성의 영역에 토대를 두는 것으로
간주되었다. 연애-취미-오락과 같은 개인적 취향이나 인격의 형성
은 가부장제적 가족 곧 근대적 가정의 영역을 중심으로 형성되어야
하는 것으로서, 사적 영역을 구성하는 핵심적인 가치가 되었다.[30]

이런 측면에서 식민지에서의 '실체적 사회' 형성을 더욱 적극적으
로 이해할 필요가 있을 듯하다. 식민국가(조선총독부)는 국가로부터
경제를 분리하고 이를 바탕으로 사회의 성립을 주도해나간다. 이리
하여 1920년대 식민지 조선에도 다양한 분야에서 하위 사회가 형성
된다. 자율성이 제한적이었고 미성숙한 상태에서나마, 행정관료적

---

29) 박명규, 〈1920년대 '사회' 인식과 개인주의〉, 《한국사회사상사연구》, 나남, 2003a ;
   박명규, 〈근대 사회과학 개념 구성의 역사성〉, 《문화과학》 34, 2003b 참조. 한말 사회
   개념의 형성에 대해서는 박명규, 〈한말 '사회' 개념의 수용과 그 의미 체계〉, 《사회와
   역사》 59, 2001 ; 박주원, 〈근대적 '개인', '사회' 개념의 형성과 변화〉, 《역사비평》
   67, 2004 참조. 박주원은 한말 개화기의 개인주의는 자기 재산의 권리에 밀접하게 관
   련된 개인에 바탕을 두고 있었으며, 사회는 사리사욕의 경쟁적 공간을 의미하는 것이
   었다고 한다. 따라서 역설적으로 근대 한국의 '강한 국가주의'는 '강한 자유주의'의
   요청에 의한 것이었다고 본다. 이런 해석은 한말 자유주의의 수용이 서구적 흐름을
   거의 그대로 반영하고 있었다고 본다는 점에서 흥미롭다.
30) 최갑수, 〈서양에서의 공공성과 공공영역〉, 《진보평론》 9, 2001, 335~337쪽 참조. 서
   양에서의 사적 영역의 형성에 대해서는 조르주 뒤비·필립 아리에스 엮음, 《사생활의
   역사》 1~5, 새물결, 2002~2006 참조. 식민지 한국을 비롯한 동아시아의 개인성과
   사회의 형성은 사적 영역의 형성과 깊은 관련을 가지고 있지만, 아직 본격적인 연구
   가 이루어지지 않고 있다.

영역, 경제적 영역, 종교적 영역, 문화적 영역, 집합적 운동의 영역, 하위 지역적 영역 등에서 실체적 사회가 형성되고 있었던 것이다. 그리고 이런 사회적 영역은 어떤 계기로든 공공 영역으로 부상하게 되면 '정치적인 것'과 조우한다. 식민지 근대란 대개 사적 영역과 관제 영역을 중심으로 성립하는 것이지만, 이처럼 사회적 영역은 공공성을 매개할 때에만 정치적 성격을 가질 수 있는 것이다.[31]

다시 말하면, 사회가 정치적으로 구성되기 위해서는 공적이고 법적인 소통의 형식을 필요로 하는 것이다. 일정한 공통의 지식과 이해관계를 공유하고 있는 사람들이 다른 사람 앞에서 스스로를 설명하면서 드러내는 과정을 거쳐야만, 곧 공통의지로 나아가기 위하여 다른 사람과 관계를 맺어 자신의 의지를 전달하고자 할 때에야 비로소 공공성이 형성되는 것이다. 이런 매개를 통해서 사회는 정치적 성격을 가지고 정치적으로 구성되는 것이다.[32] 이런 점에서 이 논의는 '사회적인 것'이 구성하는 공간을 사람들의 행동을 전적으로 지위로 환원하여 판단하는 표상의 그물망을 조밀하게 구성하는 것이라고 하여, 공공성과는 거리가 멀고 오히려 공공성을 박탈하는 공간으로 상정하는 한나 아렌트의 입장과는 전혀 관계가 없는 것임을 확인해둔다.[33]

---

31) 윤해동, 〈친일과 반일의 폐쇄회로에서 벗어나기〉, 《식민지 근대의 패러독스》, 휴머니스트, 2007 참조.

32) 폴커 게르하르트, 앞의 책, 294~295쪽.

33) 한나 아렌트는 '사회적인 것'을 다음과 같이 설명한다. 곧 사회적인 것이란 사람들의 '행동'을 전적으로 지위로 환원하여 판단하는 표상의 그물망을 구성하는 것이라고 비판한다. 곧 아렌트는 규칙을 재생산하는 활동양식인 '행동'이 아니라 자율성과 창조성을 지향하는 '행위'가 정치사회에는 필요하지만, 사회적인 것이 구성하는 공간은 이를 거부하는 공간으로서 공공성과는 거리가 멀다고 비판한다. 이런 한나 아렌트의 입장에 대한 비판은 사이토 준이치, 앞의 책, 71~78쪽.

예를 들어 식민지기 자문기관의 하나인 도회(처음에는 도평의회)는 그 소극적 성격에도 불구하고, 행정관료적 영역에서 형성된 하위 사회의 하나로 간주할 수 있을 것이다. 대부분의 경우 도회는 식민국가의 방침을 추인하는 역할에 머물러 있었지만, 그것이 정치적 성격을 띠게 될 때에는 공공성과 조우하게 되었다. 도회에서 조선인 교육 문제나 생활개선 문제가 거론될 때에는 자연스럽게 민족 차별 시정문제로 연결되거나 지역운동과 연계되는 경우가 많았으며, 이를 두고 식민국가는 도회의 조선인 의원들이 너무 이상론에 치우쳐 있다고 불평하였다.[34]

또 다른 사례로 행정관청의 이전을 둘러싼 논의 또는 반대운동의 사례를 들 수 있다. 도청 이전과 관련하여 가장 유명한 반대운동인 충남도청 이전 반대운동을 살펴보자.[35] 오랜 고도(古都)인 공주로부터 신생 도시인 대전으로 충남도청을 이전하려는 조선총독부의 움직임은, 공주 지역 주민들의 강한 반대운동에 봉착하였다. 공주 지역의 상공업자들을 중심으로 한 중상류층 주민들이 주체가 되어, 주로 진정(陳情)이나 시위(示威)의 방식을 중심으로 반대운동이 전개되었다. 물론 일본인과 조선인이라는 민족적 구별은 반대운동에서 그다지 중요한 사항이 될 수 없었다. 반면 활동비용을 대부분 일본인 실행위원들이 부담하고 있었고 로비와 진정 혹은 시위운동 역시 그들이 주도하고 있었던 점에서 이 운동은 일본인 상공업자들이 중

---

34) 동선희, 〈일제하 조선인 도평의회 · 도회 의원 연구〉, 한국학중앙연구원 박사학위논문, 2005 참조.
35) 충남도청 이전 반대운동은 장기간에 걸쳐 가장 격렬하게 전개되었고, 이에 따라 여러 각도에서 많은 연구자들의 주목을 받았다. 대표적으로 지수걸은 '관료-유지지배체제'라는 개념을 이용하여 이 운동을 분석하였다. 지수걸, 〈일제하 공주지역 유지집단의 도청이전 반대운동(1930. 11~1932. 10)〉, 《역사와 현실》 20, 1996.

심이 된 운동이었다고도 할 수 있다. 반면에 조선인 실행위원 혹은 주민들의 참여는 매우 수동적인 차원에 머물러 있었다.[36] 그럼에도 이 반대운동이 계급적이거나 부차적 이해관계에 머물러 있었던 것은 아니다. '시민대회'를 통해 그들이 내건 슬로건은 공주 지역 일반의 이해를 대변하는 것이었고, 이런 측면에서 이 반대운동은 식민지 공공성의 주요한 사례로 거론할 수 있을 것이다.

충남도청 이전 반대운동은 이보다 조금 이른 시기에 전개된 경남도청 이전 반대운동과 여러 가지 측면에서 대비된다. 1924년 조선총독부가 경남도청을 진주로부터 부산으로 이전한다고 발표하자, 곧바로 도청 이전 반대운동이 전개되었다. 초기에 반대운동을 주도한 사람들은 일본인 상공업자들이었다. 이들은 이 반대운동이 다수 조선인의 운명과 관련되어 있음을 강조하면서 조선인의 참여를 독려하였지만, 조선인들은 이에 응하지 않았다. 약 1주일 후부터 조선인들이 주도하는 독자적인 시민대회가 열려 반대운동이 시작되었지만, 조선인들의 반대운동은 곧바로 '조선인들만의 진주'를 내건 일본인 배척운동으로 전환되었다.[37] 경남도청 이전 반대운동은 민족적 구별과 갈등 때문에, 반대운동 자체는 그다지 효과를 낼 수 없었다. 그러나 조선인들의 반대운동은 일본인 배척운동으로 그 성격이 바뀌면서 곧바로 정치적 저항운동으로 전환하였다. 도청 이전 반대운동으로 형성된 '식민지 공공성'은 그 정치적 성격을 극대화할 때 곧바로 정치적 저항운동으로 비화할 수 있음을 이 사례를 통해 확인할 수 있을 것이다.

식민국가를 둘러싼 행정관료적 영역에서의 공적 논의는 이처럼

---

36) 위의 글 참조.
37) 朝鮮總督府, 《朝鮮の群衆》, 1926, 227~228쪽.

완전히 대상화되지는 않았지만, 그것이 보이는 틈을 통해서 언제나 공공성 확보의 새로운 공간을 제공하였던 것이다. 식민지민은 지배적인 공공성 논의를 수용하면서도 이를 넘어서려는 기회를 항상 넘보고 있었다. 식민지 공공 영역과 정치적 저항의 영역이 그다지 먼 거리에 있지 않았던 것은 이런 이유 때문이었다. 이처럼 식민지기 사회의 형성을 적극적으로 이해하기 위해서는 은유로서의 공공성을 매개할 필요가 있다.

3) 매스미디어와 '수용자 공공성'

세 번째, 근대적 미디어의 수용자들이 구현하고 있던 공공성의 문제이다. 최근 식민지 공공성의 문제의식을 매스미디어의 수용자 문제로 확장하는 주목할 만한 논의가 제기되었다. 20세기 이후 새로 등장하거나 확산된 미디어인 라디오와 영화는 상호 시청각적 등가물이라는 성격을 가진다. 무성영화를 보거나 라디오를 듣는 것으로 미디어에 참여하지만, 그것은 언제나 감각적 부재를 동반한다. 하지만 시청자들은 자신의 소망이나 환상 혹은 신념으로서 이런 부재를 채우려 한다.[38] 이런 감각적 부재로부터 '수용자 공공성'[39]이라는 개

---

38) 볼프강 쉬벨부시, 차문석 옮김, 《뉴딜, 세 편의 드라마》, 지식의풍경, 2009, 86~104쪽.
39) '수용자 공공성'이라는 개념은 '프롤레타리아 공공성'이라는 개념을 바탕으로 필자가 새로 고안한 개념이다. 1910년대와 20년대 미국의 노동계급은 영화 관람을 통해서 일시적이나마 위안을 얻고, 이를 바탕으로 새로운 종류의 사회적 결속을 이룰 수 있었던바, 이를 '프롤레타리아 공공 영역'으로 개념화할 수 있다는 것이다. 요컨대 미국의 영화관객들은 영화에 수동적으로 반응하는 것이 아니라, 그것에 적극적으로 개입하는 주체라고 본다. 말하자면 영화의 관객들이 아무 문제의식 없이 영화를 내면화한다고 보는 동화주의적 시각을 비판하면서, 극장은 이민자들에게 연대와 공동체의 의례들을 실행에 옮길 수 있는 장소를 제공했다고 주장하는 것이다. 데이비드 트렌드, 고동현 · 양지영 옮김, 《문화민주주의》, 한울아카데미, 2001, 86~138쪽(원저는

념이 등장할 여지가 주어지게 된다.

1920년대에 등장한 새로운 미디어인 라디오는 일본 제국주의의 식민지 동화정책을 위한 도구로써 도입되었지만, 지배 권력과 식민지 민중 사이의 헤게모니가 역동적으로 작용하는 식민지 공공 영역으로서의 성격을 지니고 있었다는 것이다. 라디오의 효율적인 활용을 위해 식민국가는 고출력의 방송소(放送所)를 설치하고 전국적 방송망을 확충하였으며, 이에 따라 조선인 청취자의 수도 급증하였다. 이 과정에서 조선어 방송은 식민지 사회 속에 대중문화를 생산하고 유통하는 근대적 대중 매체로서의 역할을 수행하면서 총독부의 사전 검열과 심의 속에서도 상당한 정도의 자율성을 가지고 독자적인 프로그램을 발전시킬 수 있었고, 그 결과 조선인들만의 독자적인 영역이 구축됨으로써 일종의 수용자 공공성을 전개할 수 있었다는 것이다.[40] 이는 1920년대 후반부터 시작된 라디오 방송을 통하여 조선인들 사이에 형성된 공공성을 파악하고자 하는 시도이다.[41]

또 다른 사례로 식민지 초기 영화의 수용 양상을 들 수 있다. 구두문화가 지배적이었던 상황에서 완제품으로 수입된 초기 영화들은, 시각적 오인(誤認)과 충격을 초래하면서 전통적인 문화 관습과 아비투스로 영화를 오독하거나 재해석해서 수용하고 있었다는 것이다.[42]

David Trend, *Cultural Democracy: Politics, Media, New Technology*, State University of New York Press, 1997) 참조.

40) 서재길, 〈일제 식민지기 라디오 방송과 '식민지 근대성'〉,《사이》창간호, 국제한국문학문화학회, 2006 ; 서재길, 〈한국근대 방송문예 연구〉, 서울대학교 박사학위논문, 2007.

41) 마이클 로빈슨 역시 조선인에게 주어진 라디오라는 문화적 자율공간은, 문화적 동화(同化)라는 일본의 궁극적인 목표를 지탱하기도 하고 전복하기도 하는 양면적 효과를 초래하였다고 본다. 마이클 로빈슨, 〈방송, 문화적 헤게모니, 식민지근대성, 1924~1945〉, 신기욱·마이클 로빈슨 엮음, 도면회 옮김, 《한국의 식민지 근대성─내재적 발전론과 식민지 근대화론을 넘어서》, 삼인, 2006 참조.

초기 영화의 수용을 매개한 전통적 문화 관습은 굿판과 놀이, 전통 연희의 유흥성과 해학성, 변사(辯士)와 프로그램의 이접성(移接性), 식민지 극장과 관객을 감시한 임검경찰(臨檢警察) 그리고 종족적 집합공간으로서의 극장에 대한 집합적 기대 등이라고 한다. 요컨대 초기 영화 수용을 매개하는 '관객성'은 수용자 공공성의 차원에서 이해할 수 있는 것이다. 더욱이 식민지기 조선인 전용극장은 피식민지 주민들에게 합법적으로 허용된 유일한 집합공간인 동시에, 인종차별의 식민지 상황하에서 일종의 종족공간(種族空間)으로 기능하고 있었다. 이런 점에서도 식민지기의 극장은 물리적으로 제한된 공공영역으로 기능하고 있었다고 볼 수 있는 것이다.[43]

이처럼 제국주의의 선전 도구인 라디오나 영화와 같은 매스미디어를 수용하는 공중(公衆)이 그들 나름의 독자적인 공공성을 형성한다는 '수용자 공공성' 논의는 식민지 일반의 공공성 논의에서도 적실성(適實性)을 가질 수 있다. 식민지하 미디어의 식민지민 수용자들은 언제나 지배적인 공공성 담론을 약간씩 비틀어 그것을 자신의 것으로 만든다. 식민국가의 지배적인 공공성 논의가 사이비 공공성으로서의 역할만을 오롯이 수행하고 있지 않았다는 것은 이런 수용자 공공성 논의를 통해서 적절하게 이해할 수 있다. 이런 수용자 공공성 논의는 공공성의 영역을 일상으로 확장할 수 있게 한다.

---

42) 유선영은 근대적 시각문화를 변조하고 재배치하는 양상을 '관객성(觀客性, spectatorship)'이라고 개념화한다. 유선영, 〈초기영화의 수용과 관객성〉, 윤해동 외, 《근대를 다시 읽는다》 2, 역사비평사, 2006 참조.
43) 위의 글 참조.

4) 일상생활 비판으로서의 '준공공 영역'

네 번째, 공공성의 영역을 일상으로 확장하는 문제이다. 일상적 공공성 논의에서 적극적으로 거론할 수 있는 것이 '준공공 영역'[44]에 관한 논의이다. 준공공 영역이란 공공 영역에서의 의사소통을 보조하는 영역으로서, 예를 들어 회식이나 술자리 등에서 나누는 이야기들의 정치성을 지칭하는 것이다. 언론 매체 등에서 공적으로 발화되는 논의가 개인의 생각을 강화하는 데 이용되지 않는다면 비공식적인 준공공 영역으로 침투할 수 없다. 역으로 준공공 영역에서 나누는 이야기들은 매우 정치적인 성격을 가진 것으로서, 공공 영역의 논의를 활성화하기 위해서는 준공공 영역의 연결망을 확보하는 것이 필요할 것이다.

이런 맥락에서 매스미디어가 정상적으로 작동하지 않고 있던 총동원체제기(1938~45년) 조선에서 준공공 영역의 존재를 확인하는 작업은 중요한 의미를 가진다. 제국주의 일본은 중국과의 전면전으로 전쟁을 확장하면서 총력전체제를 구축하기 시작하였고, 조선에서도 본국과 유사한 체제를 만드는 데 노력하고 있었다. '말 그대로의' 총력전체제란 통치 대상인 '국민'들에게 반대급부를 부여함으로써 동의를 형성할 수 있는 능력을 가진 체제를 말한다. 하지만 제국주의 일본은 식민지 조선에서 엄밀한 의미에서의 총력전체제를 구축할 수는 없었다. 역으로 총력전체제가 식민지 조선에서 잘 작동하지 않았다는 점은 광범위한 '준공공 영역'의 존재를 통해서 생생하게 확인할 수 있을 것이다.

---

44) '준공공 영역'이라는 개념은 독일의 일상사 연구자인 알프 뤼트케로부터 빌려온 것이다. 알프 뤼드케 외, 이동기 옮김, 《일상사란 무엇인가》, 청년사, 2002 참조.

식민지기에 형성되는 준공공 영역으로는 중일전쟁 이후 광범위하게 유포되었던 유언비어라는 사례를 통해 확인할 수 있다. 식민국가가 라디오와 신문을 비롯한 근대적 미디어뿐만 아니라 기타 가능한 모든 방법을 통하여 중일전쟁과 총동원의 정당성을 선전하는 동안에 그를 조롱하는 방식으로 유언비어가 널리 유포되고 있었다. 자신의 생활을 통한 체험적이고 구체적인 현실을 통하여, 전쟁과 총동원을 비판하고 부정하는 방식으로 유언비어가 퍼지고 있었던 것이다.[45] "조선은 지금, 표면으로야 완전히 일본과 일체가 된 듯이 보이지만, 그 이면은 좀처럼 그렇지는 못하다. 군대에 반전 유인물을 유입하는 횟수도 유언비어로 검거되는 사람 수도 내지와 비교도 안 될 만큼 많다. 열차나 공중변소 안에 조선어로 된 낙서도 불온하고 불경스러우며 격렬한 문구가 많아졌다"는 소설 속의 묘사[46]가 전혀 근거 없는 것이 아니었음은 다음의 사실을 통해서도 잘 확인할 수 있다.

1943~45년 사이에 헌병, 경찰 등 일본의 정보기관에 의해 수집된 유언비어를 분석한 한 연구에 따르면, 이 기간의 전체 유언비어 약 9천여 건 가운데 1,300여 건(약 14.5%)이 조선에서 발생한 유언비어였다고 한다.[47] 유언비어는 그 내용으로 볼 때, 조선인의 강한 피

---

45) 宮田節子, 李熒娘 옮김, 《朝鮮民衆과 皇民化政策》, 일조각, 1997 ; 변은진, 〈일제 전시 파시즘기(1937~45) 조선 민중의 현실인식과 저항〉, 고려대학교 박사학위논문, 1998 참조. 미야타 세츠코의 위 연구는 유언비어에 대한 선구적인 성과이지만, 민중들의 유언비어가 권력에 대항하는 반전운동으로 승화하지 못했다는 점을 두고 다소 소극적으로 해석하고 있다. 이에 대한 비판으로는 조경달의 다음 책을 참조할 것. 조경달, 허영란 옮김, 《민중과 유토피아》, 역사비평사, 2009, 288~289쪽.
46) 田中英光, 유은경 옮김, 《취한 배》, 소화, 1999, 188~189쪽 참조.
47) 李時載, 〈日帝末의 朝鮮人流言의 硏究〉, 《韓國社會學》 20, 1987. 이 논문은 南博 · 佐藤健二 編, 《近代庶民生活誌 ④流言》, 三一書房, 1985을 분석한 것이다. 필자는 일본 내지에서의 조선인의 유언비어를 합치면, 조선-조선인과 관련한 유언비어의 비

해의식을 드러내는 것, 일본의 패전을 대망(待望)하는 것, 전시체제에 대한 비협력적 태도를 드러내는 것 등 세 가지로 분류할 수 있다고 한다. 이 세 가지의 유언비어는 식민지배에 대한 피해의식이 패전을 바라는 의식으로 연결되었고, 이것이 통치체제에 대한 비협력적인 태도로 이어지는 상호 유기적인 관련을 가진 것이었다. 또 유언비어에는 《정감록(鄭鑑錄)》과 같은 전통적인 믿음의 체계 혹은 상상 속의 우방인 미국에 의존함으로써 자신들의 위기를 돌파하려는 의식이 드러나는 한편으로, 중국인-만주인들에 대한 공포심이나 조선의 독립에 대한 강렬한 열망이 드러나기도 하였다. 식민지민들은 "'유언(流言)의 공동체'에 참가함으로써 독립운동을 지원하고 스스로 거기에 참여하는 것으로" 상상하였던 것이다.[48] '유언의 공동체'란 바로 준공공 영역의 형성을 의미하는 것이었다.

한편 식민지 공공성의 형성에 대해서는 매우 부정적인 입장에 서 있는 조경달 역시, 유언비어에 대해서는 대단히 적극적인 해석을 가하고 있다. 그는 조선의 약소 신흥교단이 유언비어를 퍼뜨려 민중의 심성이 일정한 목적을 가지도록 만들었다는 점에서, 신흥교단의 유언비어 유포가 일종의 민중운동이자 총독부에 대한 신경전(神經戰)이었다고 해석하고 있다. 이런 점에서 조경달이 말하는 민중운동 내지 민중의 심성세계가 식민지 공공성의 세계와 그다지 먼 거리에 있다고 볼 수는 없을 것이다.[49]

이처럼 유언비어가 대량으로 유통되는 일상생활은 대단히 정치적인 것일 수가 있다. 이를 공공 영역이라고 부를 수는 없지만, 공공성

율은 훨씬 높아질 것이라고 추정하고 있다.
48) 李時載, 위의 글.
49) 조경달, 앞의 책, 288~289쪽.

으로부터 후퇴한 또 다른 방식의 하위 영역이 준공공 영역으로 형성되고 있었던 것이다. 이 시기에 증가하는 이른바 시국(時局) 사건이란 대개 준공공 영역과 관련된 것이었으며, 고등경찰은 이런 시국 사건을 주요 범죄로 간주하게 되었다.[50] 시국 사건에서 드러나는 준공공 영역은 지배적인 공공성 담론을 수면 아래로 잠복시켜 해체함으로써 그것을 자신의 것으로 만든다.

여기에서 재론한 식민지 공공성은 시간과 공간의 성격에 따라 그 성격을 달리할 뿐만 아니라, 어떤 고정적인 실체를 지시하지 않는다. 오히려 식민지 공공성은 유동적이고 순간적인 것으로서, '정치적인 것'에 대한 일종의 은유이다. 또한 식민지 공공성은 사회적인 차원, 미디어 수용자의 차원, 일상적 차원에서 중층적이고 유연하게 그 모습을 드러낼 수 있으며, 정치적 저항운동의 공간과 그다지 멀리 떨어져 있지 않은 '경계에 위치한 공공성'이다.

이렇게 본다면, 자율적 개인을 바탕으로 한 시민사회의 성립을 통하여 시민적 공공성의 형성을 논하는 것과, 이런 조건이 결핍된 상태에서 식민지 공공성의 형성을 논하는 것은 그 전제와 목표에 상당한 차이가 있다고 할 수 있을 것이다. 개인적 주체의 형성을 통하여 공공 영역의 성립을 말하는 것이 아니라, 식민지 공공성의 성립을 통하여 개인적 주체의 형성을 논의하는 것이라는 점에서 어쩌면 양자는 거꾸로 된 방식을 취하고 있다고 할 수도 있을 것이다.[51] 하지

---

50) 朝鮮總督府警務局,《高等外事月報》참조. 이는 1939년 7월부터 새로 발간한 것으로, 경찰 내부 회람용 극비 자료집이다.
51) 사회를 통하여 개인을 바라본다는 점에서, 이 글의 입장은 뒤르켐의 태도와 유사한 점이 있다. 뒤르켐은 인간에 내재하는 사회적 요소를 통해서 사적 개인과 사회를 통합하고자 했으며, 개인의 이기성을 넘어서는 사회적 목표를 인간 행위의 동기에 통합

만 이런 입장이 서구(혹은 일본)든 식민지이든 어느 한쪽을 본질화하거나 특권화하려는 의도에서 나온 것은 아니다. 식민지에서 이미 변용되어가고 있던 공공성의 새로운 지평을 이해하려는 의도에서 나온 것이라는 점을 독자들이 이해한다면 다행이겠다.

5. 변용하는 공공성의 지평

식민지 공공성 논의는 공공성을 실체로서가 아니라 일종의 정치적 은유로 간주한다. 식민지 공공성은 식민지기의 정치사 나아가 식민지 자체의 이해를 확장하기 위해 수용한 개념인 것이다. 식민지 공공성 개념을 적극적으로 재규정하기 위해서는, 공공성 개념의 동아시아적 특수성을 이해할 필요가 있으며, 식민지기 실체적 사회의 형성을 재해석할 수 있어야 한다. 나아가 공공성의 영역을 매스미디어의 수용자 영역과 준공공 영역으로 확장함으로써, 식민지 공공성 논의는 더욱 진전될 수 있을 것이다. 피식민자들은 지배적인 공공성 담론의 틈새를 엿보면서 그것을 자신의 것으로 만들어 지배적 여론을 넘어서려 하거나('사회적인 것'의 정치화), 그것을 비틀어 자신의 것으로 전유하거나(수용자 공공성 담론), 수면 아래로 잠복시켜 일상 속에서 자신의 것으로 만든다(준공공 영역의 형성). 이런 방식 이외에도, 식민지 나아가 국민국가에는 수많은 방식의 공공성 담론과 공공 영역화의 방식이 존재할 것이다.

하버마스가 설파하는 시민사회적 공공성은 결코 국가주의적 제약

하고자 하였던 것이다. 이승훈, 앞의 글, 38~39쪽.

을 벗어나지 못한다. 그것은 근대적 법치국가를 전제하고 있으며, 법치국가는 행정 · 입법 · 사법의 국가기구를 중심으로 하는 권력의 중심과 공공 영역 및 시민사회로 구성되는 주변 권력의 이중구조로 이루어진 것이라고 간주된다. 이런 구조에서는 시민사회-공공 영역-국가기구라는 배출체계를 거쳐야만 법 규범의 일반의지가 합리적으로 형성되는 것이다. 이것은 국민국가의 시민사회적 공공성이 갖는 숙명일 터이다.[52]

국민국가의 공공 공간으로서의 불완전성은 무국적자(無國籍者)라고 하는 국민국가에 속하지 않는 사람이 출현함으로써 표면으로 부상한다. 난민이나 망명자 등의 무국적자는 제국주의 이후 이어져온 전쟁의 산물이고, 이는 결국 제국주의의 팽창을 제어할 수 없었던 국민국가의 무기력함이 만들어낸 귀결이다.[53] 이처럼 국민국가 내부에서만 보더라도 새로운 공공성 논의는 화석화된 공사 영역의 구분을 교란함으로써 새로운 정치적 공간을 창출하기 위해서, 이를 통하여 더욱 급진화된 민주주의를 성취하기 위해서도 필요한 작업이라 할 수 있을 것이다.[54]

더욱이 전 지구화와 아울러 전 지구적 시민사회의 형성이 운위되고 있으며, 이와 아울러 공공성의 퍼스펙티브(perspective)는 더욱 확장되고 있다.[55] 이제 국민국가 내에 함몰되어 있는 전통적인 공공성

---

52) 최갑수, 앞의 글, 327~333쪽.
53) 한나 아렌트, 박미애 옮김, 《전체주의의 기원》 1, 2006, 한길사, 267~542쪽(원저는 Hannah Arendt, The Origins of Totalitarianism, Harcourt Brace Javanovich, 1951) ; 篠原雅武, 《公共空間の政治理論》, 人文書院, 2009, 149~220쪽 참조.
54) 이는 공론 형성을 통하여 비서양사회에서의 민주화의 가능성을 추구하고자 하는 미타니 히로시의 문제의식과도 상통하는 것이다. 三谷博, 앞의 글.
55) 강상중 · 요시미 슌야, 김경원 · 임성모 옮김, 《세계화의 원근법—새로운 공공공간을 찾아서》, 이산, 2004 참조.

논의로는 새로운 전망을 열어갈 수 없을 정도로 공공성의 공간은 확대되어가고 있으며, 넓어진 공간에서 새로운 주체의 형성을 다른 방식으로 논의할 수 있는 가능성도 커지고 있는 것이다.

2장

'식민지 인식의 회색지대'를 위한 변증
─아래로부터의 근대 연구를 위하여[1]

1. 머리말 ─ '관료-유지지배체제' 와 학문의 장

지수걸은 1996년 발표한 〈일제하 공주지역 유지집단의 도청이전 반대운동〉이라는 논문을 시작으로 최근까지 11편에 달하는 식민지기 지방지배와 관련한 지역사례 연구를 발표하면서, 군 단위 '관료-유지지배체제' 라는 개념을 제시하고 다듬어왔다.[2] 이는 한국 역사학

---

1) 이 글은 2007년 한국역사연구회 학술대회 '일제하 지방지배를 보는 두 개의 시각' 에서 발표한 필자의 논문을 보완한 것이다. 학술대회에서의 토론이 논문을 보완하는 데 도움이 되었음은 물론이다. 토론에 참가한 김경일, 류준범, 마쓰모토 다케노리(松本武祝), 박찬승, 이승렬, 이용기, 이준식, 한상구 등 여러 분들께 감사드린다.

2) 지수걸, 〈일제하 공주지역 유지집단의 도청이전 반대운동〉, 《역사와 현실》 20, 한국역사연구회, 1996a; 지수걸, 〈일제하 공주지역 유지집단 연구(1)〉, 《역사와 역사교육》 1, 웅진사학회, 1996b; 지수걸, 〈일제하 공주지역 유지집단 연구(2)〉, 《우송조동걸선생정년기념 한국민족운동사연구》, 나남, 1997a; 지수걸, 〈일제하 공주지역 유지집단 연구(3)〉, 《역사와 역사교육》 2, 웅진사학회, 1997b; 지수걸, 〈일제하 전남 순천지역의 소작인조합운동과 '관료-유지지배체제'〉, 《한국사연구》 97, 한국사연구회,

계에서 전례를 찾기 드문 정열적인 작업으로, 우선 경의를 표하지 않을 수 없다.

관료-유지지배체제라는 개념을 제시하면서, 지수걸은 일제하 지방지배에서의 헤게모니적 지배의 가능성에 주목하고 있었던 것으로 보인다.[3] 그리하여 지속적으로 유지집단의 실체를 구명하고, 유지집단의 기반을 체계화하는 노력을 기울여왔다. 나아가 그는 유지정치라는 개념을 설정하고 이를 통하여 군 단위 지방정치의 실상을 해명하는 데에 큰 업적을 쌓아왔다. 또 그의 박사학위논문의 주제인 혁명적 농민조합 연구[4]의 연장선 위에서, 유지집단과는 구별되는 혁신청년집단이라는 개념을 확정하고 이를 통하여 일제하와 해방 후 정치사의 연속적 측면을 밝히는 데에도 큰 관심을 기울여왔다.

지수걸은 필자의 글[5]에 대해서 애정 어린 장문의 서평을 기고해주었다.[6] 이런 작업은 개인적 고마움을 넘어 한국사학계를 위해서도 크게 다행스런 일이라 하지 않을 수 없다. 이른바 '주례사 비평'을

1997c; 지수걸, 〈일제하 충남 서산군의 '관료-유지지배체제'〉, 《역사문제연구》 3, 역사문제연구소, 1998; 지수걸, 〈일제하 충남 조치원 유지 孟義燮의 '유지기반' 과 '유지정치'〉, 《역사와 역사교육》 3·4합집, 1999a; 지수걸, 〈구한말 일제 초기 유지집단의 형성과 鄕吏〉, 《한국근대이행기 중인연구》, 연세대학교 국학연구원, 1999b; 지수걸, 〈근대 이행기 경남 함안지역의 사회이동 연구〉, 《한국독립운동사연구》 17, 한국독립운동사연구소, 2001; 지수걸, 〈日帝時期の在朝鮮(邑單位)日本人社會と朝鮮の地方自治―忠淸南道公州·大田·鳥致院事例を中心に〉, 宮嶋博史·金容德 編, 《近代交流史と相互認識 Ⅱ―日帝支配期》, 慶應義塾大學出版會, 2005a; 지수걸, 〈일제시기 충남 부여·논산군의 유지집단과 혁신청년집단〉, 《한국문화》 35, 서울대학교 한국문화연구소, 2005b, 참조.
3) 지수걸, 위의 글, 1996a, 199~202쪽 참조. 헤게모니적 지배의 성격에 관해서는 후술한다.
4) 지수걸, 《일제하 농민조합운동 연구》, 역사비평사, 1993 참조.
5) 윤해동, 《지배와 자치―식민지기 촌락의 3국면 구조》, 역사비평사, 2006 참조.
6) 지수걸, 〈일제하의 지방통치 시스템과 프로세스〉, 《역사와 현실》 63, 한국역사연구회, 2007a. 이하에서는 각주를 붙이지 않고 이 논문을 인용할 것이다.

넘어서야 한다는 자성의 목소리가 나온 지도 오랜 시간이 지났지만, 그런 관행이 크게 바뀐 것으로는 보이지 않는다. 한국 역사학계 나아가 한국 학계 전반에 아직도 주례사 비평이 일반화되어 있는 상황에서 지수걸의 용기 있는 비평 행위에 대해서는 '존경의 염'을 감추기 어렵다. 비평 나아가 상호 비평을 통한 연구자 상호간의 소통 행위야말로 '학문의 장'을 형성하기 위한 기본이다. 이를 계기로 한국 사학계에도 건강한 비평의 장 나아가 학문의 장이 형성되기를 기대해본다.

한편, 지수걸의 연구는 일련의 '사례' 연구를 통하여 자신의 입론을 증명하려 했다는 점에서도 주목할 만하다. 열 개가 넘는 각기 다른 군 단위 사례 연구를 통해 자신의 입론을 다듬어나가는 끈기를 가진 연구자는 흔치 않다. 그런 점에서 그의 노력과 정열이 학계에 끼친 긍정적-부정적 영향력 전체를 부정할 수 없을 것이다. 그럼에도 아쉬움은 남는다. 지수걸은 자신의 입론을 처음부터 세워놓고서 사례 연구를 시작한 것처럼 보인다. 그런 점에서 그의 연구는 사례 연구 일반이 가질 것으로 예상되는 귀납적인 방식이 아니라, 대단히 연역적인 방식을 취해왔다는 역설을 안고 있다. 그의 관료-유지지 배체제라는 가설이 안고 있는 것으로 보이는 개념의 정태적 성격과 일반적인 적용 가능성의 제약성은 이런 사태에서 유래하는 것인지 모르겠다.

여기에서는 필자에 대한 지수걸의 비평문을 중심으로[7] 그의 연구

---

7) 위의 글, 2007a 참조. 이 글에서 지수걸의 이 비평문을 반론의 직접적 대상으로 삼은 것은 관료-유지지배체제와 관련한 그의 해석이 이전 사례 연구에서는 일관되어 있지 않고 개념의 내포가 계속 변하고 있기 때문이다. 최근에 쓴 이 비평문에 그의 입장이 가장 잘 정리되어 있는 것으로 간주하였다.

와 관료-유지지배체제라는 개념틀에 대해 반비판하고, 필자가 생각하는 아래로부터의 근대 연구를 위한 문제의식을 거론해보고자 한다. 역사학적 해석을 위한 개념적 가설이 변화하는 것은 지극히 당연한 일이지만, 그 가설이 사례 분석을 방해하는 것은 문제라 하지 않을 수 없다.

2. 식민지기 지방지배의 범주 설정 문제

1) 군 또는 면: 위로부터의 시각과 아래로부터의 시각

필자는 식민지기의 군과 면 모두 잠정적이고 과도적인 행정기관으로 머물러 있었다는 점을 강조하면서, 이를 군이 가지는 '정책적 잠정성'과 면이 가지는 '현실적 과도성'이라는 말로 표현한 바 있다. 군은 제도로서 폐지를 전제하고 있었던 반면 면은 어느 정도 독자성을 가지고 촌락을 그 하위로 포섭하는 행정기관이자 독자적 자치단체로서 구상되었으나, 현실적으로는 어느 것도 정책적 목표를 달성할 수 없었다고 보았기 때문이다.[8]

이에 대해 지수걸은 일제 하의 군(수)은 도지사(총독부)의 지휘 감독 하에서 면(촌락)기구는 물론이고 군 단위 공공조합이나 단체(그 하부의 촌락 내 공공조합이나 단체)를 지도 감독하는 막강한 권한을 가지고 있었다는 점을 근거로, 촌락지배는 면에 의해서가 아니라 면을 매개로 군에 의해서, 더 정확히 말하면 군 단위의 관료-유지지배체

---

8) 윤해동, 앞의 책, 2006, 39~189쪽 참조.

제를 매개로 실현되었다고 주장한다. "면은 군의 부속(예하) 기관에 다름 아니었다"는 것이다. 나아가 지수걸은 "일제 시기 면기구의 대표인 면장(준관료)은 물론이고 각종 군 단위 공직기구 임면권도 실제로는 군수가 가지고 있었다. 요컨대 군수(군기구)와 면장(면기구)이 가진 책임과 권한은 비교할 수 있는 성질의 것이 아니었다"고 강변하고 있다.

그러나 이는 비판의 과녁을 잘못 겨눈 것으로 일종의 '범주 설정의 오류'를 범하고 있는 것처럼 보인다. 필자는 군인가 아니면 면인가라는 전면적인 선택을 스스로에게 강요한 바 없다. 군과 면은 모두 기구적 잠정성과 과도성을 가지고 있음을 강조했을 따름이다. 군의 기구적 잠정성이라는 전제 때문에 필자의 시야에서 '군 단위의 정치'가 사라지고 면과 촌락이 모든 논의의 중심이 되었던 것은 아니다. 필자는 단지 식민지기 지방지배의 '아래로부터의 측면'을 강조하기 위해 면과 촌락을 중심으로 논의를 전개한 것일 뿐이다. 지방지배의 '위로부터의 측면'을 살펴보기 위해서 군 단위의 정치를 살펴보는 것이 필요하다는 점을 부정한 바 없는 것이다.

식민지기 지방지배 나아가 지방의 정치사회사적 특성을 해명하는 데 있어, 군과 면은 각기 분석 단위로서의 장단점을 가지고 있다. 군은 비록 행정단체로서의 성격을 박탈당했지만 구래의 지역적 통합성을 상당히 강고하게 유지하고 있었으며, 면은 지방행정 말단단체로서 성격을 가지고 있었지만 아직 군을 대신할 만한 지역적 통합성을 확보하지 못하고 있었다. 따라서 지역적 통합성과 지방행정이라는 면에서 군과 면은 상호 보완적인 측면을 가지고 있었으며, 이런 특성에 맞추어 분석 단위를 설정할 필요가 있는 것이다. 그런 점에서 지수걸이 강조하듯이 '지방통치의 중심 시스템과 프로세스를 확인하려면' 군 단위의 관료기구와 공공단체 및 조합 그리고 이를 매개로 전개된 공식·비공식 부문의 정치를 두루 문제 삼아야 한다는 지적 역시 일면성을 면치 못한다. 아래부터의 시각과 위로부터의 시각이 균형을 이룰 때, 식민지기 지방지배의 전체적인 면모가 떠오를 수 있을 것이기 때문이다.

어떤 점에서는 지방통치의 시스템과 프로세스를 해명하기 위해 지수걸이 도입한 군 단위 관료-유지지배체제라는 분석틀은 그 자체로, 군 단위 지방통치의 불완전성을 드러내는 측면이 있는 것처럼 보인다. 관료-유지지배체제라는 틀은 군 단위의 온전한 관료지배체제가 구축되지 못한 상황에서는 관료지배체제를 방조하고 보완하는 시스템이 필요할 것인바, 그것이 바로 '유지집단'의 지배체제에의 참여라는 점을 드러내고 있는 것이다. 1921년 〈부군도사무분장 표준〉을 보더라도 군의 독자적 사무란 없었다.[9] 군의 사무로는 면과 각종 공공단체(지수걸의 표현을 빌리면 '공직기구')를 감독하는 권한 이상이 주어진 적이 없다. 그런 점에서 지수걸이 군 단위의 관료-유지지배체제를 강조하는 것은, 군의 통치기구 나아가 관료행정기구로서의 불완전성을 역설적으로 잘 드러내고 있다고 할 것이다. 군의 관료기구는 매개적인 역할만을 수행할 따름이었으며, 공공단체(대표적으로 농회와 산업조합, 산림조합 등)가 관료기구를 보완하지 않으면 군은 어떤 역할도 수행할 수 없었던 불완전하고 잠정적인 기구에 지나지 않았던 것이다.

---

9) 지수걸, 앞의 글, 2007a. 지수걸 역시 군의 권한 가운데 가장 중요한 것으로 '면 기타 공공단체의 감독'에 관한 권한이라는 점을 강조하고 있다. 군의 독자 사무가 없는 것은 군이 지방단체가 아니기 때문이라는 점을 스스로도 인정하고 있는 셈이다.

2) 군의 취약성과 면의 역동성

조선총독부 보고례를 바탕으로 군, 면 사무의 상호관계에 대하여 간단하게 살펴볼 수 있다. 각 도에서는 총독부 보고례에 기초하여 각 면에 대하여 각종 사항에 대해 보고할 것을 규정하고 있다.[10] 보고사항은 크게 즉보(卽報), 일보(日報), 계보(季報)-반년보(半年報)-연보(年報) 등으로 분류하여, 시기별 보고사항을 매우 구체적으로 정해놓고 있으며, 이에 바탕을 두고 매년 1회 〈면세일반面勢一斑〉을 만들도록 하고 있다. 그리고 도-부-군에서는 면의 보고에 바탕을 두고 매년 도-부-군의 〈통계연보〉를 만들도록 규정하고 있다(〈도부군 통계연보 조제표준〉, 1913년 3월). 이처럼 도-부-군에서는 면의 보고를 바탕으로 매년 1회 〈통계연보〉를 작성하고 있었지만, 면 역시 〈면세일반〉을 연 1회 작성하도록 되어 있었다.[11] 군 단위 〈통계연보〉의 기초자료는 면의 보고와 〈면세일반〉이었으며, 군은 면의 보고를 취합하는 역할 이상을 하지는 않았다. 면의 보고를 바탕으로 매년 발간되던 《조선총독부통계연보》의 통계 수치가 1918년을 기점으로 조정되어 이용될 수밖에 없는 것도, 1917년 면제가 시행되면서 보고의 내용이 충실해졌기 때문이다. 이처럼 제도로서의 면의 확립은 통계의 충실성 나아가 조선총독부 통치행정의 확립과 깊이 연계되어 있었다.[12]

군은 지방행정을 적극적으로 수행하는 '행정단체'가 아니었다. 군

---

10) 林元龍, 《統計實務提要》, 帝國地方行政學會朝鮮本部, 1928, 353~398쪽.
11) 현재 경기도 이천군(利川郡) 모가면(暮加面)의 〈면세일반〉이 확인된다. 1925년부터 44년까지의 자료가 남아 있는데, 1933년과 36년분은 빠져 있다.
12) 식민지기 통계의 속성에 대해서는 박명규·서호철, 《식민권력과 통계》, 서울대학교 출판부, 2003 참조.

에 단체로서의 독자성이 주어지지 않았기 때문에 군은 도와 면을 중개하는 '통신기관' 또는 '파견기관'에 지나지 않았으며, 군수는 '우편국장'이라고 조롱받고 있었다.[13] 이는 군이 담당하는 행정사무의 중요성 면에서도 확인할 수 있다. 조선총독부의 통치 행정은 크게 사법행정(司法行政)과 내무행정으로 분류할 수 있으며, 내무행정은 다시 경찰행정과 일반 조장행정(助長行政)으로 나눌 수 있다.[14] 사법행정 사무 가운데 핵심적인 것은 호적사무였는데, 이는 면이 법원의 지휘를 받아 대행하고 있었다. 경찰행정 역시 군과는 무관하게 수행되었다. 일반 조장행정 가운데 핵심적인 사무는 조세사무였는데, 1934년 이전까지는 국세와 도세 징수를 군에서 대행하고 있었다. 그러나 1934년 국세 징수사무가 세무서로 이전되었으며,[15] 1942년 도세 징수 사무도 세무서로 넘어갔다.[16] 조세의 직접적 징수는 모두 면에서 담당하는 사무가 되었다. 이리하여 식민지 말기가 되면 조선총독부 통치행정의 핵심 사항인 호적, 경찰, 세무 행정 등이 모두 군과는 무관한 채 운영되었던 것이다.

---

13) 윤해동, 앞의 책, 2006, 103~117쪽 참조. 식민기 말기에 군서기로 근무했던 김영한은 군의 행정적 성격에 대해 다음과 같이 말하고 있다. "군은 사실은 관청이야. 도는 법인이지만. 그래서 도의 일을 하고 있는 거여, 군에서. 대행해주는 거지. 그러니까 월급을 줄 수밖에 없지." 당시 근무했던 군서기에게는 군의 단체로서의 결격이 명확하게 인식되고 있었다. 국사편찬위원회,《지방을 살다─지방행정, 1930년대에서 1950년대까지》, 2006, 3~220쪽 참조.

14) 安達大壽計,《朝鮮行政法規大意續編》, 大阪屋號書店, 1916 참조.

15) 조선총독부는 1934년 〈朝鮮總督府稅務官署官制〉를 발포하여 모두 다섯 개의 세무 감독국과 군 단위의 세무서를 설치하였다. 이리하여 이전에 군에서 대행하던 국세와 관련한 세무 업무는 모두 세무서로 이관되었다. 조선총독부재무국,《朝鮮稅務法規提要》, 조선재무협회, 1935, 547~565쪽 참조. 한편 식민지기 국비(國費)와 지방비 중 도비(道費, 총액)의 세액별 규모를 보면, 대개 도비가 국비의 20퍼센트 정도를 차지하고 있다. 이로 보더라도 국비 세무업무가 군에서 세무서로 이관됨으로써 군의 행정 업무가 대폭 축소되었음을 확인할 수 있을 것이다.

16) 국사편찬위원회, 앞의 책, 67~69쪽 참조.

군의 사무가 실제보다 훨씬 확대되어 보이는 현상은 식민지 말기 전시 총동원정책 때문에 초래되었다. 징병과 노무동원 그리고 징발과 배급 등 전시총동원과 관련한 각종 사무가 모두 군의 행정업무로 배정되었던 것이다. 전시동원 업무를 감당하기 위하여 군의 행정 인원도 증원되었으며, 이에 따라 군 행정의 중요성이 실제보다 부각되었던 것이다.[17] 그러나 앞서 본 것처럼 호적, 경찰, 세무 등 실제 통치행정의 핵심 사무는 대개 군과 무관하게 진행되었다.

면은 군보다 훨씬 역동적인 면모를 갖추고 있었다. 면의 역동성은 면 행정만이 아니라, 면에 주재하고 있던 경찰, 면 단위로 만들어지고 있던 초등학교 그리고 식민지 행정의 기본 네트워크를 구성하고 있던 통신기관 곧 우체국 등을 통해서 확인할 수 있다. 심지어 금융조합과 같은 '공공단체' 조차 그 지부를 차츰 면 단위로 확장하고 있었다. 1930년대 후반이 되면 금융조합 지부가 대체로 3면당 1개 정도씩은 확충되어 있었다고 한다.[18] 이런 추세라면 면 단위로 금융조합 지부가 확대되었을 가능성이 있으며, 생활과 운동 단위로서의 군의 통합성은 더욱 축소되었을 것이다.

한편 지수걸은 도회(道會)를 군 대표로 구성된 '의사 정치기구(공간)'로 간주하고, 이런 점을 감안하면 군 단위 자문·의결기구의 부재가 군의 위상 약화를 말하는 것이 아니라고 해석하고 있다. 그러나 이는 본말이 전도된 이해가 아닌가 한다. 면협의회는 처음부터

---

17) 식민지 말기 총동원 관련 군 행정 업무의 폭주 현상에 대해서는 김영한이 생생하게 증언하고 있다. 국사편찬위원회, 앞의 책, 3~220쪽 참조.
18) 1930년대 금융조합원 증가운동과 조합 증설운동에 대해서는 이경란, 《일제하 금융조합 연구》, 혜안, 2003; 문영주, 〈일제하 도시금융조합의 운영체제와 금융활동(1918~1945)〉, 고려대학교 박사학위논문, 2004 참조. 1930년대에 금융조합의 면단위 지역 기반이 확대되고 있었던 사실은 문영주의 최근 작업에 의해 확인되고 있다.

대체로 촌락 단위의 대표성을 가진 사람으로 구성되어 있었다. 1927년 시흥군의 사례를 살펴보면, 면에 따라 차이가 있지만 구장이 면협의회원의 반 이상을 차지하는 경우도 있다.[19] 이처럼 면협의회를 촌락 대표로 구성한 것은 면을 중심으로 촌락을 통합하고자 했기 때문이다. 마찬가지로 도회를 군의 대표로 구성한 것은 군을 통합하고자 하는 의도를 반영하고 있을 따름이다. 이것은 오히려 군의 약체성을 반증하고 있는 것은 아닐까?

3. '관료-유지지배체제'인가, '관료지배체제'인가

1) 관료-유지지배체제의 개념적 착종

지수걸은 관료-유지지배체제를 총독부가 각종 관료기구와 공직기구를 총동원하여 구축한 지방(농촌)지배 조직이나 제도 혹은 그 기제나 양식을 지칭하는 것으로 규정한다. 그리고 지방정치 곧 군 단위 지방정치를 유지정치로 규정하고 이를 다음과 같이 규정한다. 국가 차원의 자원 배분을 둘러싼 정치는 일제하에서도 활발하게 전개되었는데, 그 핵심공간이 군이었다고 본다. 지방정치의 핵심이었던 비(반)공식 부문의 정치는 군 단위의 공공단체나 조합을 중심으로 이루어지고 있었으며, 유지가 핵심적인 역할을 수행하고 있던 이런 지방정치를 유지정치라고 이르고 있다.

지수걸은 일제시기 지방통치 시스템의 핵심은 "도-군-면-동리로

---

19) 文鎭國,《朝鮮全道 面職員錄》, 文鎭堂, 1927, 46~50쪽; 윤해동, 〈일제시기 지방지배체제의 변화〉,《시흥시사》, 시흥시사편찬위원회, 2007 참조.

이어지는 라인조직 특히 도와 면(동리)을 이어주는 군 단위의 관료-유지지배체제"였다고 단언하고 있다. 그리고 관료-유지지배체제, 유지집단, 혁신청년집단, 유지정치, 민원진정활동 등의 용어는 일제하의 각종 정치적 사건이나 현상의 역사적 의미를 '사건사적인 관점'에서 재구성하기 위한 방법적 개념이라고 규정하고 있다.

일반적인 예상과는 달리, 그는 관료-유지지배체제라는 체제 개념을 사건사적인 개념이라고 보고 있는 것이다. 다른 한편 그는 관료-유지지배체제를 지방통치의 '시스템'과 '프로세스'를 이해하기 위한 핵심 개념이라고 주장하고 있다.[20] 이런 점에서 관료-유지지배체제라는 방법적 개념은 개념적 착종을 피하기 어려운 것으로 보인다. 지배체제를 해명하기 위한 개념인지, 지방정치의 프로세스를 해명하기 위한 도구인지, 아니면 지방정치 과정에서 발생한 각종 사건을 이해하기 위한 사건사적 개념인지가 명확하지 않은 것이다. 이런 개념적 착종은 그의 사례 연구에서 종종 드러나며, 사례의 일관된 해석을 방해하고 있는 것처럼 보인다.

필자의 생각으로는, 관료-유지지배체라는 방법적 개념은 지배체제를 해명하는 것으로 한정해두는 것이 좋을 것으로 보인다. 그리고 지방정치의 프로세스를 해명하기 위한 개념으로는 유지정치라는 개념을 사용하는 것이 좋지 않을까 한다.

---

20) 관료-유지지배체제와 관련하여, 지수걸이 사건사적인 수준에서 동원하는 개념으로는 '정치지형'이 있으며, 체제적 수준에서는 '규정력' 또는 '완성도'라는 개념을 사용한다. 완성도라는 측정 기준을 사용하는 것으로 보아, 특히 시스템적 측면을 강하게 의식하고 있었던 것으로 보인다. 그리고 지방정치의 프로세스라는 수준에서 사용하는 개념으로는 '유지정치'가 있다. 이를 보더라도 그가 사용하는 관료-유지지배체제라는 개념이 다목적의 복합적 개념이라는 것을 알 수 있다. 지수걸, 앞의 글, 1996a; 지수걸, 앞의 글, 2007a 참조.

2) 관료-유지지배체제의 연속성과 단절성

관료-유지지배체제와 '수령-이향지배체제'와의 유비(類比)의 적실성에 대해 먼저 거론해보고자 한다. 지수걸은 '관료-유지지배체제'라는 분석틀을 조선 후기 사족지배체제를 대신하여 19세기에 등장한 '수령-이향지배체제'와의 유비로부터 빌려온 것이라고 한다. 지수걸은 일제하의 군수가 조선왕조 시기의 수령과 같은 권한을 갖고 있지 못했으며, 일제시기 도와 면 혹은 부와 읍이 갖고 있던 각종 권한도 갖지 못했다는 점을 인정하고 있다. 그럼에도 일제하의 군수-관료는 19세기의 수령에, 유지는 이·향에 유비되는 것으로 간주하고 있다. 심지어는 조선시기의 향안과 마찬가지로, 각급 행정단위마다 해당 지역의 '유지명부'가 작성되었다는 점을 강조하고 있다. "총독부는 군면 단위의 유지명부와 더불어 해당 지역의 경찰서에 비치된 '요주의·요시찰인 명부'를 토대로 조선의 지방사회를 지배했는데, 이 같은 통치체제는 조선왕조 시기 수령-사족(향리)지배체제와의 유사성 또는 억압성과 수탈성 등이 돋보이는 그야말로 식민지적인 통치체제일 뿐이다. (……) 일제 시기 지방여론은 해당 지역의 유지들에 의해 결정되고 대표되었다"는 것이다.[21]

그러나 수령-사족(향리)지배체제와 관료-유지지배체제를 단순히 유비함으로써 억압성과 수탈성을 이끌어내는 것은 너무 거친 비유가 아닌가 한다. 사족지배체제란 수령을 중심으로 한 군현제 지배가 사족지배를 본질로 한다는 것으로써, 수령-이향지배체제란 이러한 사족지배체제의 본질이 변화되었다는 점을 강조한 것에 지나지 않

---

21) 지수걸, 〈일제시기 지방정치사 연구방법 시론〉, 2007년 한국역사연구회 학술대회 '일제하 지방지배를 보는 두 개의 시각' 발표문, 2007b 참조.

는다. 수령-이향지배체제를 수령 지배를 바탕으로 하는 군현제 지배의 본질이 변화된 것으로 해석할 수는 없다.[22] 마찬가지로 관료-유지지배체제를 관료제지배가 확립된 후 그 속성이 변한 것으로 간주하지 않는다면, 관료제지배와의 관련 속에서 명확하게 위치 부여를 할 필요가 있을 것이다.

3) 유지집단 개념의 문제점

지수걸은 유지집단을 총독부의 지방지배 과정에서 형성된 총독정치의 매개집단으로서, 재산(토지재산)과 '사회활동 능력(공직 수행능력, 일본어 구사 능력)', 당국 신용(공직 활동 경력)과 사회 인망(민원 해결 역량)을 고루 갖춘 지방사회의 유력자 집단(조선인, 일본인 포함)으로 정의하고 있다. 나아가 "일제하의 지방 유지들은 조선인 일본인 가릴 것 없이 대부분 공직을 보유하고 있었으며, 이들의 사회활동 능력(공직 수행능력)이나 당국 신용은 이 같은 공직 활동과정에서 축적된 것이었으며, 유지집단 내부의 서열도 공직을 매개로 한 유지정치 과정에서 결정되는 경우가 많았다"고 해석하고 있다.

유지집단은 곧 군 단위 관료-유지지배체제와 더불어 형성 발전된 일종의 사회적 지위집단 곧 군 단위로 해당 집단의 명부가 존재한 정치사회적 지위집단이라는 것이다. 유지명부가 존재했다는 사실은 당시를 살았던 사람들의 상식이었다고 강조하고 있다. 그러나 지수걸이 강조하고 있는 유지명부라는 것이 실제로 존재했다고 볼 수는

---

22) 향안이란 사족지배체제를 상징하는 것으로, 수령-이향지배체제하의 향안이란 그 역사적 사명을 다한 것이라는 점에서도 지수걸의 비유가 적절한 것이라고 할 수는 없다.

없다. 그가 유지명부의 존재 근거로 내세우는 《충청남도 도세일반》(각년판)의 〈유력자 및 자산가 조사표〉는 말 그대로 유력자와 자산가를 조사한 것이지 '유지'를 조사한 것이 아니다.[23] 지수걸이 유지명부의 또 다른 근거로 들고 있는 《조선공직자명감》 역시 공직자의 명단이지 유지명부가 아니다.[24]

지수걸은 유지집단이 단기적으로는 지방정치 상황(지역사회운동의 고조기, 퇴조기)이나 유지기반의 변화(새로운 인물의 공직 진출 등 유지 지위 획득 또는 도시이주나 파산) 그리고 장기적으로는 출신 성분과 같은 사회변동에 따라 그 구성(사회이동의 결과)이 끊임없이 변화하는 존재라고 본다. 유지집단은 이처럼 구성과 정치사회적 역할이 유동하고 있었지만, 그 정체성이 모호했다거나 양면적·이중적이었다고 말해서는 곤란하다고 주장한다. 예컨대 유지집단과 혁신청년집단의 정치적 계선은 엄격하게 존재하고 있었다는 것이다.

그러나 유지집단의 이런 규정에 대해 떠오르는 몇 가지 의문을 지울 수 없다. 첫째, 유지집단이 지위집단일 수 있는가 하는 문제이다. 유지집단의 자격으로 들고 있는 네 가지 요건 곧 재산, 사회활동 능력, 당국 신용, 사회 인망 가운데 재산을 제외한 세 가지 요소는 사회적 지위를 본원적으로 규정하는 요소는 아니다. 그리고 사회적 지위를 구성하는 데서 재산이 본질적 요소가 될 수도 없다. 공직 수행 능력이나 당국의 신용, 민원 해결 능력 등은 자신의 활동에 의해 성취된 능력이며 그것도 권력과의 근접성에 의해 규정된 요건이다. 유

---

23) 충청남도, 《도세일반》 각년판 참조.
24) 藤村德一, 《조선공직자명감》, 1927 참조. 지수걸의 지적대로 조선총독부가 조선 중류 이상의 인사 10만여 명에 대해 관심이 많았다는 점은 확실하지만, 그것이 바로 유지를 가리키는 것이라고 볼 수는 없다.

지집단을 공직 활동 과정에서 축적된 능력에 의해 규정할 수 있다는 지적은 논리적 일관성을 가진 것이지만, 그런 요소를 바탕으로 한 사회적 지위집단이라는 규정은 일관된 논리에 의한 것이라고 하기 어렵다. 권력과의 근접성은 언제나 유동적이기 때문이다.

둘째, 그런 점에서 유지집단은 너무 정태적인 개념이 아닌가 한다. 지수걸은 굳이 유지집단의 사회적 유동성을 인정하고 있지만, 정체성은 모호하지 않았다고 단언한다. 유지집단이 지위집단이라는 규정을 고수하기 위해서는 정체성의 동일성을 강조하는 것은 논리적 일관성을 가진다고 하겠다. 그러나 사회적 구성이나 역할이 매우 유동적이었다는 점을 인정하면서도 정체성의 모호함을 인정하지 않음으로써, 유지집단 개념은 다시 정태적 개념으로 환원되어버린다. 그런 점에서 유지집단을 혁신청년집단과 대비시키는 것은 너무 단순한 대립도식이다. 사회적 구성이나 역할의 변화에 따른 유동성을 인정한다면, 정체성 역시 유동적일 수밖에 없을 것이고, 혁신청년집단과의 사이에 근원적인 계선을 가르는 정체성의 차이 역시 유동적일 수밖에 없기 때문이다. 유지명부의 존재를 굳이 강변하는 것 역시 개념의 정태성을 강조하는 역할을 하고 있는 듯하다.

셋째, 유지집단이 가진 헤게모니적 성격에 관한 것이다. 지수걸은 식민지기 지방지배와 관련한 사례 연구를 시작하면서 관료-유지지배체제에 대해 다음과 같이 설명하고 있다. "일제는 조선을 강점한 이후 조선인 유력자와 일본인 이주자를 포섭하여 '지방유지집단'을 형성한 뒤 이를 매개로 '강제와 동의'에 기초한 국가 헤게모니를 지역사회 내부에 관철시켜나가고자 했다."[25] 이로 보아 지수걸이 관

---

25) 지수걸, 앞의 글, 1996a, 199~202쪽 참조.

료-유지지배체제라는 개념틀을 만들 때에는 식민지기 지방지배의 헤게모니적 성격에 대한 관심이 작용하고 있었던 것이 분명하다. 그러나 지수걸이 주목하고 있던 헤게모니적 지배는 '국가 헤게모니'였다는 점에서 처음부터 많은 문제를 내포하고 있었다. 곧 지수걸은 식민권력이 '조선인 유력자'와 '일본인 이주자'를 포섭하여 '지방유지'라는 중간집단을 형성하고, 이를 매개로 국가 헤게모니를 지역사회 내부에 관철시키려 했다고 보았다. 곧 지방유지집단은 식민지권력이 위로부터 형성한 집단으로 상정되었고, 지방유지집단 자체에 헤게모니적 성격이 존재한다고 보지는 않았던 것이다.

이런 점에서 이후 지수걸이 유지집단을 주로 공직자집단으로 간주하는 것은 자연스럽다. 또한 민족 혼성집단으로서의 유지집단에 헤게모니적 성격을 과도하게 부여하기는 어려운 측면이 있을 것이다. 그가 촌락 단위의 구장이나 중견 인물을 군 단위 지방정치의 핵심 주체라고 말하기 어려운 일종의 '끄나풀'에 불과했다고 보는 것역시 이런 점에 부합하는 것이겠다. 지수걸의 이후 사례 연구에서는 헤게모니적 성격에 대한 언급이 적어지고, 최근에는 헤게모니적 지배의 가능성을 전면적으로 부정하고 있다.

유지(有志)란 무엇인가? 유지라는 단어는 '어떤 일에 뜻이나 관심이 있는 사람' 또는 '마을이나 지역 등에서 이름이 나 있고 영향력이 있는 사람'이라는 사전적 의미를 가진다. 두 번째 의미에 따른다면, 유지는 명망가 또는 유력자를 포함하는 개념이 된다. 여기에 첫번째 의미를 더하면, 명망가 또는 유력자 가운데 어떤 일에 뜻이나 관심을 가진 사람 또는 집단이 될 것이다. 이런 의미에서 유지는 명망성이나 세력을 바탕으로 지역의 일에 개입하려는 의지를 가진 사람 또는 집단이라고 정의할 수 있을 것이다. 유지란 일정한 도덕적 가치나 세계관을 바탕으로 지역정치에 개입할 수 있는 힘을 가진 자이며, 그런 의미에서 식민지기 유지란 일정한 지역에서 헤게모니적 지배력을 가진 사람 또는 집단을 전제로 하지 않으면 성립하기 어려운 개념이 된다.[26]

그러나 지수걸이 상정하는 유지집단은 중간지배층 일반이 가진 헤게모니 정치적 요소를 거세당한 채, 관료지배체제의 단순한 보조자로 격하되어 버렸다. 이런 규정이라면, 관료-유지지배체제에서의 유지집단이란 관료지배체제를 보완하는 보조집단에 지나지 않는다. 그러나 식민지기의 지방지배 나아가 지방정치에서 중간지배층(집단)을 상정하는 것은 관료지배만으로는 불가능한 부분을 메우는 헤게모니적 지배의 존재를 해명하기 위한 것이 아닐까 한다. 그러나 지수걸의 유지집단 개념 규정은 그런 가능성을 원천적으로 배제하는 듯이 보인다.

4) 관료와 공직자집단

지수걸은 공직기구를 다음과 같이 네 가지 범주로 구성되는 기구로 정의하고 있다. ① 각종 자문기구(면협의회, 도평의회), ② 자치기구(도회·부회·읍회, 학교평의회), ③ 공공조합(농회, 금융조합, 산림조합, 수리조합)이나 관민합동위원회(소작조정위원회, 농촌진흥위원회, 사상정

---

26) 공주지역 도청이전 반대운동 과정에서 공주지역의 유지들이 주도하는 군민대회에 읍민이나 면민들이 매우 수동적이거나 심지어 적대적인 태도를 취하고 있었다고 지수걸은 분석한다. 지수걸, 앞의 글, 1996a 참조. 유지들이 주도하는 운동에 군민들이 이런 태도를 취하고 있었다면, 그들은 더 이상 유지가 아니게 되는 것 아닐까? 왜냐하면 군민들에 대한 그들의 헤게모니가 이미 상실되었다고 보이기 때문이다. 그리고 헤게모니를 상실한 유지들이 주도하는 운동은 더 이상의 효과를 거두지 못할 것이다.

화위원회), ④ 공공단체(소방조, 적십자회, 재향군인회) 그리고 관료(관리, 관직자)는 행정법상 국가기관에 대해 공법상의 복무 의무를 지는 존재이고, 공직자(공리)는 사법상의 책임을 지는 강제 혹은 임의의 공공단체(조합)의 주요 임직원을 말하는 것으로 규정하고 있다.

이에 더하여 일제 시기 행정법상으로는 관과 공과 사의 영역이 엄밀히 구분되어 있었지만, 법과는 달리 실제 공공단체나 조합은 대부분 관변단체적 성격이 강했으며, 관립과 공립의 구별도 애매했다는 점을 지수걸 역시 인정하고 있다. 그럼에도 일제가 공을 애써 의제화하려 한 이유를 지수걸은 국가에 대한 무조건적 충성과 헌신을 공적인 것으로 치환하려는 의도가 있었다는 점, 곧 사적인 영역을 공공성을 명분으로 국가 영역으로 포섭하려는 의도가 개입해 있었다는 점을 지적하고 있다. 지수걸의 말대로 '의제적 공', '사이비 공'은 대부분의 공적 언표행위에서 관철되고 있었다. 실로 타당하고 정확한 지적이라 하겠다.[27]

그런 점에서 필자는 각종 공직기구와 공직자 역시 동일한 처지에 놓여 있었음을 지적해둘 필요가 있다고 생각한다. 공직기구 곧 각종 자문기구와 자치기구, 공공조합, 공공단체 모두 관변적 성격이 강했다는 점은 지수걸 역시 인정하고 있다. 예를 들어 군수와 군의 서무계원은 농회와 산업조합, 산림조합 등의 회장과 서기 역할을 겸하고 있었다. 그런 점에서 공공단체 역시 예외가 아니었다. 그렇다면 이를 공직기구라고 해야 할 것인가, 관료기구라고 해야 할 것인가? 언표상으로는 공공조합 또는 공공단체이지만, 관료기구가 아니라고

---

27) 그러나 이런 지적은 사태의 한 면만을 본 것이다. 필자가 주장하는 식민지 공공성은 공공성에 대한 이런 인식과는 정면으로 배치되는 함의를 가지는 것이다. 이에 대해서는 후술한다.

할 이유도 별로 없는 것 아닌가? 그렇다면 이런 공직기구의 임직원은 관료인가 공리인가? 식민지기 공직에 종사하는 공리는 대부분 관료와 그 경계가 명확하지 않은 경우가 많았다. 그렇다면 공직활동에 종사하던 유지집단이란 도대체 무엇인가? 관료-유지지배체제란 이런 점에서도 관료지배체제를 보완하는 체제 혹은 관료지배체제그 자체라고 해도 별 무리가 없을 것이다.

5) 지방정치: 유지정치란 무엇인가

지수걸은 일제하의 지방정치를 이해할 때에 각종 공직기구 또는 각종 유지단체를 매개로 전개된 비공식부문의 정치 특히 각종 민원·진정사건을 주목해야 한다고 주장한다. 그러나 이러한 각종 민원·진정사건은 총독부 권력의 정당성을 인정하는 가운데 군 단위 관료-유지지배체제를 매개로 전개되었으며, 각종 시민대회도 공론 형성의 장이 아니라 공론이나 대표역을 사칭하기 위한 '명분 축적용 의례' 인 경우가 허다하다고 평가 절하한다.

이런 평가는 지방정치를 '저항의 정치' 로 이해할 때에는 지극히 정당한 것이라 할 수 있다. 그러나 지방정치-유지정치를 국가의 자원 배분을 둘러싼 갈등이라고 정의한 후에, 각종 민원·진정사건이나 시민대회를 관료-유지지배체제가 매개가 된 명분 축적용 의례의 장이라고 간주하는 것은 자가당착적이다. 스스로 정의한 지방정치-유지정치의 가능성을 부정하고 있는 것이다.

왜 이런 사태가 발생한 것인가? 두 가지 문제 때문인 것처럼 보인다. 하나는 관료-유지지배체제 나아가 유지 개념의 정의를 지나치게 협소하게 그리고 정태적으로 규정하고 있기 때문이다. 지수걸에 따르면 유지는 위로부터 규정된, 나아가 일종의 관제 명부에 기재되기조차 한 관료지배의 보조집단에 지나지 않는다. 그러므로 유지집단에게 허용된 공간은 지나치게 협소하다. 다른 하나의 문제는 정치 개념의 착종 때문이다. 국가 자원의 배분을 둘러싼 갈등이 정치라고 본다면 그것은 저항의 정치와는 무관한 것이 된다. 그럼에도 그는 지방정치의 '사건사'를 해석할 때 자동적으로 저항의 정치 개념으로 회귀해버린다.

그런 점에서 지수걸의 지방정치 개념은 지나치게 위로부터의 시각을 반영하고 있는 듯하다. 식민지기 지방정치는 국가의 자원 배분을 둘러싼 갈등을 반영하는 측면도 있지만, 다른 한편으로 헤게모니정치의 요소를 강하게 반영하고 있는 측면도 있다. 유지든 중간지배층이든, 지방정치를 매개하는 계층이 존재한다는 것은 헤게모니정치의 존재를 반영하는 것이다. 그러나 지수걸은 지방정치에서의 헤게모니적 요소를 전혀 인정하지 않는다.

6) 관료지배체제

지수걸이 주장하듯이 면이 매개하고 군이 통치하는 체제가 아니라, 도와 면의 행정을 군이 매개하는 관료제 곧 면 중심의 관료지배체제가 불완전하게나마 성립해 있었던 것으로 보아야 할 것이다. 군을 단위로 관료지배체제를 언급하기에는, 군의 관료제적 성격이 너무나 미미하였다고 볼 수밖에 없다. 조선총독부는 관료제적 지배를 도와 면을 단위로 성립시키고자 했던 것이다. 이는 일본 본국이나 대만 등 여타 식민지에서 시행했던 일본의 관료제를 보더라도 명확한 바 있다. 일본의 정촌제(町村制)를 모범으로 여타 식민지에서도 이에 준하는 방식의 관료제적 지배를 관철시키려 했던 것이다.

군을 단위로 지방정치를 말하고자 할 때 직면하는 가장 곤혹스러운 측면은 바로 여기에 있다. 군에는 관료제가 미비했으며 관료의 숫자도 얼마 되지 않았다. 군에 초점을 고정시킬 때 군의 관료제만으로 지방정치를 설명할 수는 없다는 딜레마 때문에, 유지를 군 단위 정치의 핵심으로 불러들이지 않을 수 없게 되었을 것이다. 물론여기에 '군의 정치'가 중요한 기능을 하지 않았다는 것은 아니다. 그러나 그것은 어디까지나 방조적인 역할에 지나지 않았던 것이다.

이런 점은 지수걸 본인도 인정하고 있는 것처럼 보인다. "일제는 군기구나 군 단위 공공단체나 조합을 매개로 면(촌락)을 지배하였으며, 각종 자원의 배분(민원 진정)은 물론이고 자선이나 사회봉사 행위조차도 이를 매개로 수행하지 않을 수 없게 만들었다. (……) 일제하의 지방정치는 공식 부문보다 비(반)공식 부문의 정치가 늘 중심이었는데, 공식부문이건 비공식부문의 정치건, 지방정치의 결절점, 중심공간도 항상 군이었다"라는 주장이 그것이다. 지방정치의 중심을 형성하고 있던 군 단위의 비공식 정치가 주로 공공단체를 매개로 이루어질 수밖에 없었다는 지적은 군의 관료제적 지배의 미비함을 스스로 드러내고 있는 것 아닐까?

그러나 식민지기의 지방 지배를 관료제 지배가 아니라고 말할 근거는 없다. 도와 면에 성립된 관료제를 통하여 식민국가 곧 총독부는 지방 지배를 수행하고 있었던 것이다. 군 단위에 눈을 고정시키지만 않는다면, 식민지기 지방지배에 관료제적 지배가 관철되지 않았다고 볼 수는 없는 것이다. 지수걸 역시 관료-유지지배체제를 촌락 내부와 외부를 유기적으로 서열화한 곧 총독부 권력＞군·면 단위 관료기구＞군·면 단위 공직기구 혹은 유지집단＞마을 단위 중견청년 > 촌락 농민이라는 서열관계가 존재하는 지방지배체제라고 규정하기도 한다. 이런 서열관계에서 보더라도 관료기구의 지배력을 보완하는 곧 관료지배체제의 불완전성을 보완하는 메커니즘으로 동원된 것이 유지집단 혹은 중견 청년이라는 점을 스스로 인정하고 있는 것 아닌가 한다. 그런 점에서 '관료-유지지배체제'는 단지 췌언에 지나지 않는 것으로 보인다.

7) 관료제=합리적 지배, 유지=카리스마적 지배인가

일제하 지방지배에 헤게모니적 지배방식이 관철되고 있었음을 해명하기 위해서가 아니라면, 유지라는 지위집단을 설정하는 것은 오류라는 점을 지적한 바 있다. 지위집단으로서의 유지집단을 설정하고, 유지집단이 어떤 형태로든 지방지배에 참여함으로써 관료제 지배를 보완하고 있었다는 점을 굳이 강조하고자 하는 것은 무슨 이유 때문일까?

유지와 혁신청년집단이라는 대립구조를 만들어내는 것에서 그 의도를 어느 정도 확인할 수 있는 것 아닌가 한다. 지수걸은 유지 집단과 대립되는 집단으로 혁신청년집단을 설정하고, 이를 1920년대 중반 이른바 청년회 혁신운동 과정에서 하나의 정치세력으로 등장한 지역사회운동(농민, 노동, 청년운동)의 주도집단이라고 규정한다. 그러나 지역 사례를 통해 이런 흐름을 확인할 수 있을지는 모르지만, 1920년대 후반부터 해방 후까지 이어지는 세대별 집단으로서의 혁신청년집단을 설정할 수 있는지에 대해서는 회의적이다. 이는 더욱 분명한 사회적 기반과 배경을 해명함으로써 증명해야 할 집단 개념인 것으로 보인다.

대개 '세대'를 대상으로 분석 작업을 진행할 때에 부딪치는 가장 어려운 문제점 중의 하나로 '성급한 일반화의 오류'를 든다. 연령별 기준에 의해 하나의 범주를 설정하자마자 분석적 난문제에 봉착하기 마련이다. 개체의 차이보다 연령별 집단의 차이가 훨씬 클 수 있기 때문이다. 여기에 연구자의 편견이 분석과정에 개입하기 쉽다는 점도 세대 담론이 부딪치는 어려움 중의 하나이다. 세대란 매년 변화하기 때문에 '흘러가는 물'과 같은 개념에 지나지 않는다.[28] 그럼에도 어떤 시기 한 지역의 역사적 구체성을 드러내는 데에, 세대 담론이 도움을 줄 수 없는 것은 아니다.

지수걸은 관료-유지지배체제가 발달한 지역 곧 식민지 지주제나 상공업이 발달한 지역과 그렇지 않았던 지역에서의 혁신청년집단의 성격을 구분하고 있다. 전자 곧 예를 들어 공주지역과 같은 경우에는 대부분의 혁신청년들이 지방유지들과 이런저런 연줄망에 얽혀 있었던 데 비해, 후자 곧 함경도와 같은 경우에는 혁신청년들이 지방유지집단과의 구분이 비교적 선명하였으며 독자적인 정치세력으로 성장하여 변혁적인 지역사회운동을 주도하였다고 보았다.[29] 그러나 그가 수행한 부여와 논산의 사례 연구에 의하면 이런 구분과 계선은 거의 적용되지 않는다.[30] 세대 집단의 역할이 지역마다 차이가 클 수 있다는 점은 이런 사실에 의해서도 명확하다. 식민지기 지역 사례를 연구할 때 부딪치는 세대 집단으로서의 '청년'의 중요성을 부정할 수는 없다. 그러나 혁신청년집단과 같은 방식으로 과도하게

---

28) 세대 개념 도입의 난점에 대해서는 우석훈·박권일, 《88만원 세대》, 레디앙, 2007, 73~85쪽 참조.
29) 지수걸, 앞의 글, 1996a, 202쪽 주 7) 참조.
30) 지수걸, 앞의 글, 2005b 참조.

일반화하게 될 때 초래될 수 있는 '성급한 일반화의 오류'에 대해서는 경계하지 않으면 안 된다. 더욱이 유지집단과 세대집단으로서의 혁신청년집단이 정확히 대응하는 개념이 될 수도 없다. 지수걸은 1920년대 초기의 '청년유지'로부터 유지집단과 혁신청년집단으로 분해되었다고 주장한다.[31] 같은 수준의 개념도 아니거니와, 1920년대의 청년은 40년대에는 이미 청년이 아닌 것이다.

한편 유지와 혁신청년집단 모두 일종의 헤게모니 집단이라고 볼 수밖에 없을 터인데도, 이를 부인하고 굳이 관료제지배를 보완하거나 그에 대립적인 집단이라고 해석하고자 하는 것은, 무슨 이유 때문인가? 식민지기에 관료제가 잘 작동하지 않음으로써 유지 또는 기타 세대집단의 지방 지배력이 관철되고 있었다고 볼 수는 없다. 이런 이해에는 지방 엘리트 집단의 영향력을 헤게모니적 지배가 아니라 카리스마적 지배를 통해 해명하고자 하는 의도가 깔려 있는 것은 아닌지 질문하고 싶다.

8) 지방지배의 세 유형

식민지기 '지방지배'의 특성을 밝히기 위해서는 지배의 유형을 세 가지 정도로 나누어 접근해볼 필요가 있다. 첫째, 합리적 지배를 전제로 한 '관료 지배'가 있다. '식민국가'로서의 조선총독부는 식민지 통치행정을 통하여 이를 관철하려 하였다. 여기에는 군, 경찰 등을 통한 억압적 기구를 통한 통치도 포함된다. 둘째, 헤게모니적 지배가 있다. 국가 헤게모니 또는 중간지배층의 헤게모니적 지배를 상

---

31) 지수걸, 앞의 글, 1997c : 지수걸, 앞의 글, 2005b 참조.

정할 수 있다. 식민지기의 헤게모니적 지배는 식민지배의 중층성 또는 내부 식민지의 존재를 전제로 한 것이다. 세 번째 지배방식으로는 '지방정치'를 통한 지배를 들 수 있다. 지방정치는 관료지배와 헤게모니적 지배가 갈등하는 공간에서 형성된다.

필자는 도와 면을 중심으로 구축된 관료지배체제가 식민지배의 핵심이었다고 본다. 그리고 이와 갈등하거나 또는 이를 보완하는 형태로 군-면-촌락에서 형성되고 있던 '중간지배층'의 헤게모니적 지배가 존재하고 있었다고 본다. 여기에 '지방정치'를 통한 지배가 존재하고 있었다. 이 세 가지 유형의 지배를 중심으로, 식민지기 지방지배가 구성되어 있었다고 볼 수 있는 것이다. 한편 지수걸 역시 관료-유지지배체제라는 개념틀을 통하여 관료지배와 헤게모니적 지배라는 두 가지 지배 방식의 가능성을 상정하고 있다. 그러나 지수걸은 유지지배가 가진 헤게모니적 지배의 성격을 거의 인정하지 않는다. 그리고 관료지배체제가 성립해 있었다는 점을 평가하는 데도 인색하다. 여기에서 지수걸이 내세우는 관료-유지지배체제가 가진 아이러니를 읽을 수 있다. 지수걸은 식민국가를 중심으로 한 억압적 지배만을 인정하려는 것인가? 과연 그런 방식으로 유지되는 식민지를 상상이나 할 수 있을까?

4. 면=촌락의 3국면 구조와 촌락지배

지수걸은 필자의 면=촌락의 3국면 구조라는 분석틀이 촌락을 정치사회적으로 '고립된 소우주(내부와 외부가 확연히 구별되는 소우주)'로 파악하는 방식이라고 비판한다. 이는 필자의 논지를 오해하거나 왜곡한 것이 아닌가 한다. 오히려 면=촌락의 3국면 구조라는 분석 틀을 취한 것은 촌락이 이전 시대와는 달리, 지방지배와 관련한 행정적 측면에서든 상품화폐경제와 관련한 경제적 측면에서든 완전히 고립성을 탈피하고 있었으며, 오히려 식민지 근대적 특성을 대변하면서 근대사회의 유기적 일부분으로 재편되고 있었음을 해명하기 위한 것이었다.[32]

한편 필자는 지역정치의 일환으로서 촌락정치라는 개념을 설정하였지만, 지수걸의 지적대로 그에 대해서는 명시적인 설명을 거의 하지 못했다. 여기에서 그에 대해 간단히 보완해두고자 한다. 첫째, 촌락정치란 면과 촌락 단위의 중간지배층 및 장로-유지-유력자층이 개입하여 형성하는 촌락 차원의 갈등조정 과정을 지칭하는 개념으로 설정한 것이었다. 면=촌락의 3국면 구조를 매개하고 조정하는 중간지배층은 촌락정치를 매개하는 핵심 계층이었다. 중간지배층을 매개로 면=촌락에서는 일종의 헤게모니적 지배가 관철되고 있었던 바, 이를 촌락정치로 개념화하고자 하였다. 하지만 장로-유지 등의 지위집단의 쇠퇴와 중견 인물의 대두로 촌락의 매개 기능과 촌락정치는 점차 쇠퇴해간 것으로 보았다.

둘째, 촌락정치라는 개념을 확장하기 위해서는 '정치적인 것(The political)'의 의미를 확장할 필요가 있다.[33] 정치란 국가 차원의 자원 배분을 둘러싼 갈등 조정만을 의미하는 것은 아니다. 미시적인 차원의 정치란 정치적인 것을 둘러싼 갈등과 조정의 과정을 의미하며, 그런 점에서 식민지기의 정치사 이해를 확장하기 위해서는 정치적

---

32) 윤해동, 앞의 책, 21~37쪽 참조.
33) '정치적인 것'이란 적과 동지의 구분이 뚜렷해지는 정치적 지형이 형성됨으로써 정치적 성격이 드러나게 되는 상황을 의미한다.

인 것의 의미를 재조정할 필요가 있다. 권력의 촌락 침투와 함께 식민지기 면=촌락에도 정치적인 것, 곧 미시정치적 차원의 적의 의미가 뚜렷하게 확장되는 것으로 보인다. 이런 차원에서 촌락정치의 의미를 확장할 수 있을 것이다.

셋째, 필자는 촌락 차원의 자율적 조직의 존재, 곧 동계류 조직이 관의 통제에 대응하면서도 상대적 자율성을 유지하고 있었던 측면을 강조한 바 있다. 이에 대해 지수걸은 촌락 내 동계류 조직의 기능과 역할이 상당 부분 군 단위 공공조합이나 단체로 포섭되어갔다는 점을 지적하면서, 각종 촌락조직들의 포섭-계열화 과정을 심도 있게 분석하려는 노력을 선행할 필요가 있다고 권유한다. 이는 고마운 지적이다. 하지만 이런 지적은 두 가지 측면에서 문제가 있는 것처럼 보인다. 군 단위 공공조합이나 단체로 동계류 조직의 기능과 역할이 포섭된 것은 대체로 총동원체제가 강고하게 구축되고 난 후의 일이다. 이용기의 연구에 의하면 총동원체제하에서도 동계류 조직의 기능이 총동원조직으로 전면적으로 포섭되었다고 할 근거도 없다.[34] 1930년대까지 동계류 조직이 전면적으로 관변단체에 포섭되지 않았다는 사실은 관변자료를 조금이라도 들춰보면 금방 확인할 수 있다.

이와 관련하여 필자는 1930년대 조선 농촌에 조합주의적 지배가 관철되고 있었다는 지적에는 동의하지 않는다. 그러나 지수걸은 신기욱과 한도현의 조합주의적 발상을 비판하면서도 암묵적으로는 이에 동의하는 듯이 보인다. 1930년대 농촌 지배를 조합주의적 지배로 이해하는 것은 정책의 하향적 성격과 수직적 통제의 양상을 보여주는 데는 효과적이지만, 아래로부터의 힘에 의한 상호작용의 동학을

---

34) 이용기, 〈19세기 후반~20세기 중반 동계와 마을 자치〉, 서울대학교 박사학위논문, 2007 참조.

보여주는 데에는 실패하고 있다. 촌락 내부 동계류 조직의 자율성이 유지되고 있었거나 오히려 늘어나기도 했으며 이런 조직을 관변단체가 거의 포섭하지 못했다는 점을 인정한다면, 조합주의적 발상은 뿌리를 내릴 근거가 없는 것이다.

필자는 식민지기 면=촌락에는 일정한 자율성을 가지는 사회 영역이 존재하였고 그를 유지하는 힘이 있었다는 점을 인정한다. 곧 관료적-제도적 통제 속에서도 자신의 영역을 유지하고 발전시킬 수 있는 자주적 촌락조직의 존재를 인정하고자 하는 것이다. 이런 점에서 필자의 촌락조직과 촌락지배에 대한 발상을 '최소주의 시민사회론적 발상'이라고 규정할 수 있을 것이다. 이에 대해서는 추후 자세한 개념 규정을 통해 논리를 발전시켜볼 예정이다.

5. '식민지 인식의 회색지대'를 위한 변증

필자는 '식민지 인식의 회색지대'를 재인식할 필요가 있다는 점을 강조해왔다. 이항대립적 식민지 인식이 가지는 폐해를 교정하기 위해서이다. 이를 위해 식민지 정치사와 일상사 연구를 확장·심화할 필요가 있으며, 정치사 연구의 영역에서는 정치적인 것의 의미를 확장하고 이를 위해 '협력' 개념을 도입할 필요가 있음을 주장해왔다. 그리고 식민지 공공성 개념을 적용하여 일상사와 정치사 개념을 심화시킬 필요가 있다는 점도 줄곧 강조해왔다.

여기에서는 식민지 공공성의 의미에 대해서 조금 더 부연해두고자 한다.[35] 최근 일본에서는 필자가 내세운 바 있는 식민지 공공성 개념을 둘러싸고, 나미키 마사히토[36]와 조경달[37] 사이에 논쟁이 진행 중이다. 식민지기에 공공성이 실재했다는 실재론(實在論)과 그것은 단지 환상에 지나지 않는다는 환상론(幻想論) 사이의 논쟁이 그것이다. 그러나 둘 사이의 논쟁은 공공성의 실체성에 기반을 둔 것으로서, 공허한 논쟁으로 흐를 공산이 다분해 보인다.

기본권, 시민권이 박탈된 상태였던 식민지에 시민적 공공성이 형성될 리 만무하다. 그런 점에서 공공성, 그것도 식민지에서의 공공성을 실체로 간주하는 것은 공공성 논의의 본래적 맥락으로부터도 벗어난 것일 터이다. 식민지 공공성은 식민국가 또는 저항세력에 의해 이념으로서 제기된 공공성과도, 나아가 일정한 법적 · 정치적 형식을 갖추고 만들어져 있던 식민지 제도로서의 공공성과도 무관한 것이다. 식민지 공공성에서 사용하는 공공성 개념은 다음과 같다. 공공성은 하나의 공동체 혹은 사회를 위해 절박한 문제를 서로 교환하기 위해 필요한 가치이며, 이는 사회 구성원의 자유로운 일치를 가능하게 한다. 공공성은 절박한 문제와 부차적인 문제를 구분하고, 사회에 부딪친 위험을 공동으로 극복하기 위해 적과 동지를 구분하는 과정을 거쳐 공속성(共屬性)을 의식할 수 있게 하는 것이다.[38] 따라서 공공성은 사회의 자유를 확대하기 위한 적극적 가치이자, 공간이나 영역과 같은 고정적인 대상과 관련된 가치라기보다는 유동성

---

35) 앞서 말한 공공성 이해의 일면성을 교정하는 의미도 가지고 있다.

36) 並木眞人, 〈朝鮮における植民地近代性 · 植民地公共性 · 對日協力〉, 《國際交流硏究》5, 2003, フエリス女學院大學; 並木眞人, 〈植民地期朝鮮における '公共性' の檢討〉, 三谷博 編, 《東アジアの公論形成》, 東京大学出版會, 2004; 並木眞人, 〈植民地公共性と朝鮮社會 - 植民地後半期を中心に〉(미정고), 2006.

37) 趙景達, 〈暴力と公論〉, 須田努 · 趙景達 · 中嶋久人, 《暴力の世紀を超えて - 歷史學からの挑戰》, 靑木書店, 2004; 趙景達, 〈15年戰爭下の朝鮮 - 植民地近代論批判〉, 《朝鮮?學會學術論文集》25, 2005.

38) 폴커 게르하르트, 김종기 옮김, 《다시 읽는 칸트의 영구평화론》, 백산서당, 2007, 281~315쪽 참조.

을 본질로 하는 가치라고 할 수 있다.

그러므로 공공성은 실체로서가 아니라 식민국가(또는 국민국가) 비판을 위한 은유로서의 성격을 가진다. 대개 공공성을 거론할 때 가장 심각하게 부딪치는 모순은 개념과 실제 사이의 괴리이다. 이에 공공성을 상품에 대한 마르크스적 은유의 확장이라는 맥락에서 식민지기 나아가 현대 한국의 대안적 공간과 가치를 상상하기 위한 개념으로 위치지우고자 하는 것이다.[39]

6. 맺음말

지수걸이 내세운 관료-유지지배체제라는 분석틀은 개념 구사에 서투른 한국 역사학계에서는 유별난 시도 중의 하나라 할 수 있다. 그리고 여러 문제점들에도 불구하고, 이를 높이 평가하는 데 인색해야 할 이유도 없다. 지수걸은 이런 작업을 통하여 식민지기 지방지배 연구의 필요성을 환기하고, 지방지배 연구를 통하여 식민통치의 본질 및 식민지 사회상의 해명에 크게 기여할 수 있음을 실증해왔다. 그러나 관료-유지지배체제라는 문제틀이 함의하고 있는 관료지배와 헤게모니적 지배의 가능성을 스스로 부정함으로써, 그의 문제의식은 일종의 아이러니로 귀결되고 말았다. 그의 문제제기가 가진 장점을 살리기 위해서는 지방지배의 유형을 나누어서 정밀하게 살펴볼 필요가 있을 것이다.

식민지 근대가 부추기는 삶의 근원적인 무의미성을 넘어서, 식민

---

39) Hae-dong Yun, "Public Sphere as a Metaphor: Rethinking Colonial Publicness", 제3회 대중독재 국제학술회의 발표문, 2007.

지의 일상을 묵묵히 영위하던 대중들의 삶의 이야기를 복원해내기 위해서는 그 시대를 대상으로 하는 '해석' 행위를 넘어서야 한다. 해석 행위를 넘어서는 것, 그것은 바로 그 시대를 '이해'하는 일이다. 역사학 연구에서 실천성을 발휘하는 것이 가능하다면 바로 이를 두고 말하는 것이 아닐까 한다.

이제 식민지를 더욱 구체적이고 실감나게 이해하기 위해서는 아래로부터의 시각을 더욱 많이 도입할 필요가 있으며, 이를 위해서 보다 정교화된 개념적 도구의 도움을 받아야 할 필요가 절실하다고 하겠다.

3장

'만들어진 기억'과 국민 형성
—한국에서의 기억 연구와 그 과제

1. 왜 기억인가

근대역사학은 실증주의에 바탕을 두고 민족의 역사 곧 '국사'를 그 틀로 삼아 발전해왔다. 실증주의는 문헌자료를 중심으로 한 물질자료를 그 객관성과 과학성의 토대로 삼는 것으로서, 변질하기 쉽고 손에 잡히지 않으며 따라서 신뢰하기 어려운 기억이라는 자료는 실증주의를 변질시킬 수 있는 것으로 간주되어왔다. 기억이 실증주의를 회의하게 하는 것이라면, 기억은 나아가 민족의 역사로서의 근대역사학을 근본적으로 위협할 수도 있게 될 것이다. 하지만 기억이란 쉽게 잡아서 간단히 요리할 수 있는 그런 대상이 아니다. 다음의 사례를 통하여 기억이란 무엇인가를 살펴보자.

해방 60주년을 맞이하여 KBS에서는 '8·15의 기억'이라는 특별 프로젝트를 편성하여, 다양한 분야에서 활동했던 40여 명의 증언을 채록하였다. 그 가운데 다음 두 개의 증언을 들어보자. 앞의 증언은 만주국의 고등문관시험에 합격하여 만주국 신경의 세무서장으로 근무하다가 해방을 맞은 사람의 것이고, 뒤의 증언은 일본의 고등문관시험에 합격하여 하동과 창녕 등에서 군수로 근무하다가 해방을 맞이한 사람의 증언이다.

가령 그 당시 사업가로서 박흥식, 또 한국의 유명한 김성수 선생 같은 사람들이 무슨 일본 제국주의에 충성을 하려고 장사를 하고, 학교를 세웠다고는 생각 안 해요. 그 사람들도 '우리 민족, 우리나라 학생들이 일본 놈보다 다만 얼마라도 나은 교육을 받아서 이기게 만들 수 없을까' 라는 생각을 했어요. 그건 나도 마찬가지고요. 지금 와서 친일이다 반일이다 하지만 그때는 당면한 경쟁자가 일본 놈이었으니까 일본 놈을 누를 수 있는 자리가 있으냐, 또 일본 놈을 누를 만한 돈이 있느냐에 다들 관심이 있었어요. 그리고 거기서 좀 더 나아간 사람들이 '독립을 해야 한다', '돈을 벌어야 한다' 대신에 '독립을 하면 잘 산다' 라는 생각을 한 거예요. 참으로 훌륭한 사람들이죠. 그런 생각을 한 사람들을 우리도 존경하는 거예요.[1]

요즘 보면 (식민지기에 관리를 한 사람들이―인용자) "당시에는 먹고 살기 위해서 어쩔 수 없었다"는 변명들을 많이 하는데, 물론 그런 측면도 있습니다만, 제 생각에는 먹고사는 것도 정도의 문제라고 생각합니다. 고생스럽게 살 수도 있고 좀 편하게 사는 수도 있는데, 친일한 사람들은 편하게 살겠다는 생각이 앞선 거예요. 그러니까 고생하면 일본

---

1) 김규민, 〈차라리 만주국 관리가 낫다〉, 《8·15의 기억―해방공간의 풍경, 40인의 역사체험》, 한길사, 2005, 220~227쪽.

에 협력하지 않고도 살 수 있는데, 보통 사람으로서는 그걸 견디기 힘드니까, 인간 품격이라고 할까 수련이라고 할까, 그런 것이 깊은 사람이 아니면 여간해서는 고난의 길을 스스로 택하기 어려운 거죠.[2]

두 사람은 모두 만주국과 조선에서 고등문관시험에 합격하여 관리로 근무했다는 공통의 경험을 가지고 있음에도 그런 경험에 대한 기억은 판이하게 다르다. 만주국에서 관리로 근무했던 전자는 일본인과의 경쟁을 내세워 그 경험을 합리화하는 데 중점을 두고 있지만, 조선에서 관리로 근무했던 후자는 일본에 협력한 경험을 수치스런 것으로 보고 사죄하는 입장에 서 있다. 이런 입장의 차이는 만주국과 조선이라는 근무지의 차이나 개인 환경, 이력의 차이 등을 반영하고 있을 터이다. 하지만 두 사람이 다른 하나의 공통성을 보이고 있다는 점에도 유의할 필요가 있다. 양자는 모두 일본에 협력하지 않고 고난의 길은 걸은 사람 곧 독립운동을 한 사람들에 대한 지극한 존경심을 표하고 있다는 점이다.

여기에서 '기억이란 무엇인가' 하는 데에 대한 몇 가지의 시사를 발견할 수 있다. 첫째, 기억이란 사람에 따라 매우 다양할 수 있다는 점이다. 고등문관시험을 거쳐 식민지의 관리로 근무한 유사한 이력에도 불구하고, 위 두 사람의 그에 대한 해석이나 기억은 판이하다는 점에서 기억의 다양성을 확인할 수 있다. 둘째, '공식기억'이라는 것이 존재하며, 이는 한 사회를 구성하는 대부분의 사람들에게 개인적 기억을 뛰어넘는 규정력을 발휘하게 된다. 위의 두 사람은 식민지 관리의 경험에 대한 상이한 기억에도 불구하고 독립운동가

---

2) 이항녕, 〈민족 앞에 부끄러운 사람이 되어〉, 《8·15의 기억—해방공간의 풍경, 40인의 역사체험》, 한길사, 2005, 198~203쪽.

에 대한 최상의 존경을 표시하고 있는데, 이를 공식기억이라고 부를 수 있을 것이다. 이런 공식기억은 식민지 관리의 경험을 마감한 후 곧 해방 후에 형성되었을 가능성이 농후하다. 또한 식민지기의 경험을 합리화하는 데에 유용하게 기능하고 있을 것이다. 셋째, 이런 점에서 기억이란 언제나 유동적이고 변화하는 것이라는 점을 확인할 수 있다. 해방 후에 형성된 공식적인 기억을 수용하는 과정에서 식민지기 관리 경험에 대한 기억도 이와 조응할 수 있는 방식으로 변경되었을 것이다.

이처럼 기억이란 한 사회를 대표하는 공식기억을 중심으로 형성되는 것이지만 개인적으로는 각기 다양한 기억을 가지고 있을 뿐만 아니라, 다양성을 가진 그 개인적인 기억도 시대와 사회의 변화에 따라 유동하게 되는 것이다. 또한 공식기억은 언제나 개인적인 또는 집단적인 기억의 변화에 영향을 받게 마련이며, 그에 따라 변화한 공식기억에 의해 개인적이거나 집단적인 기억은 다시 변하게 될 것이다.

2. '기억을 둘러싼 내전'

공식기억이란 역사와 민족의 상생관계 위에서 수립되는 기억을 말한다. 이를 역사–기억이라고 할 수 있을 것이다. 근대역사학이 국민국가(nation-state) 수립과 국민 만들기(nation-building)에 기여해왔다는 것은 이를 두고 일컫는 말일 터이다. 역사–기억이라고 할 때, 역사는 국민국가의 합법성을 강조하는 역할을 수행하며, 기억은 민족감정을 고양시키는 데 기여한다.[3] 해방 이후 한국에서도 기억과 민족의 상생관계 위에서 '기억의 총동원' 작업이 수행되어왔다. 특히 식민지기의 기억에 대해서 한국의 기억 총동원 작업은 집중적인 관심을 가지고 있었다. 위에서 본바, 독립운동에 대해서는 최상의 찬사를 보내야 하는 것으로 공식기억이 만들어져왔다고 할 수 있다. 이와 아울러 대한민국의 정체성 형성과 국민 만들기에도 기억의 총동원 작업은 결정적인 역할을 수행하고 있었다.

해방 후 한국에서 공식기억 곧 역사-기억을 능동적으로 재구성하는 데에는 매우 많은 요소들이 기여해왔다. 국가가 주도하는 공식적인 요소들, 곧 각종 기념일, 기념식, 기념물(기념비, 기념관 등) 등을 먼저 거론할 수 있으며, 역사학을 비롯한 학문 연구와 학교 교육 등의 학문적 요소 그리고 기타 문학, 영화, 드라마 등의 문화적 요소를 거론할 수 있다. 그중에서도 가장 중요한 역할을 수행한 것은 국가 주도의 공식적인 요소와 학교교육이라 할 수 있을 것이다.

공식적인 요소가 얼마나 큰 영향력을 행사하는가는 기념일의 사례를 통해 확인할 수 있다. 한국의 공식 4대 경축일은 삼일절, 제헌절, 광복절, 개천절이다. 그중에서 삼일절과 광복절은 식민지 시기의 대표적 저항운동인 3·1운동과 식민지로부터의 '해방'을 기념하는 날이고, 제헌절은 헌법 제정 및 국가 수립을 기념하는 날이며, 개천절 역시 '민족'의 '신화적' 기원을 기념하는 날이다. 각 국경일은 공휴일로 지정되었으며, 거국적인 기념 행사가 거행되었다. 국경일이 민족의 기원과 저항운동 및 국가 수립을 기념함으로써, 공식기억의 형성에 얼마나 큰 기여를 해왔는가는 이로써 미루어 짐작하기에 어렵지 않다. 이 밖에 6·10만세운동 기념일, 광주학생운동 기념일

---

3) 제프리 K. 올릭, 최호근 옮김, 《국가와 기억》, 민주화운동기념사업회, 2006.

등이 하위 기념일로 제정되어 식민지기 저항운동이 공식기억으로 수립되는 데 기여하였다.

역사학 연구와 초 · 중등학교에서의 역사 교육이 공식기억의 강화에 기여하였다는 사실 역시 논란의 여지가 있을 수 없다. 1980년대까지의 역사학 연구와 학교 교육에서 강조한 식민지상은 수탈과 저항이라는 이분법적 도식 위에 수립된 것이었다. 하지만 이 시기에 강조된 저항운동은 우파 노선에 입각한 운동을 중심으로 한 것이었고, 좌우파 연합전선 운동인 신간회 운동이나 기타 좌파적 노선에 입각한 저항운동은 완전히 배제되어 있었다. 나아가 식민지의 사회상이 수탈과 저항이라는 이분법 위에 수립되어 있었기 때문에, 식민지기 한국인의 '일상' 그리고 일제 지배에 대한 '협력' 행위(이른바 친일행위) 등은 역사 연구와 교육에서 다루어질 수 없었다.[4]

한편 기억은 '망각'을 조직하는 주체이기도 하다. 기억은 망각 위에서만 수립될 수 있다. 식민지에 대한 공식기억이 자리 잡기 위해서는 그와 다른 기억에 대한 망각을 조직적으로 수행해야 한다는 점을 위의 식민지기 공식기억의 형성 과정을 통해서 여실히 확인할 수 있다. 해방 후 국민 만들기 과정에서도 한국전쟁 및 반공국가의 수립과 관련된 사실만이 공식기억으로 자리 잡았다. 현충일에 주로 한국전쟁 희생자들이 기념되었지만, 한국전쟁을 통해 무고하게 희생된 민간인들은 용공분자로 간주되어 공식기억에서 배제되었다. 그 밖에 권위주의 정권에 의해 탄압받고 희생된 사람들도 망각의 대상이 되었다. 이처럼 기억은 망각을 통해서만, 공식기억은 공식적으로 망각되어야 할 대상자들을 배제시킴으로써만 성립할 수 있

---

4) 윤해동, 〈식민지인식의 회색지대―일제하 공공성과 규율권력〉, 《식민지의 회색지대―한국의 근대성과 식민주의 비판》, 역사비평사, 2003.

는 것이었다.

하지만 기억은 언제나 분열적이다. 공식기억에 분열이 일어난다는 것은 기억이 다원화한다는 것을 의미한다. 대개 '과거'와 관련하여 정치적 발전이 일어나게 될 때, 그 정치적 변화와 맞물려 공식기억의 동요현상이 일어나고, 기억의 분열이 본격화하게 되는 것이다. 한국에서도 민주화와 더불어 탈냉전이 진행되면서 탈근대적 시각에 입각한 새로운 역사학 방법론과 인식론이 확산되었고, 이에 따라 역사학계에서는 공식기억에 대한 회의가 일반화하고 구술과 하위 기억에 대한 관심이 증폭되었다.

1987년을 전후하여 전개되기 시작한 한국 사회의 민주화 과정은 먼저 식민지기의 공식기억에 대한 심각한 회의를 불러일으켰다. 그러므로 식민지의 기억이 공론의 장에서 다루어지게 된 것은 그리 오래된 일이라고 볼 수 없다. 먼저 우파 저항운동 중심의 연구에 대한 심각한 회의를 바탕으로 좌파 저항운동에 대한 연구가 본격적으로 시작되었다. 이와 아울러 이른바 '식민지 근대화론'으로 불리는 수정주의적 견해가 제출되어, '식민지를 어떻게 볼 것인가'라는 점에 대한 논쟁도 가열되었다. 또한 민족주의적 공식기억 속에서 완벽히 무시되었던 일본군위안부들의 존재가 드러나면서, 식민지기의 공식기억은 더욱 심각한 분열을 겪을 수밖에 없었다. 이른바 친일·협력자들에 대한 '청산' 요구가 나타난 것 역시 망각을 강요당한 존재들을 기억의 대상으로 환기시킨 전형적인 사례라 할 수 있을 것이다.

이런 공식기억의 위기와 기억의 분열 상황은 가위 '기억을 둘러싼 내전'으로 지칭할 수 있을 듯하다.[5] '내전'이라는 은유가 어울리는

---

5) 김민철, 《기억을 둘러싼 투쟁》, 아세아문화사, 2006.

상황은 '과거청산'에 대한 사회적 요구가 분출하면서 가속적으로 조성되었다. 특히 노무현 정권 들어 '동학농민전쟁'부터 1980년대의 권위주의 정권에 의한 희생자에 이르기까지, 100년 동안 배제되었던 기억을 회복하고, 진상을 규명하며, 보상을 요구하는 일련의 요구가 이어지게 되었다. 과거청산에 대한 요구는 특수한 방식의 기억 창출 방식이라고 할 수 있을 터인데, 이는 다른 사회적 이해를 가진 사람들의 반발을 낳게 되었고, 기억의 분열은 더욱 가속화되었다. 2006년 출간된 《해방 전후사의 재인식》(책세상, 2006)과 《근대를 다시 읽는다》(역사비평사, 2006)는 1980년대 민주화의 성과로 대두한 수정주의적 해석(《해방전후사의 인식》 1~6, 한길사)에 대한 재해석으로 볼 수 있겠지만, 다른 한편으로 이는 새로운 기억에 대한 요구이기도 할 것이다. 특히 《해방 전후사의 재인식》 출간으로 한국 사회의 기억을 둘러싼 내전은 심각하게 진행되는 듯하지만, 이를 그냥 심각한 분열 현상으로만 간주할 일은 아닌 듯하다.

3. 기억(memory)과 기억하기=회상(remembering)

1990년대 후반 이후 과거청산에 대한 요구와 발맞춰 한국에서도 '기억의 붐'이 일어났다고 할 수 있을 정도이지만, 아직도 기억에 대한 관심이 무엇을 의미하는 것인지에 대한 근본적인 질문은 부재하는 것처럼 보인다. 최근 기억 연구에서는 기억을 거대한 기록보조 장치(archives)로 간주하는 주장 곧 체험된 사실이 그대로 보존되어 기억의 심층에 묻힌 채 시간이 흐르다가 어떤 계기 때문에 회복되는 기능을 가진 것으로 보는 주장은 부정되고 있다. 오히려 기억이라는 실재는 없으며, 현재의 자기 위치에 비추어 '과거의 이야기'를 계속 언급하는 기억하기＝회상이라는 과정이 존재할 뿐이라고 보는 것이다. 따라서 기억이란 언제나 유동적이며, 항상 수정되고 표상되기를 거듭하는 것이며, 원형을 보존하면서도 나중에 겪은 체험에 따라 그 위에 새로운 화면이 포개지는 일종의 거듭 쓴 양피지 사본과 같은 것이라고 간주되고 있다.[6] 그런 점에서 기억은 실체론적이고 정태적이며, 회상은 관계론적이고 과정적이다. 회상은 집단적 틀 속에서 수행되며, 사회적 상호작용을 수행한다. 또한 기억은 시간을 파괴한다. 기억은 본질적으로 선택적이고 불확실하며 변덕스럽다.[7] 호미 바바 역시 기억이란 것이 조용한 내적 성찰 행위가 아니라 현재의 상처를 이해하기 위해 조각난 과거를 모으는 고통스런 재구성 과정(remembering)이라고 했다.[8]

그럴 때, 기억 연구가 중시되어야 하는 이유는 무엇인가? 기억과 민족의 상생관계 곧 역사-기억을 해체하고, 식민지에 대한 공식기억과 국민 만들기 과정에서 배제되고 소외된 사람들의 기억을 회복함으로써, 기억을 다원화하는 것 이것이 바로 기억 연구의 목적이 되어야 할 것이다. 이는 역사와 기억의 관계를 다원화하는 것이고, 역사의식의 다양성을 인정하는 것이기도 하다. 정태적이고 형해화된 기억이 아니라, 끊임없이 되풀이되는 기억하기 곧 회상이 기억 연구의 중심이 되어야 하는 것은 이런 이유 때문이다. "역사를 결정하는 저 높은 곳에 서 있는 게 아니라, 역사를 견뎌내고 있는 이 낮

---

6) 테사 모리스-스즈키, 임성모 옮김, 《변경에서 바라본 근대》, 산처럼, 2006, 287~290쪽.
7) 앙리 루소, 이학수 옮김, 《비시 신드롬》, 휴머니스트, 2006, 309~310쪽.
8) 호미 바바, 나병철 옮김, 《문화의 위치》, 소명출판, 2002.

은 곳에 몸을 두는 것, 낮게 그것도 철저하게 낮은 곳에 몸을 두는 것", 이것이 바로 기억하기의 본질이 되어야 할 것이다.[9]

요컨대, 이제 새로운 기억에 대한 요구가 가지는 역편향에 대해서 경계하지 않으면 안 된다. 식민지기의 저항운동이 이제 '망명자사관'이라고 비판되고 있듯이, 식민지의 모습을 일상을 중심으로 재구성해야 한다는 데 대한 관심이 늘어나고 있다. 망명자사관이란 기존 저항운동을 중심으로 한 식민지상이 식민지기에 망명했던 저항운동가들이 중심이 되어 구축한 신화적 체계라는 비판을 지칭한다. 또, 군위안부의 증언을 채록하는 과정에서 군위안부 개개인의 주체성은 완벽하게 무시되고 있다는 비판도 있다. 나아가 1970년 노동운동 과정에서 형성된 '민주 대 어용'이라는 이분법적 사고가 얼마나 신화적인 것인가 하는 데 대한 지적도 그냥 넘겨들을 일만은 아닌 듯하다.

집단기억이란 지배기억 사이의 긴장을 대변하는 것이다. 그러므로 기억의 다원성을 인정한다고 할 때에도, 새로운 집단기억을 창출함으로써 헤게모니를 가진 새로운 지배기억을 만들어내지 않도록 하는 점에 대해서는 경계를 게을리하지 않으면 안 된다. 다시 한 번 강조하거니와, 한국에서의 과거청산 논의가 도덕화하고 또 다른 방식의 기억의 국가총동원으로 귀결되어서는 안 된다는 점을 성찰하지 않으면, 과거청산 논의는 역사의 시곗바늘을 거꾸로 돌리는 역할만을 수행하게 될지도 모를 일이다.

---

9) 오카 마리, 김병구 옮김, 《기억 서사》, 소명출판, 2004.

3부
'협력', 근대화, 민족주의, 그 삼각의 딜레마

1장

민족주의는 괴물이다

1. 문제제기―민족주의는 괴물이다

민족주의는 '괴물'이다.《국민이라는 괴물》[1]의 이름을 단 책이 번역된 바 있고,《국민이라는 노예》[2]라는 이름의 단행본도 출간되어 있지만, 실은 국민이나 민족이 괴물이나 노예가 아니라 민족주의가 바로 괴물이다. 민족이라는 집단적 실체가 있어 이를 바탕으로 민족주의라는 이데올로기기가 만들어지는 것이 아니라 민족주의라는 이데올로기가 민족이라는 집단을 만들어내기 때문에, 민족이 민족주의에 우선하여 괴물이 될 수는 없는 일이다.

이제는 현대의 고전으로 자리 잡은《상상의 공동체》[3]라는 책에서

---

1) 니시카와 나가오, 윤대석 옮김,《국민이라는 괴물》, 소명출판, 2002.
2) 김철,《국민이라는 노예》, 삼인, 2005.
3) 베네딕트 앤더슨, 윤형숙 옮김,《상상의 공동체》, 나남, 2002.

베네딕트 앤더슨(Benedict Anderson)은 민족을 상상의 힘에 의해 구성된 집단이라고 규정한다. 민족이라는 집단이 상상력에 의해 만들어진 것이므로 민족은 곧 허구이므로 실체가 아니라거나 민족이 현실 속에 존재하지 않는다는 것은 아니다. 오히려 집단적 상상 또는 민족주의라는 이데올로기에 의해 구성되는 집단인 민족은 어쩌면 인류 역사상 가장 강력한 힘을 가진 집단적 실체인지도 모른다. 민족은 허구의 산물이다. 민족은 혈통, 문화, 언어 등의 요소를 공유하는 하나의 동질적 집단이라는 논리 곧 '허구적 동일성의 논리'에 의해 상상되고 유지되는 집단이다. 그럼에도 이런 허구에 의해 유지되는 민족 집단은 현실을 강력하게 규정하는 집단적 실체이기도 하다. 민족이 허구이자 실체라는 지적은 모순적인 것이 아니다. 허구에 의해 구성된 집단적 실체로 현실에서 강력한 힘을 발휘하는 것이 바로 민족이라는 집단이다. 민족이 허구이자 실체라는 점을 망각한다면 민족주의가 구성하는 현실을 제대로 바라볼 수 없게 될 것이다.

민족주의란 국민국가의 구성원을 민족이라는 동질적인 집단으로 의제화하기 위한 이데올로기로서, 안으로는 내부구성원 간의 계급갈등이 내포되어 있으며, 민족 내부의 역학관계 또는 국가 간 체제의 역관계에 따라 외부로 표출되는 성격을 달리하게 된다. 다시 말하면 민족주의는 이런 가변성을 항상적인 자기 정체성의 일부로 간직하게 된다는 것이다. 그러므로 각국의 민족주의가 형성되고 운동하는 시기의 국가적 · 사회적 특성이 각국의 민족이론에는 반영될 수밖에 없는 것이다. 대개 식민지배를 경험한 사회의 경우, 민족해방을 위한 저항운동 또는 새로운 국가건설 과정에서 민족주의의 성격이 주조된다. 민족집단은 혈통, 언어, 종교, 문화 등의 원초적 요소를 공유하는 동질적인 집단으로서 영속성을 가진다는 민족이론을 원초주의적 민족이론이라고 부른다. 이에 반해 '인민주권론' 곧 모든 인민이 동등하게 통치의 주체가 될 수 있다는 인식이 발전하거나 수용되지 않은 채 신분제가 유지되고 있는 사회의 경우에는 민족집단이 형성되지 않으며, 산업화가 진행되어 사회의 분화가 수행되고 인민주권론이 수용된 이후에야 근대적 민족집단이 형성될 수 있다는 민족이론이 도구주의적 민족이론이다. 세상의 모든 민족주의는 원초론과 도구론을 양 극단으로 하는 스펙트럼 가운데에 위치해 있다고 볼 수 있을진대, 한국의 근대 민족주의가 그 스펙트럼의 어디쯤에 위치하고 있는지는 자명한 일이라 할 수도 있겠다. 이처럼 저항 민족주의를 속성으로 하는 한국의 민족주의가 원초론적 민족이론 위에 구축되어 있다는 점은 지극히 당연하다고 할 수 있을 것이지만, 다른 한편으로 그것은 단지 수많은 민족주의의 한 유형에 지나지 않을 뿐 아니라 역사적 국면의 특수성을 반영하고 있다는 사실도 확인해둘 필요가 있을 것이다.

이처럼 역사성 특수성을 반영하고 있는 근대 민족주의를 괴물이라고 부르는 이유는 무엇인가? 그것은 이데올로기로서의 민족주의가 가진 특성 때문이다. 한국의 민족주의 나아가 여타 국가의 모든 근대 민족주의는 매우 이해하기 힘든 양면성을 언제나 발휘해왔다. 또한 이데올로기로서의 민족주의는 언제나 이데올로기로서는 결여의 조건을 갖추고 있다. 민족주의는 이데올로기로서는 실격이라는 말이다. 민족주의가 가진 이런 특성은 민족주의가 활성화될 때마다 국가의 안팎으로 배타적인 과격함을 휘두르게 만든다. 여기에서는 민족주의의 양면성과 민족주의가 가진 이데올로기로서의 조건이 부여하는 특성 등을 살펴봄으로써 민족주의가 가진 괴물로서의 조건을 특정해보고자 한다.

2. 민족주의의 양면성

먼저 근대 민족주의 일반이 가진 양면성에 대해 검토해보자. 민족주의가 가진 양면성은 그 성격과 기능의 두 가지 측면에서 살펴볼 수 있다. 먼저 근대 민족주의는 대부분의 경우 평등주의를 조장하고 식민지 저항의 조건을 형성한다는 점에서 한 사회의 이데올로기로서는 긍정성을 가진다. 하지만 같은 모습의 이면 곧 평등주의의 이면에는 집단주의가 얼굴을 가리고 있고, 저항성의 이면에는 배타성이 감추어져 있다. 평등주의와 저항의 이데올로기로서의 민족주의는 집단주의와 배타성의 이데올로기가 음화(陰畵)로 덧칠해져 있었던 것이다.

다시 말하면 평등주의 이데올로기로서의 민족주의는 민족집단을 형성하는 강력한 통합의 이데올로기이기도 하다는 것이다. 하지만 그 통합성의 이면에서는 통합으로부터 배제된 경계 밖의 대상에 대한 배타의 논리가 자연스럽게 작동한다. 민족의 일원으로 호명된 사람과 그로부터 배제된 사람 사이에는 넘어서기 힘든 높은 경계가 둘러쳐지는 것이다. 하지만 그 경계는 자연스런 것이 아니다. 그 경계는 역사적 필요성에 따라 항상 새롭게 그어지는 것이다. 그러므로 민족을 구성하는 대상은 필요성에 따라 항상 경계를 넘나들 수밖에 없는 대상이기도 하다. 근대 민족주의는 내부의 평등주의를 조장하고 이를 통하여 민족집단의 통합성을 제고하려고 하지만, 바로 그 때문에 민족집단에 포섭되지 못한 안팎의 대상에 대해서는 배타성을 발휘하게 되는 것이다. 이것이 민족주의가 가진 성격 면에서의 양면성이라고 할 수 있겠다. 하지만 근대 민족주의가 가진 배타성은 우리의 현실을 분열시키는 데에 만족하지 못하고 미래까지도 음울한 모습으로 채색해갈 것이다.

다른 한편 민족주의는 대개 '홀로 서기 어려운' 곧 부차적인 이데올로기로 규정된다. 다른 이데올로기와 결합하지 않으면 민족주의는 단독자로 행동하지 못한다. 다시 말하면 민족주의는 그것이 기능할 때에도 양면성을 가지게 되는 것이다. 예를 들어 민족주의와 민주주의가 결합하는 양상을 검토해보자. 한국의 경우에도 근대 민족주의와 민주주의의 결합이 언제나 불행한 것만은 아니었다. 민족주의는 민주주의를 조장하기도 하고 장애요소로 작용하기도 하였던 것이다. 개항기로부터 일제 식민지배기에 걸친 시기의 민족주의는 민주주의가 작동하는 온상이자, 민주주의를 수용하는 용기 역할을 수행했다. 민족주의는 사회 내부 구성원 사이의 평등을 내세우고 민주주의를 진작시킴으로써, 민족집단의 결집력을 높이려 하였다. 하지만 해방 후의 민족주의는 대개 민주주의의 활성화에 부정적인 역할을 수행했다. 대표적으로 박정희는 자신의 자유민주주의를 건전한 민족주의의 바탕 위에 존재하는 것이라고 주장하면서, 자주와 자립의 민족의식을 가진 연후에야 올바른 민주주의를 가질 수 있다고 강변했다. 이것이 바로 1960년대의 '민족적 민주주의'이자 유신시기의 '한국적 민주주의'였다. 민족적 민주주의 또는 한국적 민주주의는 일차적으로 자유민주주의의 실현을 주장하는 논리를 비판하기 위한 무기로 사용되었으며, 결국은 한국에서 서구식 자유민주주의는 유예되어야 한다는 논리로 나아가 민주주의를 후퇴시키는 기능을 했다는 것은 두루 잘 알고 있는 사실이다. 2차적 이데올로기로서의 민족주의는 이처럼 다른 이데올로기와 결합하지 않으면 자신의 발로 설 수 없다는 특징을 가지지만, 그것이 민족주의가 가진 양면성 가운데 어떤 측면과 결합할 것인지는 그 역사적 국면의 특수성에 의해 좌우되는 것이었다.

민족주의가 가진 '천사'의 얼굴과 그 이면에 감추어진 '악마'의 얼굴은, 근대 세계체제가 가진 극단적인 양면성 또는 이중성을 반영하고 있을 터이다. 근대 이성이 이루어낸 인간의 해방과 풍요로운 생활 조건은 그 자체로 사상 유례없는 것이지만, 인간을 절멸로 몰고 갈 수 있는 생태계의 위기와 무기 개발·전쟁의 참화로 인해 근대 이성으로 하여금 그 자체로는 정당화되기 어렵게 만든다. '해방으로서의 이성'이 표상하는 '희망'은 '도구로서의 이성'이 드러내는 인간의 '절망'을 모두 감당하지 못한다. 그리하여 영국의 저명한 역사학자 에릭 홉스봄은 20세기를 극단적인 희망과 절망이 교차하는 '극단의 시대'라고 호명했다.[4] 인간을 절멸로 몰고 갈 수 있는 20세기의 전쟁과 대량학살은 모두 민족주의로부터 발원한 것이었다. 근대 민족주의는 각 민족 집단의 희망을 가장 효과적으로 결집시켰지만, 인간으로서의 절망을 가장 날카롭게 보여주었던 것이다. 이처럼 민족주의는 건강성을 가지기도 하지만 병적인 성격도 아울러 가지는 양면성 또는 이중성을 그 특징으로 한다.

---

4) 에릭 홉스봄, 이용우 옮김, 《극단의 시대: 20세기의 역사》 상·하, 까치, 1997.

3. 이데올로기로서의 민족주의

이데올로기로서의 민족주의가 가지는 가장 중요한 특징 중의 하나는, 앞에서 본바 민족주의가 가진 양면성 또는 부차성과도 관련된 것이지만, 이데올로기로서는 결여태로만 존재한다는 사실이다. 민족주의는 인간이 추구해야 할 이상적인 삶의 모습을 제시할 능력을 가지지 못했다. 이런 민족주의가 19세기 이후 인류사를 채색함으로써 인간의 갈등과 전쟁을 부추겨왔다는 것은 아이러니라 할 수밖에 없다. 하지만 민족주의가 국가종교, 정치종교 또는 시민종교로 역할하면서 근대 세계에서 득세한 이유 역시 여기에서 찾을 수 있다. 여기에서는 민족주의가 가지는 국가종교 또는 시민종교로서의 기능을 통하여 이데올로기로서의 결여태를 확인해보고 싶다.

모든 시대의 모든 인간에게는 안전을 향한 욕구 그리고 공동체에서의 집단 보호를 위한 욕구가 잠재되어 있다. 근대사회로 접어들면서 개별화하고 분자화한 '개인'은 '세속화'한 종교로부터 전적인 위안을 얻지 못했다. 개인에게는 자신의 안전과 보호를 의탁할 세속적 대상이 필요하게 되었고, 민족 또는 국가는 스스로를 '성스러운' 존재로 신성화함으로써 집단적 신념의 대상이 되고자 하였다. 이리하여 '자유로부터 도피'하는 '고독한 대중'을 유도하여 민족주의는 자신의 말을 믿게 만들었다. 고독한 대중은 언제라도 민족주의에 취할 준비가 되어 있었던 것이다. 민족주의는 민족이라는 이름으로 호명된 개인에게 '선민'으로서의 의식을 부여하고, '선민'이 된 개인은 민족집단의 구성원으로서의 자부심과 위안을 얻게 되는 것이다. 자본의 상품광고든 스포츠 민족주의에서든 언제나 '대한민국'의 대표성이 내세워지며, 이로부터 '민족'은 위안을 얻고자 한다. 그럼에도

'대한민국 대표' 속으로 언제나 개성은 용해되고 만다는 점을 자각하지 않으면 안 된다. '민족주의는 아편'이라는 지적 역시 민족주의가 가지는 시민종교로서의 역할을 거론한 것일 터이다.

이리하여 국가종교 또는 시민종교가 된 민족주의는 일상생활에서 위안을 얻게 하는 믿음의 체계와 이를 위한 상징과 의례를 필요로 한다. 대표적으로 이승만은 정권 초기에 국시(國是)로 '일민주의(一民主義)'라는 것을 내걸고서 다음과 같은 구호를 외치고 있었다. "우리 민족은 하나다. 국토도 하나요 정신도 하나요 생활에도 하나요 대우에도 하나요 정치상 문화상 무엇에도 하나다." 이를 통해서 민족주의가 얼마나 맹목적이고 집요하게 민족집단의 단일성을 강조하고 있는지를 알 수 있을 터이지만, 또한 민족이 하나라는 구호의 이면에서 확인할 수 있는 것은 '여기에 새로운 사회에 대한 비전은 아무것도 없다'는 역설뿐이다. 그럼에도 민족이 하나라는 구호 속에서 나아가 그로부터 배제된 사람과의 비교를 통해서 사람들은 소극적이나마 '희미한' 위안을 얻을 수 있었다.

이와 아울러 민족의 '성인'과 전국에 산재한 각종 민족 '성지'가 개발되고 활용되었다. 예를 들어 단군은 민족의 혈통적 단일성을 상징하는 '성인(聖人)'으로 추앙되었고, 단군의 탄신일이라고 추정된 개천절은 민족의 '성일(聖日)'이 되었으며, 강화도 마니산은 민족의 '성소(聖所)'가 되었다. 이리하여 신화는 하늘에서 땅으로 내려와 민족을 위한 '땅 위의' 새로운 신화로 거듭나게 되었다. 각종 기념일이 새로 제정되었으며, 이를 통하여 1년 단위로 주기적으로 반복되는 '국가력(國家曆)'이 수립되어 국가적·민족적 의례체계가 완성되었다. 이런 민족의 상징과 의례체계는 국가종교 나아가 시민종교로서의 민족주의를 완성시켜주었다. 그럼에도 이런 민족주의에서 민족이 하나라는 구호 외에 어떤 이데올로기로서의 체계도 확인할 수 없다.

이는 민족주의가 유적 존재로서의 인간의 보편성을 담아낼 능력이 없다는 말이기도 하다. 그럼에도 민족주의는 언제나 특수성과 보편성 사이를 왕래한다. 아주 역설적이게도 저항의 이데올로기로 작용할 때는 특수성을 강조하지만, 침략의 얼굴을 드러낼 때에는 보편성의 모습으로 치장하고자 노력한다. 일본 제국주의가 '대동아공영권' 논리로 치장하고 아시아 약소민족의 구원을 내세워 제2차 세계대전을 일으켰을 때, 일본의 민족주의는 보편주의를 가장하고 있었다. 패전 후 일본의 민족주의는 보편주의를 거두고 특수성을 내세워 단일민족의 논리로 후퇴하였다. 여기에 민족주의의 또 다른 위험성이 내재해 있다고 할 것이다. 민족주의가 가진 저항성이 마모되어 특수성의 논리를 회수해야만 할 때 민족주의는 보편주의로 자신을 새로이 가꾸는 노력을 거듭할 것이지만, 어디에서도 인간의 보편적이고도 이상적인 삶의 모습을 제시할 능력을 확인할 수는 없기 때문이다. 이처럼 이데올로기로서의 민족주의는 결여태로서만 존재하는 것임을 확인할 수 있다.

이데올로기로서는 결여태로만 존재하는 근대 민족주의는 역설적이게도 그 기원을 제국주의에서 확인할 수 있다. 민족주의는 제국주의 지배의 산물이고 그리하여 제국주의의 모습을 닮았다. 한나 아렌트는 이를 두고 '제국주의의 딜레마'라는 표현을 사용하였다.[5] 전근대의 제국과는 달리 근대 제국주의는 국민국가의 산물이다. 국민국가가 제국주의 정복자로 나타나면 반드시 피정복 민족은 민족의식

---

5) 한나 아렌트, 박미애 옮김, 《전체주의의 기원》 1, 2006, 한길사(원저는 Hannah Arendt, *The Origins of Totalitarianism*, Harcourt Brace Javanovich, 1951).

과 자치에 대한 요구를 자각하게 된다는 것이다. 왜냐하면 근대 제국주의는 국민주의적 지배의 형태를 취하기 때문이다. 식민지의 민족주의가 저항민족주의의 모습으로 나타난다는 지적은 바로 이런 제국주의의 딜레마를 거꾸로 표현한 것일 터이다. 식민지의 저항민족주의는 제국주의 민족주의를 모방한 것―물론 동일한 것일 수는 없지만―에 지나지 않는 것이었다. 일본 제국주의의 민족 상징과 의례를 현대 한국의 민족 상징 및 의례와 비교해보면 그 유사함에 놀라지 않을 수 없다. 예를 들어 일본 신화로부터 유래하는 기원절(紀元節)과 한국의 개천절은 어떤 차이가 있을 수 있을까?

　문제는 식민지의 저항민족주의가 제국주의 민족주의를 모방한 것이었다는 사실에 있는 것이 아니라, 저항민족주의가 제국주의적 욕망조차 모방하고자 한다는 점에 있다. 해방 후 한국의 민족주의는 세계 속에서 '군림' 하는 한국이라는 이미지를 만들어내었다. 현대 한국 자본주의가 아제국주의(亞帝國主義)의 면모를 지니고 있다는 사실은 독점자본의 세계화에 수반하여 꾸준히 지적되어왔다. 자본이 내세운 '세계경영', '세계진출', '세계화' 등의 슬로건은 한국인들의 군림하고자 하는 아제국주의적 민족주의의 욕망을 충족시킴으로써 국내의 사회적 분열이나 계급적 불만을 미봉하는 역할을 수행해왔던 것이다. 동남아시아에 진출한 한국 자본의 천민자본주의적 노동관리가 국제사회에 물의를 일으킨 것이 다반사였으며, 이 지역에 진출한 한국인들의 오만과 추태에는 이미 익숙해져 있지 않은가? 또한 민족주의는 이런 군림하는 모습을 과거의 역사 속에서도 조형함으로써 신화로 '승격' 된다. 과거와 현실 속에서 만들어지는 아제국 또는 아제국주의의 모습은 한국의 민족주의를 신화로 만드는 두 개의 계기로 작용한다. 제국주의로 상승하고자 하는 욕망을 민족주의는 그 신화를 통해서 충족시키고자 하는 것이다.

이처럼 이데올로기서는 결격사유를 가지고 있음에도 제국주의적 욕망을 모방하고자 하는 한국의 민족주의를 언제까지 정당화할 수 있을 것인가? 현대 한국의 민족주의를 정당화하고자 하는 논리는 대개 다음의 두 가지 근거에 입각해 있는 듯하다. 하나는 통일민족 국가 수립을 위한 이데올로기가 민족주의라는 점이고, 다른 하나는 한국의 민족주의가 '죄수의 딜레마'를 표현하고 있다는 점이다. 먼저 통일민족주의에 대해 살펴보자. 민족주의는 대개 근대 국가 형성의 이데올로기로 기능해왔다. 그럼에도 한국의 근대 민족주의는 민족국가(nation-state)의 형성 곧 통일국가를 수립하지 못했기 때문에 아직 그 임무를 완성하지 못했다는 것이다. 그리하여 '민족주의는 통일이 되는 그날까지 결코 폐기해서는 안 된다'는 논리적 근거 위에서, 근대 민족주의를 비판하는 사람들의 머리 위에 비난이 '폭포'처럼 쏟아지고 있다. 분단 상황은 민족 중심의 통일 논리에 의해 변화할 수밖에 없다는 논리가 지배적인 것이다. 이런 논리는 '일민족 일국가론'으로부터 연원하는 것일 터인데, 이는 두 개의 '국가'가 적대하고 있는 현실을 무시하는 발상에 지나지 않는다. 한국(대한민국)과 조선(조선민주주의인민공화국)이라는 두 개의 국가가 상호 '적대적으로 의존'하고 있는 남북한 대치국면에서 '분단시대의 논리' 또는 '민족지상의 논리'로 해결할 수 있는 것은 역으로 아무것도 없다. 다만 상호 적대감을 증폭시키는 역할만을 수행할 수 있을 따름이다.

둘째, 현대 한국 민족주의는 언제나 '죄수의 딜레마'로 포장되어 정당화된다. 정말 현대 한국의 민족주의는 '죄수의 딜레마'를 표현하고 있는 것인가? 최근 한·중·일 삼국의 역사인식 문제나 영토 문제가 제기될 때에는 언제나 이 논리가 민족주의를 유지해야 할 필연성을 포함하고 있는 듯이 내세워져왔던 것이다. 그게 일본이든 중국이든 그 상대방의 태도나 전술의 변화에 따라 한국의 태도는 결정되는 것처럼 보인다. 상대방이 성찰적인 사고를 하지 않는 한, 이쪽도 민족주의를 성찰적으로 사고해서는 안 된다는 논리가 득세하고 있는 것이다. 이런 논리가 유지되는 한, 일본과 중국이 민족주의를 버리지 않으면 한국의 민족주의도 영원히 폐기되지 않을 것이다. 또한 자국중심적인 역사관을 유지하면서 민족주의에 집착하는 한, 동아시아 지역의 대립 구도 역시 영원히 깨어지지 않을 것이다. 그렇다면 무엇으로 동아시아의 지역 구도를 변화시키고 연대를 강화하여 평화를 정착시킬 수 있을 것인가?

이처럼 현대 한국 민족주의의 성격을 특징짓고 있는 '통일민족주의'와 '죄수의 딜레마' 논리로는 남북한의 분단도 민족주의로 적대화된 동아시아의 현상도 타개할 수 없다는 것은 자명하다.

4. '괴물로서의 민족주의'를 넘어서

민족주의는 죽음의 이데올로기이다. 아니 죽음을 조장하는 이데올로기이다. 국가와 민족을 위해서 죽을 수 있는 '용기'는 가장 중요한 국민으로서의 덕목을 구성해왔다. 이런 죽음에의 용기는 의무교육과 국민개병제도를 통해 조장되고 육성되어왔다. 예를 들어 한국전쟁 중에 제정된 '멸공의식 함양을 위한 우리의 맹세'라는 강령의 제1조는 "우리는 대한민국의 아들딸, 죽음으로써 나라를 지키자"라는 것이었다. 이는 일종의 국민적 강령으로 제정되어 교육되었으며, 심지어는 의무적으로 출판물에 게재하도록 강제되고 있었다. 계급을 위해 죽고자 하는 민족국가의 시민은 드물지만, 민족을 위해 죽고자 하는 국민은 언제나 줄을 서서 대기해왔다. 국민은 언제나 죽음을 동반한 정체성을 배워야만 했던 것이다.

이런 죽음에의 용기는 민족주의가 가진 휘발성과도 관련되어 있다. 민족주의는 강력한 휘발성을 가지며 그리하여 언제나 과격하다. 이런 민족주의가 가지는 과격성은 이데올로기로서의 민족주의가 가진 실격성을 반영하는 것이리라. 또한 민족주의로 포장된 활동에는 언제나 익명성이 동반된다. 익명성 속에서 민족주의의 과격성은 발휘될 여지를 확보하게 되는 것이다. 이처럼 죽음에의 용기로 무장된 민족주의는 어떤 이데올로기도 뛰어넘는 국가종교 나아가 시민종교로서의 역할을 수행해왔다. 현실 사회주의가 내세운 프롤레타리아 국제주의도 민족주의 앞에서는 맥을 추지 못한다. 이미 베네딕트 앤더슨이 그의 저작에서 주장했듯이, 민족해방전쟁을 치른 베트남이 중국의 침략을 받은 것은 이에 대한 훌륭한 예증이다. 베트남을 통일한 호찌민에게도 중국의 개방을 주도하고 있던 덩샤오핑(登小平)에게도, '민족의 이익' 이 프롤레타리아 국제주의에 우선하는 것이었다.

민족주의는 근대 국민국가의 이데올로기서는 '제왕' 의 지위를 누려왔다. 현실적이건 이상적이건 그게 어떤 이데올로기이든, 민족주의와 결합하지 않으면 제대로 기능하지 못할 정도로 현대 한국의 이데올로기 지평은 지극히 협소한 것에 지나지 않았다. 1950년대 이후 지속되어온 반공주의 이데올로기이든, 1960~70년대 정권의 정당성을 구성하는 데 결정적인 중요성을 갖고 있던 발전주의 이데올로기이든, 1980년대 민주화운동의 논리를 이끌고 있던 민주주의 이데올로기이든, 새천년의 화두를 장악하고 있는 세계화 이데올로기이든, 한국사회에서 중요한 역할을 수행해왔던 모든 이데올로기는 민족주의와 일정한 결합 양상을 보이지 않으면 한국사회에서 착근하기가 어려웠다. 민족주의는 이처럼 현대 한국의 이데올로기 지평에서도 절대적인 위상을 차지하고 있지만, 민족주의의 절대성을 극복할 수 없는 한 한국사회의 협소한 이데올로기 지평 역시 변화하지 않을 것이다. 이제 사회적 다양성을 존중하는 '열린 사회'로 진입하기 위해서는 절대적으로 이데올로기 지평을 확대할 필요가 있다. '열린 민족주의'가 아니라, '열린 이데올로기'가 한국사회에는 필요한 것이다.

이리하여 '민족주의는 괴물'이다. 민족주의는 지금까지 괴물처럼 현실을 구성해왔다. 하지만 이제 민족주의를 구성하고 있는 그 괴물로서의 속성 곧 괴성(怪性)에 대해 경계하고 그 속성이 다시 반복되지 않도록 주의해야만 한다. 나아가 민족주의가 또다시 괴물로서의 속성을 반복하지 않도록 하는 최선의 방법을 강구해야 한다. 민족주의가 가진 이데올로기로서의 결여를 메우고 새롭게 함으로써, 인간이 유적 존재이자 보편자로서의 생활을 누릴 수 있는 새로운 인간관계를 창출할 수 있는 미래를 실천으로 열어가지 않으면 안 될 것이다. 다시 한 번 강조하거니와 그게 어떤 민족주의든, '민주화 이후의 민주주의'를 보다 심화시키고 한반도를 지배하고 있는 적대를 삭감시켜 '탈분단'의 조건을 만들며, 나아가 동아시아의 유대를 강화하고 평화를 정착시키는 데에서 어떤 역할도 할 수 없을 것이라는 점은 명백하다 할 것이다.

민족과 문학, 그 불편한 동거

통일민족주의라는 신화

최근 민족주의 담론이 위기에 처하면서 다양한 방어기제가 동원되고 있지만, 그중에서 가장 현저하고 대중적인 설득력을 가진 논리가 바로 통일민족주의라는 신화인 듯싶다. 통일민족주의란 통일이될 때까지는 민족주의를 버려서는 안 된다는 논리이다. 하지만 이는전쟁의 착시효과에 의해 유지되어온 논리로서, 무책임한 낭만주의에 지나지 않는 것처럼 보이기도 한다.

정부 수립 이후 한국전쟁, 베트남전쟁, 냉전 등 한국사회는 전쟁속에서 살아왔고 아직도 살고 있다. 정전 상태라는 것이 전쟁에 대해 무감각하게 만드는 듯하지만, 전쟁의 위기를 항상적으로 내면화하는 역할을 하기도 한다. 한국전쟁은 국민형성 전쟁으로서의 성격을 가지고 있기도 한바, 정전 상황을 통해서 한국은 국민 형성의 과정을 연장시켜온 측면이 있다. 6자회담의 성과로서 조만간 미국과북한이 정전선언을 할 것이라는 전망이 뚜렷이 드러나고 있다. 한반도의 종전 나아가 평화체제의 수립은 국민형성과정의 1차적 종결을뜻하는 것이기도 하다. 그런 점에서 분단이 지속되는 한 민족주의를버릴 수 없다고 하는 '신념'은 단지 정전 상황의 착시효과에 의한것이 아닐까 한다.

분단체제를 극복하고 통일을 이룩해야 한다는 관념 혹은 습관화된 신념은 한국의 근대가 아직 불완전하고 완성되지 않은 '근대' 라는 발상 속에 그 깃을 틀고 있다. 이를 근대에 대한 숭배라고 하지 않을 수 없다. 하지만 근대란 언제나 그런 방식으로만 존재해왔다. 동시성과 비동시성의 공존이 바로 근대의 특성인 것이다. 분단을 미완의 근대로 간주하는 발상에는 이처럼 근대의 속성을 기계적으로 분할하여 한국적 근대의 특수성으로 규정하고자 하는 발상이 가로 놓여 있다. 통일이 될 때까지 민족주의를 나아가 민족주의 문학 혹은 예술을 유지해야 한다는 신념은 이런 기계론적 근대 숭배 사상 위에 자리 잡고 있는 것이다.

역사학계에서 민족주의의 현재적 유효성을 옹호하는 또 하나의 논리는 동아시아 지역통합의 위험성을 경계하기 위해서 민족주의가 필요하다는 것이다. 동아시아 통합이 초래할 위험성을 방어하기 위해서는 민족주의를 폐기할 수 없다는 것이다. 일본이나 중국이 민족주의를 버리지 않았는데, 한국만이 먼저 민족주의를 폐기하는 것은 자신의 무장을 스스로 해제하는 것이라는 지적이다. 이는 바로 게임이론에서의 죄수의 딜레마를 표현하는 데에 지나지 않는다. 우리는 동아시아에서 게임을 하고 있는 것이 아니다. 상대가 무기를 버리지 않는다면 우리도 무기를 버릴 수 없다는 논리는 얼마나 유치한 이기적 상상인가?

한반도 민족주의를 옹호하는 제3의 논리로는 다음과 같은 것이 있다. 민족주의가 가진 근본적인 폐해는 인정하면서도, 전 지구화 시대에 약자의 생존권을 보장하고, 시장근본주의 또는 경제지상주의를 비판하기 위해서라도 아직 민족주의를 폐기해서는 안 된다는 것이다. 특히 제3세계의 물, 식량, 에너지, 환경, 언어 등을 유지하고 보호하기 위해서는 국가의 역할이 지속되어야 한다고 주장한다. 그러나 여기에는 국가의 역할에 대한 중대한 오해가 전제되어 있다. 자본주의의 전개와 독점자본의 성장을 지지하고 주도한 것이 바로 민족국가(nation-state)라는 점을 간과하고 있는 것이다. 단순한 예를 들어 민족국가 표준어를 제정함으로써 절멸로 몰아간 소수언어가 얼마나 많은가? 또한 환경오염의 실질적인 주도자인 자본주의 경제의 성장에 그리고 현재에도 초국적자본의 활동에 가장 크게 기여하고 지지하고 있는 것이 바로 민족국가가 아닌가? 대부분의 민족국가는 고용의 증진에 도움이 된다면, 어떤 초국적자본이든 자국의 영토 내에 엄청난 특혜를 주면서 어떤 부작용이 있고 얼마나 환경을 파괴하더라도, 유치하기를 주저하지 않고 있지 않은가? 세계체제 형성을 주도해온 민족국가와 자본주의를 변화시키지 않으면 새로운 세계를 전망할 수 없다. 그런 점에서 이런 주장은 자가당착적이다. 민족주의와 민족주의가 그 토대를 두고 있는 민족국가의 양면성을 무시하고서, 자기중심적인 논리를 전개하고 있을 따름인 것이다.

문화 본질주의와 문화적 다양성

1950년대 이후 지속되어온 관변의 체제적 민족주의는 국민 만들기(nation-building)를 위한 통합의 이데올로기로 동원된 것이었던 바, 통합의 기제로서 가장 손쉽고 '만만하게' 사용될 수 있었던 것이 '전통 윤리'와 '전통 문화' 곧 '전통'이라는 복합체였다. 전통은 1960년대 이후 산업화가 본격적으로 추진되면서, 분화되고 해체되어가는 사회를 통합하는 가장 유효한 도구가 되기도 하였다. 전통의 강조라는 점에서 이를 '민족문화' 또는 '민족예술'이라고 불러도

손색이 없을 것인바, 저항적 반체제 민족주의가 내세운 전통의 계승·복원이라는 목표가 이와 무관하지 않았음이 이를 증명한다. 곧 민족예술은 관변민족주의가 내세운 전통-민족문화의 파생물이라는 성격을 가진다. 전체주의적인 사회에서나 가능할 법한 '민족-문화'라고 하는, 내적으로 지극히 불편한 관계를 가진 발상이 한국에서 진보적인 행세를 할 수 있었던 사정은 이러한 고고학적 탐색을 통하지 않으면 이해하기 어려울 것이다.

민족문화를 옹호하고자 하는 사람들은 탈식민주의 이론가 프란츠 파농을 많이 원용한다. 프란츠 파농은 민족주의를 독이 든 칼이라고 했던바, 이는 민족주의가 가진 양면성을 지적하는 것이겠다. 민족주의가 가진 양면성은 언제나 지적되는 바이지만, 파농은 이데올로기로서의 민족주의를 부정하고 민족의식만을 긍정적인 개념으로 사용하고 있을 따름이다. 이데올로기로서의 민족주의가 세속종교 또는 시민종교로서의 역할을 수행한다는 사실은 잘 알려져 있다. 민족주의는 이데올로기로 기능하기 위하여 일정한 신념체계와 상징, 의례체계 등을 요구한다. 한국에서의 민족문화(문학, 예술) 역시 민족주의의 신념체계를 형성하는 일에 깊이 관여하고 있었다. 민족문화 또는 민족예술이 존재한다는 관념은 문화적 민족주의의 전형적인 한 양태로 발현하는 것으로, 이는 문화본질주의와 연결될 가능성을 농후하게 가진다. 문화민족주의는 문화의 주체를 민족으로 특권화시키는 것으로, 문화의 민족화 나아가 문화의 국적화를 의미하는 것이기도 하다.

대중예술로부터 출발한 이른바 '한류'가 한류의 정체성을 내세우면서 상업화하는 것은, 원래 문화란 상호 교류와 혼종성을 속성으로 하는 것이라는 점을 무시하는 것이라는 비판은 설득력이 있다. 이런 방식으로 한류를 구속하는 발상이 문화민족주의와 무관한 것이라고 할 수는 없다. 전 지구화 시대에 문화민족주의에 바탕을 둔 민족문화(문학, 예술)가 존재한다는 주장은 문화본질주의에 지나지 않는 것으로 보인다. 원래 문학이나 예술은 인류적 보편성을 가장 근저의 가치로 간직하고 있는 것이 아니던가? 이제 문화민족주의에 입각한 문화본질주의에서 벗어나 문화적 다양성을 승인하고 체화하여야 할 것이다.

　민족은 태생적으로 신성불가침의 영역에 속하는 거룩하고 숭고한 개념이 아니다. 민족주의는 제국주의로부터 출발한 것으로 저항민족주의도 이를 모방한 것이었다. 하물며 민족이라는 개념조차 일본의 번역어를 수입한 것 아니던가? 그런 점에서 민족이라는 용어는 오염된 상태로 태어났고, 원래부터 어긋남을 그 속성으로 하는 것이었다. 한편 '문화'라는 것이 태생적으로 민족, 국가와 친연성을 가지고 있었다는 점을 부정할 수 없다고 하더라도, 다른 한편으로 보편을 그 속성으로 한다는 점을 망각하는 것은 곤란할 것이다. 이제 민족의 통일이 아니라 남북한의 평화적 공존을 이야기할 때가 되었다. 그렇다면 민족과 문학(나아가 예술)의 불편한 동거도 이제 마감할 때가 된 것 아닐까 한다.

2장

'문명의 사다리' 혹은 '사다리 걷어차기'
―이광수와 박정희의 경우

1. 기억을 둘러싼 내전

'친일민족반역자' '청산'을 위한 조사위원회가 국가 주도로 구성되어 현재 조사활동을 진행하고 있다. 식민지배로부터 해방된 지 60주년이 지난 시점에서 식민지배기의 협력자에 대한 조사를 국가가 재개하였다는 사실이 의미하는 바는 무엇인가? 한편으로 식민지로부터의 정치적 '해방'에도 불구하고 '탈식민화'의 과정을 제대로 거치지 못했다는 사실을 말하고 있다고 할 것이다. 그렇다면 '탈식민화'란 무엇인가? 식민지 지배가 남긴 많은 문제를 성찰하고 척결해나가는 과정이라 할 수 있을 것이다. 정치적 · 경제적 · 사회적 · 문화적 '해방'과 아울러, 식민지배를 통해 형성된 물적 조건과 제도 나아가 의식 등에 대한 자기 성찰과 '청산'을 말하는 것이리라. 한국사회가 탈식민화 과정을 제대로 수행하지 못한 데에는 여러 가지 이유가 있겠지만, 미·소에 의한 분할 점령과 분단 그리고 내전으로 인하여 과거를 성찰적으로 다룰 수 있는 기회를 박탈당했던 상황의 변화를 중요한 요인으로 거론할 수 있을 것이다.

1950년대 이후 국가의 통합성이 높아지고 국가적 기억 곧 공식적 '역사'가 확립됨으로써, 과거를 취급하고 기억하는 그 밖의 다른 방식은 억압되었다. 하지만 억압된 기억 역시 그 억압되었다는 기억 때문에 또다시 다른 기억을 억압하고 자신의 기억을 전유하는 방식에 익숙해지게 되었다. 이런 조건은 과거를 둘러싼 '기억의 내전'을 잠복시키는 환경을 조성하게 되고, 언젠가는 전면전으로 비화할 수 있는 조건을 갖추게 되었음을 의미한다. 1987년 이후 민주화가 진행되면서 과거를 기억하는 방식을 둘러싸고, 공식적 역사 곧 국가적 기억과 억압된 기억 사이의 투쟁은 전면화되었다. 다시 말하면 잠복되어 있던 기억의 내전이 폭발하게 되었다고 할 수 있을 것이다.

이런 맥락에서 현재 한국사회는 '기억의 내전'을 제도화된 방식으로 치르고 있다고도 할 수 있을 것이다. 제도화된 기억의 내전이란 바로 국가 주도의 각종 위원회를 통한 '과거사 청산'의 방식을 두고 하는 말이다. 제도화된 기억을 둘러싼 내전은 억압과 전유의 기억 모두를 포괄함으로써 매우 복잡한 정치적·경제적·사회적 맥락을 형성하게 되었고, 이 문제의 복합성을 제대로 이해하지 않은 채 이분법적 논리로 접근한다면 오히려 사회의 분열을 조장하게 될지도 모르는 상황이 조성되었다. 과거의 사실이 한 사회의 분열을 조장하는 사태가 완전히 부자연스럽다고 할 수만은 없다. 하지만 하나의 시각에서 다른 시각을 억압하는 데에만 골몰하게 되면, 과거가 현재를 집어삼키게 될지도 모른다. 과거에 대한 성찰적 접근이 요구되는 것은 바로 이런 이유에서이다.

'기억의 내전'에서 전투를 벌이는 양 진영이 가장 첨예하게 부딪치는 지점에 위치하고 있는 인물을 꼽으려면 단연 이광수와 박정희를 들 수 있을 것이다. 친일반민족행위자재산조사위원회가 출범하게 된 계기 중의 하나로 해방 직후의 '친일·협력자' '청산' 작업이 제대로 수행되지 못했다는 사실 또는 기억을 들 수 있을진대, 청산 작업이 미비했다는 점과 관련해서는 반민특위의 구속 대상이 되었던 이광수의 '변명' 또는 '자기 변호'가 선명한 상징으로 기억되고 있다. 한편 정부·여당이 2004년 법안 개정 작업에 나섰을 때 첨예한 정치적 쟁점이 되었던 사항이 바로 박정희를 친일민족반역자 조사에 포함시키느냐 하는 문제였다. 이런 점에서 친일반민족행위자 청산과 관련한 기억의 내전에서 이광수와 박정희를 둘러싼 기억 또는 해석의 문제가 날카로운 쟁점을 형성하고 있다는 데에는 대체로 동의할 수 있을 것이다.

이광수와 박정희가 제도화된 기억의 내전에서 첨예한 쟁점을 형성하고 있다는 사실은, 그들을 문제 삼고 있는 현재적 삶 자체가 그들이 살았던 시대와 무관하지 않다는 사실 곧 한국 현대사회가 '식민지 근대'의 연장선 위에 위치하고 있다는 사실을 웅변하고 있다고 할 것이다. 바꿔 말하면 식민지배로부터 이어지는 한국 현대사회에서 근대에 대한 욕망 또는 맹목을 가장 잘 체현하고 또한 드러내고 있었던 사람이 이광수와 박정희였다는 점을 말하고 있는 것일 터이다. 한편 이광수와 박정희가 대표적인 청산 대상으로 지목되고 있다는 사실은, 역으로 이들을 청산 대상으로 지목하는 기억의 내전의 반대 진영에도 민족 담론의 차원에서 이들을 비판함으로써 상호 공유하고 있는 근대를 향한 욕망을 은폐하려는 의도가 무의식 중에 잠재해 있는 것은 아닌가 하는 의구심이 없는 것도 아니다.

이와 관련하여 여기에서는 이광수와 박정희를 통해 이른바 '친일 · 협력'의 의미를 살펴봄으로써 일제 잔재 청산, 곧 탈식민화 과정의 맹점을 지적하고, 20세기 한국이 추구해온 '식민지 근대', 곧 한국 근대의 의미를 되짚어보고자 한다. 곧 친일 · 협력자에 대한 인적 청산은 탈식민화 과정의 일부분을 구성할 뿐이며, 이광수와 박정희의 협력 행위는 '문명의 사다리'를 올라가고자 하는 한국인 일반의 근대에 대한 욕망구조와 관련되어 있다는 점을 드러내고자 한다.

2. 문명의 사다리

메이지 시기 일본에서는 '문명의 사다리'라는 사고방식이 문명개화를 추진하는 사람들의 상상력 속에서 현실 관념으로 작용하고 있었고, 좌우를 막론하고 정치에 참여한 사람들은 한국 정부에 대해 문명의 사다리를 한 단계 오르도록 강요하기 위해서 무력을 사용해도 된다는 믿음이 확산되어 있었다. 메이지 시기 가장 유명한 문명개화론자이자 계몽주의자였던 후쿠자와 유키치(福澤諭吉)가 바로 그런 사람이었는데, 그는 김옥균 등을 통하여 갑신정변의 주도자들을 지원하고 있었다. 그의 아시아주의와 탈아론은 '문명의 사다리' 론이 처한 양면성을 잘 보여주고 있다고 할 것이다. 일본이 문명의 사다리를 잘 올라가지 못하면 후진의 미개한 국가로 뒤처질 수밖에 없다는 위기감은, 중국이나 한국과 같은 주변국으로 하여금 문명의 사다리를 잘 오를 수 있도록 강요하지 않으면 안 된다는 일종의 '책임의식', 곧 침략론으로 나타났던 것이다. 한국에 대하여 문명을 강요해야 한다는 사상은 그 후에도 지속되었는데, 1910년 일본 정부의 조선 병합은 이런 구상을 최종적으로 실행한 것이라고도 할 수 있을 것이다. 물론 일본은 한국을 제국주의의 식민지로 만들었지만, 그 배후에는 일종의 문명화에 대한 '사명이데올로기'가 자리 잡고 있었던 것이다.

잘 알다시피 서구 제국주의의 식민지 침략과정에서 '야만인' 혹은 '미개인'을 문명화한다는 '사명'은 특권을 수반한 '백인의 부담'과 관련하여 언급되었다. 여기에는 항상 자신의 문화적 우월성에 대한 확신이 근거가 되었다. 식민자들은 스스로에게 이중의 도덕적 의무, 즉 한편으로는 후진 지역의 주민들에게 서구 문명의 은총을 선사해야 한다는 의무와, 다른 한편으로는 세계경제 전체의 이익을 위해 활용하지 못한 채 썩고 있는 해외의 생산력을 활성화시켜야 하는 의무, 곧 '이중의 의무'를 지고 있다고 주장했다. 앞서 살펴본 바와 같이 일본의 식민주의에서도 이런 사명이데올로기 수사가 풍부하게 이용되었다.

1) 사다리 올라가기: 이광수의 경우

이광수는 러일전쟁 직후 천도교 장학생으로 선발되어 '문명'화하고 있던 일본을 처음으로 경험하였고, 일본을 통하여 서구 근대를 수용하였다. 1915년 재차 도일한 이광수는 조선총독부의 기관지인 《매일신보》를 통하여 근대적 계몽주의자의 모습으로 나타나 한국인들에게 강한 인상을 심어주게 된다. 잘 알려져 있다시피 《매일신보》를 통해 발표된 최초의 근대소설 《무정》에는 한국의 문명화 곧 근대화가, 독립이나 해방과 같은 민족주의적 과제를 포함한 다른 어떤 과제보다 우선하는 한국인들의 숙명적 과제로 간주되고 있다. 한국인이 하루빨리 비문명적이고 야만적인 위치로부터 벗어나기 위해서는 인간성 나아가 민족성을 개조해야 한다고 생각했으며, 무지한 한국의 민중에게 문명화의 필요성을 알려주고 계몽하는 것을 자신의 사명으로 간주하고 있었다.

이광수는 후쿠자와 유키치를 위시한 일본인 문명개화론자들의 문명관 또는 아시아관에 동조하고 있었다. 계몽주의자로서의 이광수에게 일본은 당시 한국이 처한 비참한 모습을 비추는 거울이었고 한국이 따라야 할 모델이었다. 이광수는 제국주의자들이 내세우는 문명화 사명을 자신의 계몽주의적 과제로 수용하고 있었으며, 한국이 근대화하기 위해서는 문명의 사다리를 하루빨리 올라가지 않으면 안 된다는 자각으로 자신의 계몽주의를 가다듬고 있었다. 제국주의 일본의 문명개화론이 피식민지 계몽주의자 이광수에게 문명의 사다리를 매개로 수용되고 있었던 것이다.

《매일신보》에 글을 발표하고 있던 이광수가 매일신보 사장 아베 요시이에(阿部充家)와 친교를 맺고, 그를 통하여 매일신보 감독으로 있던 천황 중심의 국수주의자 도쿠토미 소호(德富蘇峰)와 사제지간의 인연을 맺는 것은 바로 이런 이유 때문이었다. 이광수는 1940년 창씨개명령이 발포되자 바로 이를 실행한 뒤에, 도쿠토미 소호에게 다음과 같은 편지를 보냈다. "옥중에서 병을 앓으면서 깊은 반성과 함께 생각할 수 있는 기회를 갖고 조선 민족의 운명에 대해 확신을 얻게 되었습니다. 이는 무엇보다 다행스러운 일입니다. 조선인은 앞으로 천황의 신민으로서 일본 제국의 안락과 근심 걱정을 떠맡고 나아가 그 광영을 함께 누려야 한다는 사실을 깨닫고 국민 수업에 전념하게 되었습니다. 이제 조선이야말로 천황중심주의로 나아가야 하리라 생각합니다. 왜냐하면 야마토(大和)와 조선 두 민족은 천황을 끈으로 이음으로써 일가가 되기 때문입니다. 이제부터 조선의 올바른 민족운동은 황민화의 한 길만이 있을 뿐입니다(1940년 2월 창씨개명 이후, 〈도쿠토미에게 보낸 편지〉)." 이 편지에서 이광수는 천황중심주의로 나아가 내선일체의 황민화운동에 매진하는 것이 한국인의 과제라는 점을 솔직히 인정하고 있는 것처럼 보인다. 이는 아마 한국이 문명화에 지체했다는 자각과 관련한 다음과 같은 술회와 관련되어 있을 것이다. "나는 지나간 30년 다시 말하면 일로전쟁 이래의 일본의 성장을 목격하였거니와 30년 전의 일본과 금일의 일본을 대조할 때 실로 이 민족의 능력과 노력이 어떻게 위대한 것을 경탄하지 않을 수 없고 동시에 나와 민족이 어떻게 무력한 것을 참괴하지 아니할 수 없다……."

1937년 이후 총력전체제기에 이광수가 이처럼 황민화운동의 전면에 나선 사실을 두고 지금까지 한국 학계에서는 현격한 해석의 차이를 노정해왔지만, 이는 문명의 사다리라는 관념에서 본다면 그리 부자연스러운 것도 아니다. 이광수가 문명의 사다리 올라가기에 실패한 것으로 판명된 한국인에게 황국신민이 되자고 강조했던 사실을 두고, 단순하게 한국인으로서의 정체성을 버리고 일본인이 되자고 한 것으로 볼 수 없는 것은 이런 이유 때문이다. 이광수는 "(우리) 민족이 지구상 어디를 가든지 조선인이라고 하기를 나도 영광으로 알고 남도 영광으로 부러워할 날"을 고대하고 있다고 강조하기도 하였던 것이다. 이광수는 "내선일체는 조선인의 이상이다. 그러나 이미 내선일체가 된 것이 아니라 천황의 인자하신 성의(聖意)로 내선일체의 문이 열린 것이다. 조선인이 그 문으로 들어가면 내선일체가 되고 아니 들어가면 아니 되는 것이다"[1]라고 주장하면서, 황국신민화운동에 한국인이 적극적으로 참여함으로써, 일본 제국 속에서 한국인의 지위를 확보하고 이를 통하여 한국인이 문명의 사다리를 올라 갈 수 있기를 고대하고 있었던 것이다.

해방 후 반민특위에 의해 검거되기 직전 이광수는 《나의 고백》이라는 자서전을 발간하였다. 그는 일제 말기 자신의 훼절은 민족 보존을 위한 것이었으며, 당시에는 저항이 불가능했으므로 전쟁이 끝날 때까지 일본이 요구하는 대로 협력하는 태도를 취하기로 했다고 '변명'하였다. 자신이 일본의 정책에 협력하면 민족이 보존될 뿐만 아니라 일본의 압박이 덜해질 것이며, 일본이 패배하더라도 민족의 보존을 위해 협력한 것이 장애가 되지는 않을 것이라고 판단했다고 강변했다. 자신의 친일·협력이 민족의 고난을 늦추고 민족을 보존하는 데 일조할 수 있다고 판단했다는 것이다. 자신을 '국법의 죄인'이라고 하면서도 "나는 '민족을 위하여 살고 민족을 위하다가 죽은 이광수'가 되기에 부끄러움이 없습니다"라고 단언하고 있었던 것이다. 이광수의 비극은 메이지기 일본의 문명개화론을 그의 계몽주의적 기반으로 계속하여 수용하고 있었던 데서 찾을 수 있을 터이지만, 그것은 '민족의 배반자'라는 시각에서가 아니라 오히려 '민족의 힘'을 욕망하고 있던 '친일 내셔널리스트'라는 관점에서 더욱 잘 읽을 수 있는 것이 아닐까? 이광수는 문명의 사다리를 올라가야 한다는 강박관념에 시달리고 있던 계몽주의자로서, 그의 계몽주의는 한국인의 근대적 욕망을 대변하고 있었던 것이 아닐까?

---

1) 이광수, 〈신시대의 윤리〉, 《신시대》, 1941. 1.

2) 사다리 올라가기: 박정희의 경우

교육 특히 근대적 초등 의무교육과 징병을 통한 군대에서의 국민교육이 근대 국민국가가 지향하는 국민 통합 기능을 수행하는 대표적인 두 개의 기구이자 메커니즘이라는 데에 이론은 없을 것이다. 일제 식민지배하의 한국에서는 초등 의무교육이 실시되지 않았고 징병은 1944년 이후 2년 동안에만 시행되었지만, 박정희는 조금은 특수한 방식으로 그와 관련한 두 가지의 경험을 쌓아나가고 있었다. 잘 알다시피 박정희는 초등학교 교사 양성기관인 대구사범학교를 나와 군 사관양성기관인 만주군관학교와 일본 육군사관학교를 마치고 만주군의 장교로 근무하다가 해방을 맞이하였다. 교육과 군대에서의 경험은 바로 문명의 사다리를 올라가서 근대적 국민국가를 수립하는 데 핵심적으로 관련된 경험이라는 점 때문에 중요하다. 박정희는 식민지배하의 교육과 군대의 경험을 통하여, 한국사회가 하루빨리 문명의 사다리를 올라가야 한다고 느끼고 있었을 것이다.

박정희가 군사정변을 일으켜 집권한 뒤에 가장 힘을 기울여 이루고자 했던 과제는, '인간혁명'과 빈곤에서의 해방이었다. 그는 군사정변 직후 다음과 같이 말했다. "우리 민족에게는 재생의 길이 없을까. 이지러진 민족성을 고치고 건전한 복지민주국가를 세우는 길은 없을까. 한마디로 말하면 거짓말하지 않고 무사주의(無事主義), 안일주의(安逸主義)의 생활태도를 청산하여 근면한 생활인으로 '인간혁명'을 기하고 사회개혁을 통해서 '굶주리는 사람이 없는 나라'로 만드는 길이 없을까 하고 여러 모로 생각해보았다."[2] 요컨대 정권 초

---

2) 박정희, 〈머리말〉, 《우리 민족의 나아갈 길》, 동아출판사, 1962.

기 박정희는 인간개조를 우선하는 경제적 근대화를 그의 가장 중요한 과제로 설정하고 있었던 것이다. "4·19와 5·16의 두 차례의 혁명도 따지고 보면 결국 경제의 빈곤에서 비롯된 것이며, 또한 경제생활을 개선하려는 절대한 국민적인 요구의 폭발이었음은 두 말할 나위도 없다. (……) 먹여놓고 살려놓고서야 정치가 있고, 문화에 대한 여유를 누릴 수가 있으며, 사회의 발전도 있을 것이기 때문이다"[3]라고 하면서, 경제적 근대화의 실현이라는 과제를 군사정변의 정당화를 위해 계속해서 사용하고 있었다.

그는 군사정변의 과제를 세 가지로 요약했다. 첫째, 민족사상의 악유산(惡遺産)을 반성하고 이조당쟁사, 일제식민지 노예근성 등을 깨끗이 청산하여 건전한 국민도를 확립하는 일을 들었다. 인간이 혁명되지 않고는 사회 재건은 불가능하다는 것이다. 둘째로 '가난에서 해방되어야 한다'고 했다. 자유사회의 존립을 위해서는 국민의 생존권을 옹호할 수 있는 자립경제 없이는 불가능하다는 것이다. 셋째로 건전한 민주주의를 재건해야 한다는 것이다. 직수입된 민주주의가 한국 현실 속 깊이 뿌리박지 못하고 실패한 해방 후의 역사가 교훈하듯이 한국화된 복지민주주의의 토대를 구축해야 한다는 것이다.[4] 박정희는 처음부터 인간개조 혹은 인간혁명을 바탕으로 생존권을 옹호하는 자립경제를 구축하는 것을 '군사혁명'의 가장 중요한 과제로 설정하였으며, 민주주의는 오히려 이를 향해 나아가는 과정에서 장애가 될 수 있다는 점을 분명히 하고 있었던 것이다. 그런 점에서 박정희에게 경제는 다른 무엇보다 우선하는 것이었다. "무릇 인간생활에 있어 경제는 정치나 문화에 앞서는 것이다. 이렇게 볼 때,

---

3) 박정희, 《민족의 저력》, 광명출판사, 1971.
4) 박정희, 앞의 글, 1962.

우리 한국 민족의 경제적 사정은 더욱 절실한 바 있다. (……) 경제적으로 자립능력이 없는 한 인간은 끝내 남을 의지하지 않으면 안 되듯, 이의 자립 없이 한 민족이나 국가의 온전을 기대하기란 문자 그대로 연목구어(緣木求魚) 격이 아니겠는가."[5]

이처럼 박정희에게 민주주의란 언제나 경제적 근대화에 장애로 작용할 수 있는 것이었다. 그는 민주주의를 하나의 민족철학으로 신봉하고 민주체제의 우월성을 위하여 매진하려 한다고 하면서, 민주주의를 다음과 같이 규정한다. "민주주의야말로 우리 민족의 행복은 물론 인류의 평화에 적극적으로 기여하는 이념이라고 확신"하고 있다고 주장했다. 그리하여 민주주의는 "건전한 판단력과 책임 있는 개인을 전제로 하며, 주권은 국민에게 있고, 자유와 평등을 신장하면서 최대 한도로 국민의 행복과 안녕을 달성하는 것을 이상"으로 하는 이념이라고 주장했다. 곧 민주주의는 현실이 아니라 현실이 지향해나가야 할 이상이 된다.[6] 민주주의를 지향해야 할 이상으로서의 이념으로 규정한 것은 그것이 현실을 반영해야 한다는 점을 강변하기 위한 것이었다. 그리하여 민주주의는 언제나 현실을 반영하는 '민족자결'로 귀결된다. 민족자결이 민주주의 원리의 논리적인 연장이며 당연한 귀결이 되는 것이다. 남이 강요한 주의, 민족이 받아들일 수 없는 주의가 민주적일 수는 없기 때문이다. 그러므로 "우리 민족 스스로가 자주적인 의지를 모아 국가가 처한 현실을 직시하고 민족적 과업을 가장 유효적절하게 수행해나가기 위하여 행동과 융화를 이룩할 정치이념이 '한국민주주의'"가 되는 것이다.[7]

---

5) 박정희, 《국가와 혁명과 나》, 향문사, 1963.
6) 박정희, 《민주주의》(미간행본), 1972.
7) 위의 책.

그리하여 한국적 민주주의 나아가 참된 민주주의를 한국에 정착시키기 위해서는 민주주의의 이념과 제도를 분명히 구별해서 생각해야 한다고 강변한다. "인간의 자유와 평등과 행복을 조화롭게 달성하려는 민주주의의 이념은 모든 민주국가의 목표요 염원이며, 따라서 이 점에 있어서는 나라마다 별다른 차이가 있을 수 없을 것이다. 그러나 그 이념을 실현하기 위한 제도와 양식은 나라마다 서로 다를 수 있다. (……) 같은 민주국가 가운데서도 그가 처한 역사적 상황과 국가적 과제 그리고 문화와 전통의 차이에 따라, 민주 이념을 성취하는 제도의 형태와 양식은 서로 다르게 나타나기 마련이다."[8] 박정희가 '모방정치'를 넘어서 '생산하는 정치'로 가야 한다고 주장한 것도 바로 이런 이유 때문이다. 민주주의의 제도는 언제나 나라마다 다를 수 있는 것이고, 생산적인 정치를 만들기 위해서는 한국적 제도를 정착시켜야 한다는 것이었다.

박정희에게 민주주의는 근대화 이후에 이루어야 할 과제에 지나지 않았다. (경제적) 근대화를 이루지 못하면 민주주의는 단지 하나의 희망사항에 지나지 않는 것이었다. "서구 민주제도가 제대로 기능을 발휘하기 위해서는 어느 정도의 경제 및 사회의 발전이 선행되어야 한다는 것은 서구인들 자신에 의해서도 지적되고 있다. (……) 어느 나라에서나 근대화를 이룩하기 위해서는 과학적이고도 계획적인 정책에 따라 자원을 합리적으로 배분하는 것이 무엇보다 중요하다. 이것이 정치의 과열과 부패로 인해 제대로 이루어지지 못할 때 근대화의 꿈은 좌절되고 만다. 누구나 풍요한 생활과 근대화를 원하면서도 이를 추진하는 데 필요한 정치안정이 이루어지지 못할 때,

---

8) 박정희, 《민족중흥의 길》, 광명출판사, 1978.

여기서 생기는 국민들의 욕구 불만과 좌절감은 정치 불안을 더욱 부채질하게 되는 것이다."[9]

근대화가 민주주의에 선행한다는 그의 주장은 일본의 사례로부터 정당화되었다. "민주화는 근대화라는 개념과 동일한 것이 아니다. 일본의 역사적 실례를 통하여 (보더라도—인용자) 민주화가 근대화를 이룩한 것이 아니다. 근대화야말로 민주화를 가능케 하는 조건을 마련했다는 것이 옳을 것이다."[10] 일본 근대화의 추진력은 민주주의가 아니었다는 것이다. "일본 근대화의 추진력은 민주주의 아닌 민족주의며 국가방위의 사상이었다. 근대화된 군비를 바탕으로 한 구미열강의 압력에 부딪쳐 일본을 자위하며 청국과 같은 외세 침략의 희생물이 되지 않겠다는 의지가 일본으로 하여금 현대국가의 조직과 산업과 군비를 갖추도록 자극한 것이다. 일본이 이 작업에 착수한 것은 메이지유신 이전의 일이었다."[11]

박정희는 '인간혁명' 또는 '인간개조'가 민족적 과제를 달성하기 위하여 필요하다고 보았다. 이는 건전하고 책임 있는 개인을 형성하기 위한 것으로 (경제적) 근대화를 달성하기 위한 전제조건으로 간주되었다. 민주주의는 인간의 자유 평등과 행복 및 안녕을 조화롭게 달성하는 이념으로서 하나의 이상으로 간주되었으며, 한국의 전통과 현실을 반영한 '한국(적) 민주주의'여야만 했다. 그러므로 민주주의는 근대화가 달성된 이후에야 도래할 이상이었고, 한국의 현실을 반영한 이념이어야 했다. 박정희에게 (경제적) 근대화는 최대 이념이었고 민주주의는 최소 이념에 지나지 않았으며, 일본의 근대화

---

9) 위의 책.
10) 박정희, 앞의 책, 1972.
11) 위의 책, 1972.

과정과 민주주의가 이런 과정을 잘 보여주는 하나의 전범으로 이용되고 있었다.

박정희는 식민지배하의 교육과 군대의 경험을 통해서, 문명의 사다리를 올라가서 근대화를 달성해야 한다는 사명을 자신의 신념으로 수용하고 있었다고 할 것이다. 이런 그의 자각은 한국의 근대화, 곧 한국이 문명의 사다리를 올라가는 방식은 일본의 근대화과정을 전범으로 삼아, 민주주의를 근대화 이후의 과제로 설정하고, 인간개조를 우선하는 경제적 근대화를 통해 달성되어야 할 것으로 간주되었고, 그런 방식으로 추진되었다. 박정희가 주도한 한국경제의 압축성장이란 바로 문명의 사다리를 올라가고자 하는 안간힘을 반영한 것이 아니었을까? 그런 점에서 박정희에게 사다리 올라가기란 탈식민 시기의 식민주의를 잘 반영하고 있다고 할 것이다. 박정희에게 근대화란 바로 일본식 근대화를 의미하는 것이었다. 그에게 근대화란 이광수와 마찬가지로, 인간의 계몽주의적 개조를 바탕으로 경제적 성장을 이룩함으로써 문명의 사다리를 올라가는 일이었던 것이다. 박정희는 민주주의에 대한 최소 언설을 유지하면서 반자유주의적 경제정책을 통하여 '근대화'를 추진하고 있었던 것이다. 이런 점에서 이광수를 민족적 심급에서만 단죄하는 것이 사태의 한 면만을 반영한 것에 지나지 않듯이, 박정희를 민주주의라는 심급에서만 단죄하거나 식민지배하의 경험을 친일협력자로 단죄하는 것 역시 사태의 한 면만을 반영한 것에 지나지 않는다고 할 것이다.

3) 탈식민시기의 식민주의: 사다리 걷어차기(?)

이처럼 식민주의의 사명이데올로기는 피식민자들에게 수용되었으며, 피식민자들은 식민지로부터의 정치적 해방 이후에도 그 사명이데올로기를 바탕으로 삼아 문명의 사다리를 올라가고자 안간힘을 쓰고 있었다고 할 것이다. 이를 '식민주의'의 잔존을 말하는 증명으로 간주할 수 있을 것이다. 제국주의적 욕망의 구조는 이처럼 문명의 사다리를 통하여 피식민지에도 전파되었으며, 아직도 강고한 뿌리를 드리우고 있다고 할 것이다. 구제국주의 국가들의 '사다리 걷어차기' 행태를 식민지 경험을 한 신흥 경제 성장국가들이 마찬가지로 보이고 있는 것은 이런 문명의 사다리라는 구조가 가지고 있는 동일한 욕망의 구조 때문일 것이다. 이광수와 박정희가 보여주었던 문명의 사다리를 올라가고자 하는 욕망의 구조를 통하여, 탈식민시기의 식민주의와 아울러 그 식민주의가 제국주의적 욕망의 구조를 모방한 것이라는 끔찍한 사실을 확인할 수 있어야 할 것이다. 이런 점에서 이광수와 박정희를 민족의 반역자 혹은 민주주의의 억압자로 단죄하는 일보다 더욱 근본적이고 중요한 일은 그들이 올라가고자 안간힘을 썼던 문명의 사다리 구조를 통하여 현금의 한국사회 혹은 대중 속에 내재한 문명의 사다리=욕망의 사다리 구조를 잘 조명하고 교란하고 해체해나가는 일이 아닐까 한다.

3장

식민지관료로 본 제국과 식민지

1. 식민지관료 연구, 무엇이 문제인가

  냉전 해체 이후 근대 제국주의사 연구의 일국주의적 편향을 극복하고 제국을 그 전체 구조로 파악하고자 하는 새로운 연구 경향이 등장하였다. 이른바 제국사(Imperial History) 연구가 그것이다. 제국사 연구는 제국 대 식민지 혹은 식민지 대 식민지라는 이항대립 구도를 바탕으로 삼는 이전의 연구 경향을 비판한다. 제국사 연구의 문제의식은 근대 제국이 두 개의 상반된 힘에 의해 규정된 초영역 정치체라는 규정에서 출발한다. 근대의 제국은 식민지를 외부로 간주하면서도 동시에 내부화해야 한다는 두 개의 모순된 힘에 의해 규정된다는 것이다. 제국사 연구의 문제의식은 제국이 중심과 주변 그리고 양자를 연결하는 트랜스내셔널(transnational)한 힘과 장치에 의해 형성된다는 데에 그 핵심이 있다.[1]

다른 한편, 식민지 연구에서도 그 일국사적 경향을 비판하는 새로운 경향이 대두되고 있다. '식민지 근대(Colonial Modernity, Colonial Modern)'론이 그것이다. 식민지란 근대 세계체제의 하위체제로서, 문화적 교류와 융합 및 동화가 가장 활발하게 일어나는 체제이다. 그러므로 역설적이게도 식민지체제란 국민국가체제를 구성하는 출발점으로서의 위치를 갖지만, 국민국가적 퍼스펙티브(perspective)만으로는 그 속성을 헤아리기 어려운 체제이기도 하다. 서구(또는 일본)와 식민지는 동시적으로 발현한 근대성의 다양한 굴절을 표현하고 있으며, 근대는 더 이상 특정한 지정학적 위치에만 결부시킬 수 있는 대상은 아니다. 그러므로 모든 근대는 식민지 근대인 것이다. 이는 식민지가 일국적이고 자족적인 정치·경제·사회적 단위가 아니라 제국의 일부를 구성하고 있었으며, 제국과 식민지는 상호작용하는 하나의 연관된 세계를 구성하고 있었음을 의미하는 것이다.[2]

요컨대, 글로벌 시대에 새로 대두하고 있는 제국 및 식민지 연구의 새로운 경향인 제국사 연구와 식민지 근대론은 모두, 종래의 일국주의적 시각을 비판하면서 글로벌 근대성(global modernity)을 해석의 출발로 삼고 있으며, 근대의 트랜스내셔널한 상황과 힘을 문제의식의 바탕으로 삼는다는 공통성을 가진 것으로 볼 수 있겠다.[3] 그럼에도 두루 잘 알다시피, 지금까지의 제국 혹은 식민지 연구에서

1) 제국사 연구에 대해서는 山內昌之·增田一夫·村田雄二郎 編,《'帝國'とは何か》, 岩波書店, 1997; 山本有造 編,《帝國の硏究》, 名古屋大學出版會, 2004 참조. 특히 야마무로 신이치(山室信一)의 '國民帝國論'은 제국사 연구에서 흥미로운 관점을 제공하고 있다.
2) 윤해동,《식민지 근대의 패러독스》, 휴머니스트, 2007; 윤해동 외,《근대를 다시 읽는다》1~2, 역사비평사, 2006 참조.
3) 尹海東,〈트랜스내셔널 히스토리(Transnational history)의 가능성—한국근대사를 중심으로〉,《歷史學報》200, 2008a 참조.

식민지관료[4]에 관한 관심은 매우 저조할 뿐만 아니라 그에 관한 연구 성과 역시 대단히 부진하다. 이는 무슨 이유 때문일까? 크게 세 가지 층위에서 그 이유를 살펴볼 수 있지 않을까 한다.

첫 번째 층위의 이유는 근대역사학 일반의 인식론으로부터 유래하는 것으로써, 역사 인식의 대상 또는 방법과 관련되어 있다. 새삼 지적할 필요도 없이, 서구로부터 동아시아로 유입된 근대역사학은 대개 일국사를 단위로 삼아 그것을 민족사에 기반을 두고 이해하는 것으로 특징지어져왔다. 이에 따라 기존의 제국주의사 또는 식민지사 연구 또한 이런 특징을 공유하게 되었다. 지금까지의 일본 근대사 및 한국 근대사 연구는 '대체로' 제국과 식민지가 별개의 대상인 것처럼, 그리하여 제국 및 식민지가 일국사적 차원에서 작동해온 것으로 상정하고 그런 인식에 기반하여 그 시대를 해석하고자 했던 것이다. 제국사 연구에서 식민지가 부재하고 식민지 연구에서 제국이 사라짐으로써, '식민지 없는 제국' 또는 '제국 없는 식민지'가 당연한 것처럼 간주되었다. 식민지에 독자적인 '민족경제' 나아가 '민족문화'를 설정하고자 했던 시도를 그 전형적이고 극단적인 사례로 들 수 있을 것이다. 식민지 연구에서 '정치사' 나아가 '사회사'가 실종된 것 역시 이와 무관하지 않다.

두 번째 층위의 이유는 일반화된 식민지 인식론과 관련된 것으로써, 식민지 이해의 도식성으로부터 유래하는 것이다. 포스트 식민지 시기의 식민지 연구가 주로 침략사 혹은 수탈사 대 저항사라는 이분

---

4) '식민지관료'와 '식민관료'는 개념의 내포에 차이가 있으므로 구분하여 사용할 필요가 있다. 식민지관료는 식민지에서 근무하는 관료 일반을 가리키는 것으로 본국 출신을 중심으로 식민지 출신의 관료도 포함하는 개념이다. 이와 달리 식민관료는 식민주의 이데올로기에 입각하여 식민지배체제에 참가했던 관료를 지칭하는 개념으로 본국에서 근무하는 관료를 포함하므로 식민지관료보다 더 포괄적인 개념이다.

법적 도식에 의해 수행되어왔다는 점에 대해서는 새삼 거론할 필요가 없을 것이다.[5] 식민지 이해에서의 이분법적 도식은 침략의 주체를 '일제(일본 제국주의 혹은 일본 제국)'라고 지칭하는 데서 잘 드러난다. 일본 '제국'이 침략의 주체로 설정될 수도 있겠지만, 그것은 매우 제한적인 경우에만 설득력을 가진다. 식민지기 조선을 연구 대상으로 삼을 때, 일본 제국주의보다는 조선총독부 또는 조선총독부의 억압기구를 특정(特定)하는 것이 훨씬 설득력이 높은 경우가 많다. 일제라는 한 덩어리의 권력적 주체를 상정하게 되면, 권력기구 내부의 균열이나 갈등에 주목하지 못하게 만들어, 식민지의 구체적 정황을 놓치게 되는 경우가 많아지게 된다.[6] 이처럼 제국 또는 제국주의라는 거시적 주체만을 침략의 당사자로 이해하게 될 때, 식민지 관료는 그런 거시 주체의 원흉(元兇) 또는 도구(道具)로만 간주된다. 이런 상황에서 식민지관료를 상대적 자율성을 가진 주체로 이해하기는 어렵다. 식민지관료 연구가 부진한 가장 큰 이유는 바로 이런 측면에서 찾을 수 있을 것이다.

세 번째 층위의 이유 역시 식민지 이해와 관련된 것으로써, 식민지기 및 포스트 식민지기의 역사 주체 형성을 이해하는 방식으로부터 유래한다. 수탈 대 저항이라는 이분법적 도식의 하위 범주를 이루는 저항 대 친일이라는 도식 역시 마찬가지로 관료 이해의 불구성을 초래한다. 친일이라는 범주는 개인의 내면적 자세로부터 통치 행

---

5) 식민지 이해의 이분법적 도식에 대한 비판은 尹海東, 〈植民地認識の'グ-レ-ゾン'〉《現代思想》2002-5, 靑土社, 2002 참조.
6) 일제라고 할 때 대개 제국 일본의 국민 곧 일본인을 중심으로 하는 제국주의 체제를 지칭하는 경우가 많으므로, 식민지 출신으로서 제국주의 지배에 참여하는 사람을 제외하게 된다. 식민지민의 협력 없이는 제국주의 지배가 유지될 수 없으므로, 제국의 지배로부터 식민지민을 제외하는 것 역시 불합리하다.

위에 협력하는 것까지를 포괄하는 매우 폭넓은 개념이기 때문에, 엄밀한 의미에서 분석적 개념으로는 사용하기 어렵다. 친일이라는 도덕적 색채를 짙게 띤 이해방식에 따른다면, 식민지 통치기구에 참여하고 있던 식민지 출신 관료를 연구 대상으로 삼는 것은 대개 무의미한 것으로 치부되기 마련이다. 도덕적 범주로서의 친일이라는 개념보다는 협력이라는 개념을 사용함으로써 그 식민통치와 식민지 관료 사이의 균열이나 대치 국면을 다원화할 수 있어야 할 것이다. 협력 개념은 식민권력 대 식민지민의 상호작용을 바탕으로 식민 지배의 구체적인 측면을 다원적으로 이해할 수 있게 할 것이다.

요약하면, 식민지 관료 연구가 부진한 이유로 ①근대역사학의 역사인식 방법론, ②식민지 이해의 도식성, ③근대 주체 형성의 도덕화 방식 등 크게 세 가지를 거론할 수 있겠다. 이런 진단이 크게 잘못된 것이 아니라면, 식민지관료 연구를 활성화할 수 있는 치유방책을 이 세 가지 층위에서 모색할 수 있을 것이다. 나아가 식민지관료 연구를 통해 새로운 제국사 및 식민지사 연구 방식을 모색하고 이를 기반으로 근대역사학을 넘어설 수 있는 경로도 탐색할 수 있게 될 것이다. 이 글은 최근의 새로운 식민지관료 연구 성과[7]를 바탕으로 트랜스내셔널한 제국 연구 및 식민지 연구에 기여할 수 있는 식민지관료 연구의 방법을 모색하고자 하는 시론(試論)이다.

---

7) 해방 이후 조선과 대만의 식민지관료 연구 성과는 다음 논문을 참조. 松田利彦, 〈植民地期 朝鮮における官僚/官僚制についての研究史―現狀と課題〉, 松田利彦 編, 《日本の朝鮮・臺灣支配と植民地官僚》, 國際日本文化硏究センター, 2007a ; やまだあつし, 〈台灣植民地官僚制槪論〉, 松田利彦 編, 《日本の朝鮮・臺灣支配と植民地官僚》, 國際日本文化硏究センター, 2007.

2. '식민국가(colonial state)'와 식민관료

제1층위 곧 근대역사학의 인식방법론과 관련하여 발생하는 식민
지관료 연구의 부진을 타개하기 위해서 어떤 돌파구를 찾을 수 있을
것인가? 제국과 식민지를 연결하는 매개로서 새로운 권력 개념을
상정할 필요가 있을 듯하다. 또한 이런 새로운 개념들을 통하여 제
국과 식민지 간의 경제 및 문화의 상호작용뿐만 아니라 식민지 내부
의 사회 분화에까지 시야를 확장할 수 있게 될 것이다.

식민지 통치기구 곧 조선총독부를 근대국가(modern state)의 일환
으로 규정하고자 하는 논의는 아직까지 매우 생소하다. 민족주의에
기반을 둔 이른바 수탈론의 입장에서 보면, 식민지는 단지 비정상적
'강점상태(强占狀態)'에 지나지 않으며 통치기구로서의 조선총독부
는 '예외적이고 특수한' 억압기구로서의 성격을 넘어서기 어렵다.
하지만 조선총독부는 근대국가에 대한 의제국가(擬制國家) 곧 식민
국가로서의 성격을 가진다.[8] 1910년대 조선총독부는 군사력 · 경찰
력에 의해 폭력을 독점하고, 근대적 관료 행정을 확립함으로써 국내
를 평정한다. 이를 통해 상품 유통을 원활화하고 자본주의의 발전을
가속화하며, 이에 따라 노동의 상품화도 진전된다. 근대적 자본주의
상품 사회의 재생산은 국가의 권력적 작용에 기인하는 것이었고, 이
는 사회적 부를 자본으로 그리고 사회 구성원을 노동으로 재상품화
하는 데 기여하는 것이었다. 이런 점에서 조선총독부는 일반적 근대

---

8) 조선총독부의 근대권력으로서의 성격에 대해서는 다음의 글을 참조할 수 있다. 朴明
圭, 〈1910년대 식민통치기구의 형성과 성격〉, 《한국근대사회와 문화》 2, 서울대학교
출판부, 2005 ; 尹海東, 〈'植民國家'로서의 조선총독부〉, 성균관대학교 동아시아학술
원 국제학술심포지엄 '국가체제와 동아시아질서' 발표문, 2008b 참조.

국가와 동일한 역할을 수행하고 있었다.

식민권력에게는 대외적 주권뿐만 아니라 인민 주권도 인정되지 않았기 때문에 국민국가(nation-state)로서의 성격을 가지고 있었다고 볼 수는 없다. 그러나 국제적·국내적 정책 목표를 독자적으로 형성하고 추구할 수 있는 독립적인 행위 능력, 즉 국가 능력을 상당한 정도에서 보유하고 있었다. 또한 제국주의 본국으로부터 그리고 조선 사회 내부로부터 제한적이나마 자율성을 획득하고 있었다. 이런 측면에서 조선총독부를 주권이 없지만, 국가능력과 자율성을 가진 식민국가로 설정해도 무리가 없을 것이다. 한편 식민지는 '제국 헌법'의 바깥에 놓여 있었다. 그러나 제국 헌법의 바깥에 놓여 있었다는 것은 언젠가 헌법을 내부화할 수 있는 가능성을 남겨둔 것이었고, 식민국가의 최대 과제는 바로 헌법의 실현, 즉 내부화였다. 헌법의 내부화란 바로 식민국가의 소멸을 가리키는 것이다. 식민국가란 자신의 소멸을 최대의 과제로 삼았던 그런 근대 권력이었다고 할 수 있을 것이다. 다시 말하면 식민국가란 근대국가의 역할을 내부적으로 수행하지만, 한나 아렌트가 지적한 이른바 '제국주의의 딜레마'를 잘 표현하고 있는 과도기적인 국가라 할 수 있을 것이다.[9]

조선총독부 즉 식민권력을 식민국가로 규정하게 될 때, 제국과 식민지를 매개하는 식민지관료의 역할과 위상이 선명하게 부상하게 된다. 1920년대 이후 식민국가의 성격을 둘러싸고 경합하는 식민지관료의 모습을 살펴봄으로써 식민국가의 성격이 변화하는 것을 확인할 수 있다. 3·1운동 이후 사이토 마코토(齋藤實)가 총독으로 부임하고 미즈노 렌타로(水野鍊太郎)가 정무총감(政務總監)으로 부임

---

9) 尹海東, 〈植民地近代と大衆社會の創出〉, 宮嶋博史外 編, 《植民地近代の視座》, 岩波書店, 2004 참조.

하면서, 식민지관료 사회에는 커다란 변화가 초래되었다. 일본에서 내무 관료를 대거 총독부의 관료로 임명함으로써, 통감부 시기부터 조선에 파견되어 활동하고 있던 기존 관료들과 새로 부임한 관료들 사이에는 상당한 갈등과 알력이 조성되었다. 일본의 내무 관료를 대거 조선으로 데려온 데에는, 3·1운동의 발발을 조선총독부 통치정책의 실패라고 간주하여 기존 관료에게 책임을 묻기 위한 측면도 존재하고 있었다. 이런 점에서 양자 사이에 갈등이 초래된 것은 일견 당연한 것처럼 보이기도 하지만, 1920년대 이후 일본과 조선 사이에는 관료들의 인사 교류가 활발하게 진행됨으로써 새로운 상황이 조성된 점에 주목할 필요가 있을 듯하다.

이 시기의 상황을 두고 이형식은 다음과 같이 말한다. 일본 수상 하라 타카시(原敬)가 조선총독의 입법·행정·사법에 걸친 '종합적 행정권'을 부정하면서, 일본의 제도 법률 관습을 그대로 조선에 적용하고자 하는, 곧 이전부터 그가 표방해온 '내지연장주의(內地延長主義)'를 총독부 수뇌부 인사의 대교체를 통하여 톱다운(top-down) 방식으로 추진하고자 했다. 이에 대하여 이전의 '무단 통치' 아래서 독자성이 강한 관료의식을 배양해온 총독부 관료들은 조선의 특수성론을 방패로 삼아 하라 타카시에 의한 일방적인 통치정책에 반대하면서, 식민지 현실을 직시한 통치정책을 구상하기 시작하였다. 1920년대 초반 이후 연이어 추진된 제도와 법률의 개정을 축으로 한 '식민지 개혁'은 이상과 같은 두 가지 흐름의 각축 속에서 만들어진 절충·타협의 산물이라는 것이다.[10]

식민국가의 성격을 둘러싸고 경합하는 본국 출신 식민지관료의

---

10) 李炯植, 〈'文化統治' 初期における朝鮮總督府官僚の統治構想〉, 東京大史學會, 《史學雜誌》 115편 4호, 2006, 68~92쪽.

유형을 '현지형(現地型) 관료' 와 '본국형(本國型) 관료' 로 분류할 수 있다.[11] 1920년대 초반 현지형 관료의 전형으로 오츠카 쓰네사부로 (大塚常三郎)를 들 수 있다면, 본국형 관료로는 모리야 에이오(守屋 榮夫)[12]를 들 수 있다. 두 사람은 정치적 입장에서도 큰 차이를 보이지만, 현실적으로도 경합하는 관계를 맺고 있었다. 오츠카가 통감부 시기에 조선에 부임하여 조선에서 근무한 경력이 오래된 데 비해, 모리야는 정무총감 미즈노와 함께 조선에 부임하였다. 그러나 모리야는 미즈노의 총아로서 또한 사이토 총독의 동향 후배로서 관료적 위광을 가지고 있었다. 그리하여 그가 재임하던 시대의 총독 정치를 '모리야정치(守屋政治)' 라고 일컬을 정도였다고 한다.[13]

양자의 차이를 개략적으로 살펴보면 다음과 같다. 첫째, 식민지민의 정치적 권리와 관련해서 현지형 관료가 식민지민에게 자치를 부여할 수 있다고 본 반면, 본국형 관료는 참정권을 부여할 것을 주장한다. 본국형 관료가 동화정책을 전면에 내세우면서 참정권을 부여하자는 주장을 하는 반면, 현지형 관료가 자치권을 부여하고자 하면서 전면적인 동화를 유예하고자 한 것은 논리적 일관성을 가지는 것

11) '현지형 관료' 와 '본국형 관료' 라는 분류는 이형식이 정의한 '생발형 관료(生拔型 官僚)' 와 '내무성형 관료(內務省型 官僚)' 라는 분류를 좀 더 포괄적이고 일반적인 방식으로 필자가 변형한 것이다. 한편 기무라 겐지(木村健二)는 '생발로(生拔組)' 또는 '잔류조(殘留組)' 와 '본국조(本國組)' 또는 '정실조(情實組)' 라는 방식으로 두 부류를 대응시키면서, 1920년대 말부터 본국조가 감소하고 생발조가 대두하는 점을 지적하고 있다. 木村健二, 〈朝鮮總督府經濟官僚の人事と政策〉,《近代日本の經濟官 僚》, 日本經濟評論社, 2000 참조. 또 오카모토 마키코(岡本眞希子)는 '在來官吏', '移入官吏', '生え抜き官吏' 라는 세 가지 유형으로 분류하고 있다. 岡本眞希子,《植 民地官僚の政治史》, 三元社, 2008 참조.

12) 모리야 에이오에 대해서는 그의 일기를 발굴하여 분석한 마쓰다 도시히코(松田利 彦)의 연구를 참조. 松田利彦, 〈朝鮮總督府秘書課長と'文化政治' —守屋榮夫日記 を讀む〉, 松田利彦 編,《日本の朝鮮·臺灣支配と植民地官僚》, 京都: 國際日本文化 研究センター, 2007b.

13) 石森久彌,《朝鮮統治の批判》, 1926, 249~250쪽.

이었다. 현지형 관료의 사고방식 이면에는 식민지민을 차별할 수밖에 없다는 발상이 가로놓여 있었다. 곧 현지형 관료는 '내지연장주의'를 인정하지 않고 '조선특수사정(朝鮮特殊事情)'을 내세우면서 식민지의 관습을 존중할 것을 주장하는 반면, 본국형 관료는 내지연장주의와 동화정책의 전면적 실시를 주장하면서 조선의 관습을 인정하지 않았던 것이다.

이에 따라 현지형 관료들이 식민지의 '근대화'에 대해서는 큰 관심이 없었던 데 반해, 본국형 관료들은 식민지의 동화를 촉진할 수 있는 식민지의 근대화에 커다란 관심을 보이고 있었다. 재조(在朝) 일본인에 대한 태도에서도 차이를 보였는데, 본국형 관료는 재조일본인과 조선인 사이에 차이를 두거나 조선인을 차별하는 것을 인정하지 않는다. 반면 현지형 관료는 민도(民度)의 차이를 내세워 재조일본인을 우대하고자 하였다. 곧 현지형 관료는 식민지민에 대한 차별을 공공연히 내세우지만, 식민지민과의 동화 곧 동일화를 추구하는 본국형 관료는 차별의 철폐를 내세웠던 것이다.

하지만 표면적으로 드러나는 양자의 이런 차이에 너무 현혹되어서는 곤란하다. 조선인과 일본인의 차별을 주장하는 현지형 관료가 추구하는 정책은 그 표면적인 차별성에도 불구하고, 본국형 관료가 주장하는 동화보다는 훨씬 온건하고 개량적인 측면이 강했다. 본국형 관료의 동화형 식민정책이 훨씬 급진적이고 폭력성이 강했다는 점 역시 간과할 수 없다. 현지형 관료들은 대부분 관료로서의 이력을 조선에서 종결했던 반면, 본국형 관료들은 일본 본국에서 관료로 승진하는 경우가 많았다는 점에서도 이런 속성의 차이를 이해할 수 있다. 현지형 관료들은 식민지 사이에서 수평이동을 하는 경우도 꽤 있었던 것으로 보인다. 예를 들어 대만총독부(臺灣總督府)나 관동청

(關東廳)으로부터 조선총독부로 전직하는 사례를 확인할 수 있는바, 이런 이동이 가능했던 것은 현지형 관료의 이런 공통적 속성 때문이었을 것이다.

물론 1920년대 이후 식민지관료를 현지형 관료와 본국형 관료로 명쾌하게 분류하여 일반화하는 데에는 여러 가지 무리가 따른다. 그럼에도 식민지관료 가운데 식민지 현지에 토착화하는 부류와 본국 지향이 강한 부류가 있었다는 데는 이론이 있을 수 없고, 식민지배 기간이 늘어날수록 토착화하는 부류가 증가했다는 점 역시 역사적 사실과 부합한다. 다른 무엇보다 식민지관료를 이런 방식으로 분류하는 것은 식민권력의 성격을 측정하는 데 유용하다는 데 있다고 할 것이다.

조선의 경우 1910년대까지는 현지형 관료가 대부분을 차지하고 있었으나, 3·1운동 이후 현지형 관료와 본국형 관료는 경합하는 모습을 보인다. 1920년대(사이토 마코토 총독 시기)부터 30년대 후반(우가키 가즈시게(宇垣一成) 총독 통치시기와 미나미 지로(南次郎) 총독 통치의 초기)까지는 '조선특수사정'을 강조하는 현지형 관료의 입지가 강했다고 할 수 있을 것이다. 하지만 1930년대 후반 총동원정책이 추진되고 내선일체가 강조되는 단계로 이행하면, 이 문제는 더욱 복잡해지는 것으로 보인다.

조선특수사정론이란 무엇인가? 예를 들어, 방기중(方基中)은 1930년대 후반 미나미 지로 총독 시대에 추진되는 병참기지정책(兵站基地政策)과 관련하여 다음과 같이 진단한다. 중일전쟁 이후 일본 본국의 일만지(日滿支) 블록 건설 정책에 대응하여 조선총독부가 내세운 논리가 바로 조선의 병참기지화정책이었다. 조선총독부는 대륙전진병참기지(大陸前進兵站基地)로서의 조선의 중요성을 강조하기 위하여 '내선(內鮮) 블록' 또는 '북선(北鮮)·대륙(大陸) 루트론'을 내세웠다. 이를 통하여 일만지 생산력확충계획(生産力擴充計劃)에 편입되지 못한 조선 병참기지정책의 국책적 의의를 강조하고 만주 산업개발계획에 대한 종속적 위치를 타개하고자 하였다는 것이다. 그러나 이런 논리는 본국의 호응을 받지 못했고, 병참기지정책의 종속적 위치 역시 타개할 수 없었다. 이에 조선총독부는 조선이 일본 국토의 한 부분이라는 국토 관념을 강조함으로써 병참기지정책이 일만지 종합개발계획의 중요한 일환임을 주장하는 동시에, 조선 독자의 국토계획 곧 부분적 계획을 추진할 수 있다는 입장을 내세웠다. 이런 국토개발계획 논리에 입각한 병참기지강화론이 '조선경제신체제론(朝鮮經濟新體制論)'이자 '조선블록개발론'이었다는 것이다.[14] 그러나 동아신질서 또는 대동아공영권 논리처럼 동아시아지역으로 확대된 지역주의적 침략논리가 자리 잡는 시기에는 조선특수사정론을 바탕으로 한 조선 중심 논리는 현실적으로 인정되기 어려운 환경에 놓여 있었다고 할 것이다.

1942년 '내외지행정일원화(內外地行政一元化)' 조치 전후에 조선총독부의 위상을 둘러싼 조선총독부와 본국 정부 사이의 갈등은 더욱 심각해지고 있었다. 1942년 9월 일본 내각은 척무성(拓務省)을

---

14) 方基中, 〈1940年 前後 朝鮮總督府의 '新體制' 認識과 兵站基地化政策〉, 松田利彦 編, 《日本の朝鮮·臺灣支配と植民地官僚》, 國際日本文化研究センタ-, 2007, 341~365쪽 참조. 방기중은 조선특수사정론이 우가키 가즈시게 총독의 농공병진(農工竝進) 정책으로부터 연원하였으며, 중일전쟁 이후 일본의 신체제 수립기에 조선지배의 독자성에 대한 조선총독부의 위기의식이 강화되면서 문제는 더욱 복잡하게 진행되었다고 본다. 方基中, 〈1930년대 조선 농공병진정책과 경제통제〉, 方基中 編, 《일제 파시즘 지배정책과 민중생활》, 慧眼, 2004; 方基中, 〈조선지식인의 경제통제론과 '신체제' 인식〉, 方基中 編, 《일제하 지식인의 파시즘체제 인식과 대응》, 慧眼, 2005 참조.

폐지하고 새로 대동아성(大東亞省)을 설치하는 조치와 아울러 '내외지행정일원화'에 관한 법령도 통과시켰다. 이를 통하여 '조선총독부에 관한 사무의 통리(統理)'는 내무대신이 관장하게 되었으며, 조선총독 역시 '내무대신의 통리를 받아 제반 정무(政務)를 시행'하게 되었다. 그리고 특수한 사무에 대해서는 해당 사무의 성질에 따라 내각총리대신 또는 각성(各省) 대신의 감독을 받도록 하였다. 그러나 척무성과 내무성이 만든 내외지행정일원화에 관한 법령의 원안에 들어있던 조선총독에 대한 내무대신의 '일반적감독(一般的監督)'권은 철회되었다.

법안의 입안과정에서 조선총독부는 조선총독에 대한 일반적 감독권을 철회하기 위하여 노력하였는데, 이때 내세운 논리가 바로 '조선특수사정론'이었다. 조선총독부는 총독의 종합행정은 총독이 통치의 전책임을 지기 위해서는 불가피한 조치이자 전시 국책수행을 위해서도 최적의 제도라는 점을 강조하였다. 따라서 총독의 부분적인 권한 이양은 '총독정치제(總督政治制)'를 존치하는 이상은 고려하기 어려운 일일 뿐만 아니라, 입법 · 병역 · 참정권 · 조세 · 교육제도 등에서 내선 사이의 구별을 모두 철폐하고 총독제도를 철폐할 수 있는 날은 가까운 장래에 기대하기 어렵다고 강변하였다.[15]

그럼에도 조선의 행정은 필요한 범위에서 내지에 준하여 취급할 수 있게 되었던바 이를 '준내지화(準內地化)'라고 할 수 있을 것이다. 이제 조선총독부는 통치방침이 결정되면 외부에 발표하기 이전에 반드시 내무성에 먼저 보고해야만 하게 되었다. 또 법률 제정을 필요로 하는 사항이나 추밀원(樞密院)의 자순(諮詢)을 필요로 하는

---

15) 水野直樹, 〈戰時期の植民地支配と'內外地行政一元化'〉, 《人文學報》 79, 京都大學 人文科學研究所, 1997, 77~102쪽.

사항, 일본에 중대한 영향을 미치는 사항 등에 대해서도 반드시 보고하도록 조치되었다. 나아가 조선만의 특수입법은 크게 제약되었다. 예를 들어, 조선에 징병제도를 시행하기 위한 필수 입법으로 간주되고 있던 조선기류령(朝鮮寄留令)을 제정하는 과정에서 조선총독부는 내각 법제국의 요구사항을 대폭 수용할 수밖에 없었다. 특히 1942년 취임한 고이소 구니아키(小磯國昭) 총독은 조선을 내지와 동일한 법역(法域)으로 취급하고자 했으며, 내선의 평등을 특히 강조하였다. 고이소 총독은 조선인 관리의 활발한 등용, 조선인 기업의 지도, 현존하는 차별 규정 철폐, 조선인 정치 참여의 실현 등을 자신의 과제로 내세웠다.[16] 내외지행정일원화 조치 곧 1942년 이후 조선에서의 통치정책은 이른바 '국민주의적 통치(國民主義的 統治)'[17]로 이행하는 과정으로 볼 수도 있을 것이다.

3. 식민지의 사회 분화와 식민관료

앞서 언급한 두 번째 층위의 문제의식 곧 식민지 이해의 도식성을 넘어서기 위해서는 식민지 사회의 분화와 그로 인해 형성되는 식민지 사회의 복합성에 착목(着目)할 필요가 있을 듯하다. 식민지관료들이 식민국가의 성격을 둘러싸고 경합을 벌이고 있었지만, 그들은

---

16) 李昇一, 《조선총독부 법제정책—일제의 식민통치와 조선민사령》, 역사비평사, 2008, 329~343쪽 참조.

17) 다카시 후지타니는 이를 두고 '국민화를 위한 탈식민화'라고 표현하였다. 원래의 의도와는 무관하게, 총동원정책의 진행으로 인한 식민지민의 유입으로 말미암아 일본의 국민공동체가 재구성되고 있었다는 것이다. 다카시 후지타니, 〈죽일 권리와 살릴 권리〉, 《아세아연구》 132호, 2008, 13~47쪽 참조.

식민지 사회의 분화에 깊숙이 개입하고 있었다. 식민지의 도식적 이해를 극복하는 한 가지 방식으로 사회의 분화라는 측면에 주목하고자 하는 것이다. 식민지의 사회 분화와 식민지관료의 역할에 대해 간단히 살펴보자.

1910년대 후반 이후 식민지 조선에서는 적어도 다음과 같은 여섯 가지의 '사회적인 것(the social)' 곧 하위 사회(sub-society)의 영역이 분화되는 것처럼 보인다. ① 행정관료적 영역, ② 경제적 영역, ③ 종교적 영역, ④ 문화적 영역, ⑤ 집합적 운동의 영역, ⑥ 하위 지역적 영역이 그것이다.[18] 앞의 두 개의 영역은 국가로부터의 분리가 아직은 의심스러운 부분이기는 하지만, 서서히 내부에서 분화하는 양상을 보이고 있었다. 나머지 네 개의 영역은 1920년대 이후 명확히 분화하는 모습을 보이고 있으며, 30년대 이후에는 격심한 변화를 노정한다. 이런 사회의 분화 상황에 대해서는 식민지 경찰도 예민하게 주시하고 있었다. 예를 들어 1920년대 초반 치안 상황에 대한 경찰 내부 보고에서 이미 사회의 분화에 대응하고자 하는 의지를 읽을 수 있다. 또한 조선인들 역시 이를 의식하고 있었으며, 분화로 인하여 발생하는 문제에 적극적으로 대처하려 하였다. 물론 어느 영역이든 일종의 이념형으로 설정한 것이지만, 사회적인 분화는 명확히 진행되고 있었다고 할 것이다. 여기에 설정된 사회적인 영역은 정치적인 성격을 일상적으로는 상실한 영역이다.

식민지관료가 주로 개입하였던 사회적 영역은 주로 ①과 ②라고

---

18) '전체 사회'로부터 경제가 분리되고, 이를 바탕으로 정치, 경제, 사회의 분화가 진행된다는 점을 전제로 한 분류이다. 곧 재분배를 바탕으로 한 전통적 '도덕경제'로부터 자본주의적 상품경제로의 이행을 바탕으로, 새로이 사회적인 영역이 분화한다는 점을 전제로 한 분류라는 점을 지적해둔다. 윤해동, 앞의 책, 2007, 229~247쪽 참조.

할 수 있겠지만, 식민지 사회의 분화와 관련하여 주목할 필요가 있는 영역은 ② 곧 경제적 영역이다. 여기에서는 주로 경제적 영역의 분화를 식민지관료가 개입하여 결성·운영하고 있던 관변단체(官邊團體)를 중심으로 살펴볼 수 있다. 식민지관료가 개입하여 운영하고 있던 주요한 관변단체를 조선총독부의 국별(局別) 조직을 중심으로 살펴보면 다음과 같다.

> 재무국 소속: 조선재무협회, 조선해사회, 조선체신협회, 조선전매협회
> 식산국 소속: 조선농회, 조선산림회, 조선수산회, 조선곡물협회, 조선잠사회, 조선제사협회, 조선산업조합, 조선토지개량협회, 조선상공회의소, 조선광업회, 조선양조협회, 조선공업협회, 조선경제협회, 조선무역협회, 조선금융조합연합회, 조선무진협회, 조선철도협회, 조선토목건축협회
> 법무국 소속: 조선치형협회, 조선사회사업협회(이후 조선교화단체연합회)
> 학무국 소속: 조선교육협회
> 경무국 소속: 조선경찰협회, 조선소방협회(이후 조선경방협회)

물론 위에서 거론한 관변단체는 그 성격과 위상으로 볼 때, 단체별로 상당한 차이가 있었다. 조선총독부의 관료를 대상으로 하거나 관료가 중심이 되어 결성한 단체도 있었다. 하지만 그런 경우에도 대부분의 단체는 이익단체로서의 성격을 강하게 가지고 있었다. 특히 재무국과 식산국 소속의 관변단체들은 이익단체적 속성을 기반으로 결성되었다. 또한 대개의 단체는 조선총독부가 단체 결성을 유도하고 있었으며, 단체의 운영에도 관료가 깊이 개입하고 있었다.

1910년대 후반부터 20년대 전반의 시기에 다수의 단체가 결성되며, 이후 대부분의 단체는 조직을 정비하고 법인조직(法人組織)으로 전환한다. 또한 거의 대부분의 단체가 회보 또는 기관지 형식의 잡지를 발간하는 것이 확인되며, 이를 근대적 '전문 지식'의 전파 통로로 적극적으로 활용하고 있었다. 그러나 대부분의 단체는 총동원체제기로 들어서면 통제단체(統制團體)로 전환하게 된다.[19]

이처럼 조선총독부의 식민지관료는 식민국가를 지탱하는 주요 구성부분의 일원으로서 식민지의 사회를 창출·구성·재생산하는 작업에 깊이 관여하고 있었다. 식민지관료는 식민국가와 식민지 사회를 매개하는 요소로서 기능하고 있었던 것이다. 민족별로 볼 때, 식민지관료의 매개적 기능을 일본인 관료만이 담당한 것은 아니었다. 조선인 관료도 여기에 적극적으로 참여하고 있었다.

한편, 관변단체를 중심으로 한 식민지 사회의 존재형태를 잘 보여주는 사례로 조선재계(朝鮮財界)의 이른바 '아마쿠다리 쿠미(天降組)'를 들 수 있다.[20] 재계의 아마쿠다리 쿠미는 조선총독부 경제시스템 운영에 깊이 개입하여 관치주의(官治主義)를 관철-재생산하는 데 중추역할을 수행하였다. '아마쿠다리'는 은퇴한 관료가 관변 금융기관이나 특수회사의 사장 또는 중역으로 취임하는 것을 말하는데, 주로 국장 또는 도지사를 역임한 고급관료가 그 대상이 되었다. 이들은 대개 조선에서 오래 근무한 장기근속자로서 총독부의 상층

---

19) 尹海東, 〈식민지기 조선총독부 '관변잡지'의 성격과 역할―'사회의 분화'와 '지식의 전파'를 중심으로〉, 성대동아시아학술원 '동아시아 근대 언론매체사전 편찬 및 디지털사전 DB 구축' 콜로키움 발표문, 2006 참조.
20) 아마쿠다리(天降)는 앞서 본바 '현지형 관료'의 존재를 뒷받침해주는 사례이기도 할 것이다. 식민지에 생활의 뿌리를 내리려는 의지를 가지지 않은 또는 본국으로 승진-전임할 가능성을 가진 관료라면 식민지에서 '아마쿠다리'하여 근무하려 하지 않을 것이기 때문이다.

권력을 형성하였지만, 승진하여 일본으로 귀환할 기회가 거의 없던 사람들이었다. 조선총독부 역시 이들을 통해 경제정책을 원활히 운용하고 재계에 영향력을 행사하고자 하였던 것이다. 1930년대 후반이 되면 '아마쿠다리'는 특수금융기관을 비롯하여 전기·철도·제련·화학 등의 중요 중공업회사로까지 확대되었다. 조선총독부는 이들을 매개로 금융과 자원, 개발 등에 대한 통제정책을 추진하고자 하였다.[21]

다른 한편, 재조일본인 사회의 형성과 관련하여 식민지관료의 위상을 점검해둘 필요가 있다. 재조일본인은 원래적 의미에서의 '식민'으로 간주할 수 있겠는데, 1945년 해방 당시 민간인 70만 명과 군인 30만 명을 합쳐 약 100만 명의 일본인이 조선에 거주하고 있었다. 이는 20세기 식민지 중에서 자치령(自治領) 등의 백인이민(白人移民) 국가를 제외하면, 프랑스령 알제리 다음의 규모로 큰 식민사회였다.[22]

조선에서 재조일본인은 대개 세 가지 방식으로 조선인 사회와 관련을 가졌던 것으로 볼 수 있겠다. 첫째 지역적·영역적으로 분리된 일본인만의 독자적 사회를 구성한 경우, 둘째 조선인 사회와 접속하여 혼합적 사회를 구성한 경우, 셋째 식민지 사회를 창출하는 국가적 영역을 구성하는 경우가 그것이다. 특히 도시부에서는 일본인 사회가 조선에서 다민족 사회를 구성하고 있었다. 1930년대 초 재조일본인의 약 30퍼센트 정도가 조선 태생이었고 남녀 비율도 거의 같아

---

21) 方基中, 앞의 글 참조.
22) 재조일본인에 대한 개괄적 연구로는 木村健二, 《在朝日本人の社會史》, 未來社, 1989; 高崎宗司, 《植民地朝鮮の日本人》, 岩波書店, 2002(번역서는 李圭洙 譯, 《식민지조선의 일본인들》, 역사비평사, 2006) 참조.

서 일본인만의 토착적 식민 사회를 구성하고 있었다고 해도 좋을 것이다. 직업구성으로는 상공업과 자유업이 중심이었고, 1930년대에는 관공리의 수가 가파르게 증가하고 있었다.[23] 물론 식민지 관리는 셋째 영역 곧 국가적 영역을 구성하는 재조일본인 사회의 성원으로서, 식민국가와 식민지 사회를 매개하는 역할을 담당하고 있었다.

재조일본인의 경우 동화정책의 명목 아래 조선인과 동일한 총독부 통치 아래 있었고, 식민지 이법역(異法域) 내에서 시민권 역시 상당히 제한되어 있었다. 재조일본인은 합병 직후 거류민단(居留民團)이 폐지되고 자치권이 박탈당하면서, 총독부 권력에 대해 상당한 반감을 가지게 되었다. 특히 조선에도 총동원정책이 시행되면서 황국신민화정책처럼 새로운 국민통합정책을 통해 조선인을 '강제적 균질화(均質化)＝국민화 과정'으로 끌어들이려 하자, 재조일본인의 모호한 법적 지위는 더욱 두드러지게 되었다. 재조일본인은 본국과 식민지의 틈새에 위치한다는 불안한 법적 지위로 말미암아, 조선인의 권리 획득에 대해서는 과민한 태도를 보이게 되었다.[24] 재조일본인 사회의 이런 불안한 상황을 조정하고 매개하는 것 역시 식민지관료의 역할이었다고 할 수 있을 것이다.

요컨대, 일본인을 중심으로 한 식민지관료는 식민국가와는 구별되는 식민지 사회를 창출하는 역할과 아울러, 일종의 다민족 사회로서의 식민지 사회 내부의 갈등과 알력을 조정하는 역할을 수행하고 있었다고 할 수 있겠다. 식민지관료 연구에서 이런 측면에 대한 접근은 특히 긴요하다 하지 않을 수 없다.

---

23) 우치다 준, 〈총력전 시기 재조선 일본인의 '내선일체' 정책에 대한 협력〉,《아세아연구》131, 고려대학교 아세아문제연구소, 2008, 14~52쪽.
24) 위의 글.

4. '협력' 행위와 제국

위에서 언급한 세 번째의 층위 곧 식민지기 조선인 근대 주체 형성의 이해 방식과 관련해서는, 식민지관료 내부의 민족별 균열과 갈등에 대해 살펴볼 필요가 있다. 이를 위해서 우선 조선인 관료가 집중적으로 배치되었던 지방행정의 거시적 제도 변화에 대해 살펴볼 필요가 있다.

1917년 '면제(面制)'가 제정되면서 도(道=地方費)-군(郡, 府, 島)-면(面)으로 이어지는 지방행정제도의 계열이 성립되고, 군은 중간적 행정기구로 규정되었다. 하지만 조선총독부는 도-면의 2급제를 제도적으로 지향하고 있었으므로, 군은 중간적이고 과도적인 존재로 간주되었다. 군은 고유의 사무 곧 독자적인 공공사무와 재정(財政)을 운영할 수 있는 권한을 박탈당함으로서 단체적 독자성을 유지할 수 없었다. 군은 고유사무를 가지지 못한 채, 도와 면 사이의 행정을 중개하고 면행정을 관리·감독하는 권한만을 가지는 2차적 행정기관일 뿐이었다. 그리하여 군수(郡守)는 일개 통신기관으로서 '우편국장'이고, 군행정은 '우편행정'이라는 조롱을 받게 되었다.

이에 반하여 면은 말단의 행정기구로서 독자적 사업 경영의 주체로 규정되었으며, 이를 위하여 면구역(面區域)의 통폐합과 근대적 문서행정제도(文書行政制度)가 신속히 도입되었다. 조선총독부는 면에 대한 제도적이고 행정적인 개혁을 통해, 조선의 말단행정에서 비인격적 관료지배체제를 구축하고자 하였다. 물론 식민지배 말기까지 군이 제도적으로 폐지되지 않았으며, 면 역시 독자적인 자치행정 단체로 승격되지도 않았지만, 식민지 지방행정이 지향했던 최종적인 목표는 면 중심의 '자치행정'이었음이 명백하다.[25]

이리하여 식민지 조선의 지방행정은 상대적이기는 하지만 자치권을 가진 도행정 및 이전에 비해 권한이 현저히 약화된 군행정 그리고 자치행정을 지향하는 면행정으로 삼분되어 계열화되었다. 도-군-면에는 이제 많은 조선인 관리들이 근무하게 되었는데, 그중에서 특히 주목할 가치가 있는 직위는 군수와 면장이라고 할 수 있다. 군수는 상대적으로 그 지위가 하락하였고 독자적 권한이 적었으므로, 거기에는 많은 조선인이 임명되었다. 한편 면장은 정식 관리가 아니라 별정직(別定職)의 주임관(奏任官)으로 규정되었으며, 대부분 조선인으로 임명되었다. 군의 독자적 재정권(財政權)이 박탈되었다는 사실과 병합 이후 1920년대까지 조선인 군수가 다수 재직하고 있었다는 사실이 상호 깊은 연관성을 가지고 있었음이 틀림없다.[26] 여기에서는 한 조선인 군수의 사례를 통하여, 식민지관료의 민족별 균열과 갈등에 대해 검토해보고자 한다.

임홍순(任洪淳)은 1910~20년대 후반까지 활동한 전형적인 조선인 관료였다. 그는 1912~17년 군서기(郡書記), 1918~22년 도서기(道書記), 도속(道屬), 1923~24년 산청(山淸)군수, 1925~28년 양산(梁山)군수(1928년 사망)의 경력을 가진 사람으로, 병합 이후 관료로 진출하여 군수로 승진한 사람이었다. 그가 남긴 유저(遺著)《조선행정요람 朝鮮行政要覽》[27]을 통하여 그의 세계관에 대하여 간략하게 살펴보자.

첫째, 그의 개인주의와 공공성에 대한 관념을 살펴보자. 임홍순은

---

25) 윤해동, 《지배와 자치―식민지기 촌락의 3국면 구조》, 역사비평사, 2006 참조.
26) 박은경, 《일제하 조선인 관료 연구》, 학민사, 1999; 洪淳權, 〈일제시기의 지방통치와 조선인 관리에 관한 일고찰〉, 《國史館論叢》64, 國史編纂委員會, 1995; 李松順, 〈일제하 조선인 군수의 사회적 위상과 현실인식〉, 《역사와 현실》63, 2007 참조.
27) 任洪淳, 《朝鮮行政要覽》, 朝陽出版社, 1929. 이 저작은 임홍순이 1924년 이래 《朝鮮地方行政》, 《稅務通信》 등의 잡지에 투고한 글을 모은 것이다. 이하 이 책에 대한 자세한 인용은 생략한다.

(면의) 자치행정이 원활하게 운영되기 위해서는 자립(自立)과 공동(公同)과 상애(相愛)가 필요한데, 자립이란 지식과 경제력이 독립자영(獨立自營)하는 것을 의미하며, 공동이란 공공심(公共心)과 공동심(共同心)을 약칭하는 것으로 대아(大我)를 위해서는 소아(小我)를 희생할 필요가 있다고 강조한다. 나아가 개인의 안전은 사회의 안전이지만, 다른 사람을 배제한 개인의 안전은 알력을 발생시키고 종국에는 과격으로 변하므로, 단순한 개인주의는 불가하고 '사회를 위한 개인주의'를 크게 조장해야 한다고 주장한다.

둘째, 그는 조선 농촌문제를 해결하기 위해서 자작농을 창설할 필요가 있다고 강조한다. 조선에서도 자작지가 감소하고 소작지가 증가하여 소작인의 수가 증가하고 있으므로 토지겸병이 현저해지는 것을 인정해야 한다고 주장한다. 그러나 일본 내지에서는 소작법을 시행하여 소작인을 구제할 뿐만 아니라 자작농의 창설방법을 강구하고 있지만, 조선에는 아직 이런 시설이 없고 조선을 단순히 식량공급지로 만들고자 하는 경향이 보이는 것은 유감임을 표명한다.

셋째, 그는 조선에서도 실업을 진흥할 것을 강력히 주장한다. 조선의 부력과 개인의 소득은 세계에 유비(類比) 없이 빈약하고, 근면에서는 세계의 생존경쟁장(生存競爭場)에 참여할 수 없을 정도로 성질이 유한(悠閑)한 감이 있다고 한탄한다. 자치민(自治民)의 제1의 조건은 지력(智力)과 재력(財力)의 독립이므로, 이를 위해 조선인의 자각과 협력이 필요함을 강조하고 있다.

넷째, 예산 사용과 관련해서는 강경한 태도를 표명한다. 그의 총독부 예산에 대한 견해를 보면 다음과 같다. "조선의 예산에서 내지에서 오는 1천 500만 원 이상의 보급금(補給金)을 고려해야 한다고 하지만, 조선의 예산에 나타난 인건비를 조사하면 내지인 2만 6천여 명에게 봉급연액(俸給年額) 2천 700만 원(그중 약 1천만 원은 가봉 상당액) 남짓이고, 이에 대하여 조선인 1만 4천여 명의 봉급연액은 700만원 상당으로 인건비의 대부분은 내지인의 소득일 뿐이다. 임시비의 인건비 및 사업 이익 등을 고려하면 대개가 내지인 소득액이다. 1천 500만 원의 보급금은 재정 독립을 위해 초기에는 필요가 있었을 터이지만, 그것은 조선인에게만 혜택을 준 것은 아니다. 이를 이유로 보조금에서 차별을 두는 것이 당연하다고 하는 주장은 있을 수 없다." 임홍순은 일본으로부터 오는 보조금이 대부분 일본인 관료의 가봉으로 사용되고 있다는 점을 지적하며, 이를 비판하고 있다.

마지막으로 조선어 교육과 관련해서 임홍순은 다음과 같은 견해를 표명하고 있다. "어느 민족에게도 그 민족 사이에 통하는 언어가 있고, 언어를 표시하는 문자가 있다. 조선은 일본 제국 판도가 되었으므로 일본어를 국어(國語)로 하는 것은 물론이지만, 그를 상용하는 것은 곤란하다. 가령 그를 강요한다고 해도 실행이 가능한 것은 아니다. 그러므로 정부에서는 국어를 상용하는가 아닌가에 따라 초중등 교육기관을 분리하고, 초등학교에서는 조선문(朝鮮文)도 교육하도록 한 것이다. 민족을 달리하는 이상 언어는 절멸하지 않으므로 민도(民度)에 적당한 교육을 시행하여 생활에 불편이 없도록 하는 훌륭한 방침으로, 즉 공존공영(共存共榮) 정신의 표현이다." 곧 조선어 교육은 계속 유지되어야 하며, 조선어가 세계에서 유례없는 훌륭한 문자임을 강조하고 있다.

다소 지루한 인용이 되어버렸지만, 이를 통하여 조선인 관료 임홍순의 세계관을 엿볼 수 있다. 임홍순은 '민족'이라는 코드로는 잡아낼 수 없는 계몽의 근대적 합리성을 공유하고 있었다. 그는 식민지 관료의 입장에서 서구 근대적 합리성을 바탕으로 조선인을 계몽하

고자 했다. 그러나 예산 사용이나 조선어 사용에서의 민족적 차별에
대해서는 예민하게 대응하고 있었다. 조선사회의 분화와 사회적 합
리화 과정에 조선인 관료들은 부응하고자 하였지만, 민족적 심급(審
級)에서는 식민국가 및 본국 출신의 관료와 갈등·대립하고 있었다.
임홍순의 사례를 볼 때, 조선인 관료의 직급을 중심으로 '친일·반
민족행위'를 판별하고자 하는 시도가 빠질 수 있는 함정을 잘 확인
할 수 있겠다. 식민통치에서 피식민지 출신의 관료가 가지는 위상의
복합성을 감안하지 못한다면, 식민지기 협력행위를 단순화하고 도
덕화하는 오류에서 벗어나지 못할 것이다.

　임홍순의 언급에서 나타나는 가봉 문제는 식민지관료 문제에서
특별한 위상을 가진다. 예를 들어, 식민지 조선과 대만에서는 1929
년과 1931년 두 번에 걸쳐 감봉(減俸)·가봉삭감(加俸削減) 반대운
동이 일어나는데, 여기에는 식민지관료의 전형적 특성이 잠재해 있
었다고 할 수 있다. 1929년 하마구치(濱口) 내각은 긴축재정정책의
일환으로 관료 감봉안을 발표하였는데, 여기에는 식민지 재근관료
(在勤官僚)의 가봉삭감 방침도 포함되어 있었다. 조선총독부에서는
가봉 삭감방침을 완화해줄 것을 중앙정부에 요청하였고, 조선총독
부의 일본인 관리들은 집단행동의 움직임을 보이기도 하였다. 일본
인 관리들은 감봉보다 가봉 삭감에 더욱 민감한 반응을 보이고 있었
다. 그러나 조선인 관리들은 가봉을 조선통치의 근본방침인 일시동
인(一視同仁)과 모순되는 것으로서 민족차별의 상징으로 받아들이
고 있었으므로, 가봉 삭감방침에 대한 일본인 관리들의 집단 반대운
동에 대해 냉담한 반응을 보이거나 비판적인 입장을 취하고 있었다.

　1931년 중앙정부에서 다시 식민지관리들에 대한 감봉·가봉삭감에
착수하자, 반대운동은 더욱 거세게 일어났다. 그러나 가봉삭감 반대

운동은 조선총독부의 입장에서는 일종의 '뜨거운 감자' 역할을 수행하고 있었다. 조선총독부는 만약 가봉유지운동이 표면화할 경우 거꾸로 조선인 관리들의 차별철폐운동이 야기되고 민족간의 대립이 발발할 가능성이 있다는 점에 위구심(危懼心)을 표시하고 있었던 것이다.[28]

그러나 가봉 문제는 식민지관료 내부에 존재하던 민족차별의 일부였을 따름이다. 사실 이제까지의 식민지관료 연구 성과 가운데 다수는 민족차별과 관련한 문제를 주로 다루고 있다. 이에 따라 관료의 임용, 처우, 승진 등에서 공공연하게 민족적 차별이 이루어지고 있었음이 밝혀지고 있다.[29] 임용과 처우, 승진 등에서 본국 출신의 관료가 식민지 출신의 관료에 비해 일방적으로 우대되고 있었음은 물론이다. 대만의 경우 조선보다 민족차별이 더욱 심하고 일상적이어서, '관료왕국'이라는 별칭이 붙을 정도였다.[30] 식민지 출신의 고급관료가 가지는 정체성은 자부(自負)와 모멸을 오가는 것이었다.[31]

---

28) 감봉·가봉삭감반대운동에 대해서는 岡本眞希, 앞의 책, 653~794쪽에 자세하게 분석되어 있다. 오카모토 마키코(岡本眞希子)는 감봉·가봉삭감반대운동을 '중층적으로 교착하는 이해관계'라는 말로 표현하고 있다.
29) 식민지기 조선의 관료제와 관료에 대한 주요 연구 성과는 다음과 같다. 張世胤, 〈일제하 고문시험 출신자와 해방후 권력엘리트〉,《역사비평》 25, 1993; 安龍植, 〈일제하 조선인 판임문관에 관한 연구〉,《社會科學論集》 30, 연세대학교 사회과학연구소, 1999; 鄭仙伊, 〈식민지기 대학 졸업자의 취업상황과 그 성격 연구〉,《교육사학연구》 12, 교육사학회, 2002; 張信, 〈1919~43년 조선총독부의 관리임용과 보통문관시험〉,《歷史問題研究》 8, 역사문제연구소, 2002; 張信, 〈1920~30년대 조선총독부의 인사정책 연구〉,《東方學志》 120, 연세대학교 국학연구원, 2003; 朴二澤, 〈조선총독부의 人事管理制度〉,《精神文化研究》 29-2, 한국학중앙연구원, 2006; 張信, 〈日帝下 朝鮮人 高等官僚의 삶과 의식―高等文官試驗 行政科 合格者를 중심으로〉, 松田利彦 編,《日本の朝鮮·臺灣支配と植民地官僚》, 國際日本文化研究センター, 2007.
30) 식민지 고급관료의 전체적 구성, 임용, 처우, 승진 등의 개괄적 사항에 대해서는 岡本眞希子, 앞의 책 참조.
31) 제국대학 출신의 고등문관시험 합격자 가운데 식민지 출신의 관료가 느끼고 있던 일상적 차별에 대해서는, 그들이 남긴 회고록에 많이 언급되어 있다. 張信, 앞의 글, 2007 참조.

차별의 일상 속에서 모멸감을 느끼고 있던 식민지 출신 고급관료의 행위를 어떻게 이해해야 할 것인가?

다음에 인용하는 소설의 한 구절을 통하여 조선인 하급 경찰 관료가 느끼는 일상적인 차별을 잘 살펴볼 수 있다.

"……(趙教英은 — 인용자) 어젯밤 집에 돌아온 뒤 갑자기 서장으로부터 호출을 받았다. 그는 급하게 경찰서로 가서, 주뼛주뼛거리며 서장실로 들어갔다. 서장은 묵묵히 그에게 종이 한 장과 일당으로 된 급료 봉투를 건넸다. 하하, 올 것이 왔구나 하고 생각했다. 4, 5일 전에 徽文高等普通學校 학생과 K中學校 학생 여러 명이 싸움을 했다. 그 징계 문제를 놓고 그는 과장과 작은 언쟁을 벌였던 것이다. 그는 묵묵히 그 종잇조각을 받아들고 밖으로 나왔다. 그리고 (집으로는 가지 않고) 불빛 속을 한참 헤매다가 그 돈을 쥔 채 비틀비틀 S문 밖의 갈보 집으로 들어갔다."[32]

위의 인용문은 나카지마 아쓰시(中島敦)가 쓴 소설의 한 구절이다. 이 소설 속에서 조선인 순사 조교영은 조선인 학생과 일본인 학생 사이에 일어난 싸움의 처벌 문제를 둘러싸고 일본인 과장과 언쟁을 벌인 며칠 뒤 해직을 당한다. 조교영은 이러한 사태를 자신이 조선인이라는 이유로부터 비롯된 민족적 차별로 받아들인다. 그리하여 그는 "너희는, 너희는. 이 반도는…… 이 민족은……"이라고 탄식한다. 소설에 나타난 하급 조선인 경찰의 차별 사례이지만, 이를 통하여 인종별·민족별 위계 혹은 균열이 식민지관료 내부에 존재하고

32) 나카지마 아쓰시, 〈순사가 있는 풍경〉, 아쿠타가와 류노스케 외, 최관 옮김, 《식민지 조선의 풍경—조선을 그린 일본 근대소설》, 고려대학교출판부, 2007, 97~98쪽.

있었음을 엿보기에 어렵지 않다.

순사와 마찬가지로 말단행정 단위인 면의 행정을 담당하고 있던 면장 또는 면리원(面吏員)의 상황 역시 이와 유사한 것이었을 터이다.[33] 특히 전시총동원정책이 강요되는 시기가 되면, 조선총독부는 말단 면직원을 동원하여 촌락에 대한 헤게모니를 강화하려 하였으나 이는 가능한 일이 아니었다. 말단의 면직원은 총동원정책이 강화되는 과정에서 권력 측이 아니면 식민지민 가운데 어느 하나의 입장을 지지하는 선택을 강요당하고 있었다.[34]

5. 무엇을, 어떻게 할 것인가

이상으로 식민국가와 식민지관료, 식민지 사회의 분화와 식민지관료, 식민지 근대 주체의 형성과 식민지관료라는 세 가지 층위에서 식민지관료 연구가 차지하는 의의를 짚어보았다. 식민지관료는 상대적 자율성을 가진 존재로서, 식민국가의 성격을 결정하는 데 깊이 개입하고 있었으며, 식민지 사회의 창출을 주도하고 식민지 사회 내부의 갈등과 알력을 조정하는 역할을 담당하고 있었다. 또한 식민지관료 내부의 균열과 갈등을 이해하는 것은 식민지 협력의 구조를 파악하는 데서 필수적이다.

최근 식민지관료 연구의 시야가 확대됨과 아울러 지평이 넓어지고 있는 것은 실로 반가운 일이다. 식민지관료 연구를 활성화하는

---

33) 면장과 면리원의 전체적 구성과 성격에 대해서는 尹海東, 앞의 책, 2006, 135~154쪽 참조.
34) 松本武祝,《朝鮮農村の〈植民地近代〉經驗》, 社會評論社, 2006, 161~198쪽.

것은 단순히 식민지 연구의 공백을 메우는 것 이상의 의미를 가지고 있음에 틀림없다. 우선 식민지관료 연구는 식민지 근대 연구뿐만 아니라 제국사 연구의 새로운 지평을 여는 안내자의 역할을 담당할 수 있을 것이다. 그를 통하여 일국사로서의 근대역사학을 탈피하여, 국가를 가로지르는 새로운 역사학 곧 트랜스내셔널 히스토리를 탐색하는 유용한 실마리를 제공할 수 있음에 틀림없다.

식민지관료 연구의 넓어진 시야와 지평을 감당하기 위해서는 국경을 넘는 공동연구의 방법이 필수적이다. 국제일본문화연구센터에서는 2007년 '조선·대만지배와 식민지관료'라는 주제로 국제심포지엄을 개최하고 이를 공간한 바 있다.[35] 일본, 한국, 대만, 미국의 연구자들이 함께 모여 식민지관료라는 초국적 대상을 연구하는 것은, 일본사·한국사·대만사라는 일국사를 넘어선 트랜스내셔널 히스토리를 탐구하는 데 있어 중요한 첫발을 내디딘 것으로 평가할 수 있을 것이다. 이런 맥락에서 가쿠슈인(學習院) 대학 동양문화연구소와 성균관대학교 동아시아학술원이 식민지관료와 관련한 공동연구를 수행하는 것 또한 시의적절하다고 할 것이다. 더욱이 가쿠슈인대학이 소장하고 있는 우방협회(友邦協會)의 식민지 관련 자료는 풍성하다. 이를 활용한 공동연구를 추진할 필요가 있을 것이다.

식민지관료 연구가 차지하는 위와 같은 의의를 고려하면, 연구의 대상 역시 공간적으로 확장할 필요가 절실하다. 일본과 한국만이 아니라 대만 및 동북지방(구만주)을 포함한 중국을 대상으로 하는 식민지관료 연구의 공동 프로젝트를 추진하되, 연구자 역시 일본사, 대만사, 만주사, 중국사, 한국사를 포괄하는 것이 좋을 것이다.

---

35) 松田利彦 編,《日本の朝鮮·臺灣支配と植民地官僚》, 國際日本文化研究センター, 2007이 그 성과물이다.

4장

친일 · 협력자[1] 조사의 윤리학

1. 인간의 정의, 그 불완전함

1987년 이후 한국사회는 정치적 차원에서 보자면, 정당과 의회의 위상이 현저하게 높아지고, 지방자치제가 실시되었으며, 군부의 정치 개입 가능성이 거의 사라진 상태에서 시민사회의 대변자로 자처하는 민간 NGO를 비롯한 다양한 집단의 정치 참여가 급속하게 증대되는 상황에 있다. 그럼에도 정부와 의회는 파행적 관계를 계속 이어가고 있으며, 부의 분배가 급속하게 악화됨으로써 대중의 정치 참여 가능성이 실질적으로는 줄어드는 상황을 맞이하게 되었다. 그

---

[1] 친일(pro-japanese)이라는 개념과 협력(collaboration)이라는 개념에는 큰 차이가 있으므로 엄격히 구분해서 사용해야 한다고 생각하지만, 친일이 관용적으로 사용되고 있는 현실을 감안하여 여기에서는 일단 친일 · 협력(자)이라는 절충적인 개념을 사용하기로 한다.

런 점에서 이른바 '87년체제'[2]는 '진보의 교착 상태'를 의미하는 것이기도 하다. 이러한 상황에서 '민주화 이후의 민주주의'를 실현하는 것 곧 실질적인 민주주의를 확장하여 민주주의의 내실을 기하는 것이 교착 상태에 빠진 '이행기'의 초미의 과제로 부상하고 있다. 이행기 민주주의의 내실화 과정에서 대두한 가장 현저한 현상의 하나가 바로 '과거청산'을 둘러싼 문제라 할 것이다.

 1990년대 이후 한국에서 '과거청산'은 '역사 바로세우기'라는 이름 아래 먼저 개혁의 일환으로 추진되었다. 문민정부(김영삼정부) 출범 이후 개혁의 일환으로 과거청산이 시대적 대세이자 과제로서 제기되고 추구되어왔지만, 그것은 효과적으로 수행되지 못했다. 혁명적인 수단이나 방법을 통한 급속한 정치·사회적 단절이 있었다면 과거청산이 훨씬 명쾌하게 진행되었을지도 모른다. 하지만 한국에서의 이행의 방식은 선거를 통한 점진적인 것이었으므로 개혁의 일환으로서 과거청산이 시대적 과제로 대두하게 된 것처럼 보인다. 선거를 통해 권위주의체제를 청산하고 민주적인 사회로 이행할 수 있었다는 점에서 보면, 과거청산은 민주화를 통해서 오히려 정당하고 효과적인 방식으로 수행된 측면도 있다. 선거를 통한 과거청산은 국민의 총의에 의한 것이라는 점에서 정당성에 기반을 두고 있으며, 가장 효과적일 뿐만 아니라 되돌리기 어려운 측면이 있다. 또 선거에 의해 정당성을 확보함으로써, 하나의 정치권력이 과거청산을 위한 정치적·도덕적 기반을 마련할 수 있다는 점에서 그 나름의 의

---

2) 1987년 이후 헌정체제가 변화하면서 제도적 민주주의의 진전을 이루고, 민간부문의 증대와 아울러 국가의 역할이 현저하게 축소된 과도기 또는 이행기의 상황을 '87년체제'라고 규정하고자 하는 흐름이 있다. 이일영, 〈동아시아 경제와 한국의 87년체제〉,《창작과비평》, 2005, 81~96쪽 참조.

미를 가지기도 한다. 그러나 선거를 통해 집권한 정치권력이 과거청산을 통해 모든 문제를 해결할 수 있는 것이 아니라는 점 또한 명백하다.

다른 한편, 한국전쟁과 냉전을 거치면서 권위주의체제가 정착하는 과정에서, 한국 사회 내부에는 국민으로부터 배제된 이른바 '비국민'이 양산되었다는 사실 역시 두루 잘 아는 바와 같다. 권위주의체제가 남긴 후유증을 제거하고 민주화운동에 따른 피해를 구명하며 나아가 보상받고자 하는 심리가 권위주의체제하의 피해자들로부터 대두하는 것 역시 지극히 당연한 현상이다. 또한 언제 어디서나 과거청산이라는 과제는 피해자의 노력에 의해 촉발되고 추동된다는 점에서, 피해자들이 제기하는 이런 요구를 적극적으로 수용하고 해결해야 할 것이라는 점도 부정할 수 없다. 이런 점에서 보면 1990년대 이후 대두한 과거청산이란 과제는 '진보'와 '민주주의'라는 이름을 걸고 나타난 '아래로부터의 국민화' 요구로 볼 수 있는 측면도 있다.[3]

1990년대 이후 과거청산과 관련하여 제정된 법안은 2004년 말 현재 모두 18개에 달한다.[4] 여기에 2005년 5월 통과된 '진실·화해를 위한 과거사정리 기본법'과 2005년 12월 통과된 '친일반민족행위자 재산의 국가귀속에 관한 특별법안'을 포함하면 20개에 이른다. '일제강점하 반민족행위 진상규명에 관한 특별법'을 제외하면, 19세기 후반의 사건을 대상으로 삼는 '동학농민혁명참여자 등의 명예회복

---

3) 과거청산이 국민화과정으로 '만' 귀결되는 데에 대한 비판으로는 문부식의 글을 참고할 수 있다. 문부식, 《잃어버린 기억을 찾아서—광기의 시대를 생각함》, 삼인, 2002.
4) 김민철, 〈'과거청산' 문제와 특별법 제정의 의미〉, 《기억을 둘러싼 투쟁》, 아세아문화사, 2006, 239~253쪽 참조.

에 관한 특별법'을 포함한 대부분의 법안은 피해자 단체들의 요구에 의해 제정되었다. 피해에 대한 보상을 요구하는 법안도 있지만, 진실 규명과 명예회복을 요구하는 것이 대부분이다. 그런 점에서 과거청산과 관련하여 제정된 법률의 취지는 충분히 이해할 수 있다. 그럼에도 과거청산에 대한 요구가 한국사회의 민주화 및 아래로부터의 국민화에 대한 요구라는 두 가지 목표를 가지고 있다는 점에서 현재 진행되고 있는 과거청산 작업의 취지와 방향에 의문이 남지 않는 것은 아니다.

여기에서 '기억을 둘러싼 투쟁'으로 지칭되고 있는 현행 과거청산 작업이 가진 논리와 문제점은 무엇인가를 살펴보자. 과거청산을 둘러싸고 다양한 언설이 제기되었지만, 현행 과거청산 작업에 참여하여 핵심 역할을 수행하고 있는 김동춘의 논의를 통해 살펴보면 다음과 같다. 그 주장의 논리적 기저는 대개 다음과 같은 세 가지로 요약할 수 있다.[5] 첫째, 역사 과정에 대한 순수주의적 입장과 인과론적 단선론에 입각한 시각이 인식의 기저를 이루고 있다. "4·19혁명 당시 과거청산이 제대로 이뤄지지 않음으로써 그 후 어떤 일이 일어났는가? 우선 5·18 광주대참사가 발생했다. 그리고 제3, 4공화국 시절 인권유린, 의문사, 조작간첩으로 의심되는 사건이 수없이 일어났다"라는 구절에서 보는 것처럼, 과거청산이 제대로 이루어지지 않아서 권위주의정권이 유지되고 그에 의한 피해가 이어졌다는 순수한 인과론적 단선론이 인식의 바탕을 이루고 있다. 그러므로 올바른 미

5) 김동춘은 과거청산의 필요성과 그 방향성에 대해 가장 논리적인 대안을 제시하고 있으며, 현재 '진실·화해를위한과거사정리위원회'의 상임위원을 맡고 있다. 김동춘, 〈한국 과거청산의 성격과 방향〉, 《민주사회와 정책연구》 8, 민주사회정책연구원, 2005, 19~45쪽 참조.

래를 맞이하기 위해서는 과거를 엄정하게 청산해야만 한다는 인식이 과거청산의 필요성을 뒷받침하고 있는 것이다. 둘째 문제는 다른 무엇보다도 중요한 것인데, 과거청산의 필요성을 주의주의적인 정치학의 관점에서 도덕화하고 있다는 점을 들 수 있다. 그가 주장하는 과거청산의 필요성은 다음과 같이 정당화된다. 먼저 올바른 과거청산을 통하여 공권력의 신뢰와 권위를 회복하고, 이를 통하여 법적·사회적 정의를 회복하며, 이런 과정을 통해 국민을 교육하고 계몽함으로써 국민도덕을 올바로 정립할 필요가 있다는 것이다. 심지어 과거청산은 '국가적 정신치료'의 과정이라고까지 강변된다. 요컨대 과거청산은 사회적 정의와 도덕을 회복함으로써 사회를 치유하는 과정이 된다는 것이다. 셋째, 이에 따라 과거청산이라는 과제는 일종의 강박증으로 작용하는 것처럼 보인다. "부작용이 아무리 크다고 하더라도, 그것이 해결됨으로써 극소수의 사람들을 제외한 대다수 국민들이 얻을 이익 그리고 국가발전에 장기적으로 기여하는 점이 훨씬 크다고 생각한다"는 서술이 그런 분위기를 잘 드러내고 있다.

역사 이해의 단선론적 사고로부터 연원하는 것으로 보이는 김동춘의 과거청산의 정치학은 지나친 도덕주의적 시각으로 인한 '과거청산의 도덕화'와 아울러 그로 인한 강박증에 긴박되어 있어, 마치 '과거청산 근본주의'라고도 부를 만한 정서적 위험성을 가지게 된다. 과거청산을 모든 개혁의 근본이자 도덕의 근원이라고 인식하게 되는 의식을 '과거청산 근본주의'라고 부를 수 있을 것이다. 이런 상황에서 과거는 하나의 기호로 변한다. 과거청산은 특정한 종류의 기억 창출 방식이 되고, 이를 통하여 과거는 일종의 정치적 기호로 바뀌게 되는 것이다. 제국주의 지배에 대한 협력 대 저항 그리고 권위주의 정부 대 민주화운동이, 선과 악의 이분법의 세계 곧 도덕의 세계에서 기호화하게 될 가능성을 가지게 되는 것이다. 이런 상황에서 정치와 도덕은 언제나 교차한다는 유연한 사고는 불가능하게 되는 것이다.

과거청산 근본주의라고도 부를 수 있을 이러한 과거청산 논의에서 희생과 폭력의 교묘한 조합을 발견하는 것은 어렵지 않다. 식민지배의 희생자든 한국전쟁 또는 권위주의 정권의 희생자든, 모든 희생자는 일제 말기 '친일파'의 계승자로서 불의의 화신인 권위주의 정권의 '폭력'에 의해 희생되었다는 논리적 구조가 그것이다. 이제 이 희생자의 억울함을 풀고 진실을 밝히는 작업은 정의의 법정인 역사의 법정에서 반드시 수행해야 하는 과제가 된다. 그리고 이런 과제를 수행하는 주체는 민족이다. 그러나 우리는 이런 논리구조 속에서 바야흐로 하나의 '희생제의'를 목격하게 된다.[6] 이제 폭력의 당사자인 친일민족반역자가 희생물이 되어, '민족'의 이름 아래 민족의 의지로서 정의를 회복하기 위한 '성스러운 제의'라는 '폭력'의 향연이 펼쳐지게 되는 것이다. 이제 어떤 현실적인 위협도 되지 않는 친일민족반역자나 과거 권위주의 정권의 담당자들은 성스러운 '민족사의 법정'에서 '희생양'이 되어야 한다. 그러나 이것은 폭력이 아니다. 그들이 행한 폭력과는 비교할 수 없는 것이기 때문이다. 그리고 정의의 이름 아래 수행되는 '성스러운' 폭력이기 때문이다.

일반적으로 정의는 도덕의 영역 전체를 포괄하지는 않는다. 정의는 사회적 도덕의 테두리 안에서 작지만 실행책임이 있는 일부인 이른바 법-의무 및 법-도덕에만 관여한다. 요컨대 정의는 '실행책임이 있는 도덕'이라 할 수 있다.[7] 그러므로 정의는 불편부당함을 내세

---

6) 일반적인 희생제의의 성립과 성격에 대해서는 르네 지라르, 박무호 옮김, 《폭력과 성스러움》, 민음사, 1997 참조.

우지만 그것은 상호성 위에서만 기능하는 것이고, 집단생활만이 정의의 대상이 된다. 집단생활의 이익과 불이익이 서로 다른 여러 집단에 분배되지 않도록 만드는 것이 바로 정의라고 할 수 있는 것이다. 그러므로 이익과 불이익에 대한 결산은 긍정적이어야 한다. 그렇지 않으면 사람들은 홀로 사는 길을 택할 것이기 때문이다. 또한 이런 결산은 사회집단만이 아니라 각 개인에게도 도움이 되는 것이어야 한다.[8] 그러므로 인간의 정의는 언제나 불완전한 것일 수밖에 없다. 정의를 회복함으로 도덕성을 회복할 수도 있겠지만, 과거청산을 통하여 정의와 도덕성을 전부 회복할 수 있다는 믿음은 또 다른 부정의를 낳을 가능성이 있다는 점을 자각하지 않으면 안 된다.

2. '준사법적' 행위로서의 '친일·협력자' 조사, 그 '필요악'의 줄타기

2004년 3월 '일제강점하친일반민족행위진상규명에관한특별법(이하 특별법)'이 국회에서 통과되었다. 이후 9월 말 발효를 앞두고 여당인 열린민주당에서는 이 법안이 친일반민족행위의 진상을 규명하기에는 부족한 점이 많으므로 법안이 발효되기 전에 개정해야 한다고 주장하면서 개정 법안을 제출하였고, 결국 이를 바탕으로 개정 법안이 12월 29일 통과됨으로써 현재 '진상규명위원회'가 활동하고 있다. 그러나 박정희 전 대통령을 법안의 조사 대상으로 삼을 것인가

---

7) 오트프리트 회페, 박종대 옮김, 《정의—인류의 가장 소중한 유산》, 이제이북스, 2004, 38~41쪽.
8) 위의 책, 40~41쪽.

아닌가라는 문제가 여당이 개정 법안을 제출한 중요한 이유라는 소문이 무성했다.[9] 또 특별법이 통과된 이후에도 이를 둘러싼 불만은 법안에 대한 찬반 양 진영 모두에서 불거지고 있는 상황이다.[10]

특별법의 성격을 분명히 하기 위해서는 먼저 1948년에 제정된 '반민족행위처벌법(이하 처벌법)'과 비교해볼 필요가 있다. 특별법의 목적은 "일본제국주의의 국권침탈이 시작된 러일전쟁 개전 시부터 1945년 8월 15일까지 일본제국주의를 위하여 행한 친일반민족행위 진상을 규명하여 역사의 진실과 민족의 정통성을 확인하고 사회정의 구현에 이바지"(1조)하기 위한 것으로 규정되어 있다. 이는 "1945년 8월 15일 이전의 악질적인 반민족행위를 처벌하는 특별법을 제정할 수 있다"는 제헌 헌법의 부칙 제101조에 상응하는 것이다. 처벌법이 '반민족행위'를 '처벌'하는 것이 목적인 데 비해, 특별법은 '친일반민족행위'의 '진상을 규명'한다는 점에서 차이가 있다. 처벌법에서 규정한 처벌은 최고 사형에까지 이르는 징역형, 재산과 유산(遺産)의 몰수형 그리고 공민권(公民權) 정지라는 세 가지 구분을 가지고 있었다(제1장). 반면 특별법은 친일반민족행위를 조사하여 심의·의결하는 것(제4조), 곧 친일반민족행위를 '확정'하는 것까지를 목적으로 삼고 있다. 처벌의 대상이 '반민족행위'로부터 '친일반민족행위'로 바뀌었는데, 이 차이는 분명치 않다. 하지만 '반민족행위'가 무엇을 의미하는지가 명확하지 않다는 점에서는 동일한 문제를 안고 있다고 할 수 있겠다.[11] 또 특별법은 '민족의 정통성을 확인

---

9) 제245회 국회 법사위원회 회의에서의 한나라당 조재환 의원의 발언 참조. 국회사무처, 《법제사법위원회 회의록》9, 2004. 2. 26.
10) 김민철, 〈'친일' 문제·인식, 책임, 기억〉, 《기억을 둘러싼 투쟁》, 아세아문화사, 2006, 62~103쪽 참조.

하고 사회정의 구현에 이바지' 한다는 법안의 목적을 분명히 규정하고 있는데, 이는 처벌이 불가능한 상황에서 특별법이 역사화할 뿐만 아니라 도덕화하고 있음을 드러내는 것이겠다. 곧 국가 생활을 유지하는 데 필요불가결한 규범으로서의 성격을 가진 것이 아니라, 국민들에게 특정한 역사인식을 주입하기 위한 강제적인 도덕률로서의 성격을 가지는 법안이라는 점을 강조해둘 필요가 있다.

반민족행위 선정 기준을 보면, 처벌법이 16개 조항으로 이루어져 있고 특별법이 20개 조항으로 이루어져 있다. 그 가운데에는 행위의 성격과 관련 없이 법이 적용되는 당연범과 그 행위의 성격에 따라 법이 적용되는 선택범이 포함되어 있는데, 두 법안 모두 당연범이 각기 6개 조항을 차지하고 있다는 점에서는 공통적이다. 다시 말하면 특별법에서는 반민족행위의 기준이 4개 조항 늘어났는데, 이는 모두 선택범이 차지하고 있는 것이다. 늘어난 4개 조항 가운데 학병 · 지원병 · 징병 또는 징용을 강요하거나(11조) 부녀자를 강제동원한 행위(12조)는 새로 포함된 것이고, 소위(少尉) 이상의 장교(10조) 또는 판사 · 검사(15조) 헌병 또는 경찰(16조) 등은 대상을 세부화하여 구체적으로 특정(特定)한 것이다.[12] 당연범보다 선택범이 늘어나게 되었다는 점에서는 일단 기준 선정에 신중을 기해야 한다는 점을 고려하고 있는 것으로 보이지만, 이는 대상을 세부화한 것에 따르는 당연한 결과일 것이다. 현실적으로 처벌이 불가능한 상황에서 대상

---

11) 친일과 협력 그리고 반민족행위의 차이점에 대해서는 윤해동, 〈친일과 반일의 폐쇄 회로에서 벗어나기〉, 권용립 외, 《우리 안의 이분법》, 생각의나무, 2004 참조. 특별법의 조사 대상을 명확히 하기 위해서는, 대상을 '협력' 행위로 규정했어야 할 것이다.
12) 특별법에서 규정한 반민족행위 선정 기준은 민족문제연구소가 추진하고 있는 《친일인명사전》의 수록 인물 선정 기준과 매우 유사하다. 특별법이 《친일인명사전》의 선정 기준을 많이 참조한 것이 아닌가 한다. 민족문제연구소, 〈특집: '친일인명사전' 수록 인물 선정 기준〉, 《민족사랑》 2005년 7~8월호 참조.

이 늘어나고, 그것도 행위를 기준으로 대상자를 선정하겠다는 발상이 법안에 나타나게 된 것은 흥미로운 일이다.

이처럼 처벌법과 비교할 때 특별법에는 몇 가지 명백한 차이 또는 특징이 있다. 첫째, 형법은 물론 헌법에도 명기되어 있지 않은 행위를 국가가 주도해서 조사·확정하고자 한다는 점에서 소급입법의 혐의가 있는 점이다. 물론 법안에 친일반민족행위가 범죄행위라는 점을 명기하고 있는 것은 아니지만, 그 목적을 사회정의의 구현이라고 설정함으로써 그런 혐의를 완전히 지우기는 어렵다고 하겠다. 둘째, 반민족행위의 조사대상을 확장하고 행위를 기준으로 삼는 선택범을 늘리고자 한 점이다. 여기에는 물론 바람직한 측면이 없지 않지만, 처벌이 불가능한 상황에서 반민족행위의 범위를 확장하여 그 것을 국가가 확정하고자 하는 것은, 이 법안이 특정한 역사인식을 도덕률화하는 측면을 가지고 있음을 여실히 드러내는 것이라 하겠다. 셋째, 이와 관련하여 민족구성원 전체를 만족시킬 수 있는 법안이 있을 수 없다는 고려를 하지 못하고 있다는 점이다. 후술하겠지만, 이는 '민족'의 내용을 재구성하고자 하는 의지, 곧 민족주의가 위기에 봉착했다고 판단할 때 나타나는, 민족을 재영역화하고자 하는 의도와 관련되어 있을 것이다.

친일반민족행위라고 하는 범주가 대단히 모호함에도 불구하고, 이미 한국인들의 자기정체성의 일부를 구성하고 있는 친일·협력 행위를 명백히 구분해낼 수 있다는 도덕적 우월성이 정치적인 전략과 결부되어 있는 것이 바로 이 법안이 아닐까라는 의심을 지울 수 없다. 대중의 현실적 불만과 분노가 민족이라는 외투를 뒤집어쓰고 출구를 찾고자 할 때, 그 불만과 분노는 도덕적 원리의 원천으로 포장되기에 안성맞춤이다. 바야흐로 한국사회는 도덕국가-철인국가를 구성하고자 하는가? 과거청산이 '도덕 정치'의 재료가 되어서는 안 된다. 국가가 반민족행위의 청산주체가 될 때는 언제나 이런 위험을 안게 되는 것은 필연이다. 학문의 영역에서 담당해야 할 역할을 국가가 자임하고 있는 것은 아닐까 하는 질문을 심각하게 던져보아야 할 때이다.

과거문제를 다루는 데에 법이 개입하는 것은 어느 면에서는 필연이다. 어떤 개인이나 집단이 과거에 행한 죄에 대하여 벌을 가하거나 책임을 묻는 것은 사법권의 배타적인 영역에 속한다. 하지만 '죽은 자'에게 사법적 죄를 물을 수는 없다. 친일·협력자에게 죄가 있다 하더라고, 죽은 자에게 벌을 내릴 수는 없는 것이다. 그렇다면 사법적 책임을 묻는 것이 아닌 국가의 '진상규명' 작업은 어떤 성질을 가진 것이라고 보아야 할 것인가? 물론 진상규명을 위한 '조사' 작업은 법적 책임을 묻는 사법적 '재판'과는 다르다. 그럼에도 이 법에는 필요한 경우 증인을 소환할 수 있는 권한이 부여되어 있다는 점에서 국가의 권력 장치를 이용하고 있다. 또 위원회가 조사한 친일·협력자는 최종적으로 국회에서 '확정'된다. 이런 점에서 학문적 연구 작업이라고 볼 수는 없다. 이 법안에 의한 진상규명 작업은 사법적 재판도 역사학적 해석도 아니라는 점에서 독특한 위상을 차지하고 있다. 하지만 그 기구가 국가기관의 일부분이며, 법적 실증주의에 그 해석을 위임하고 있다는 점에서 궁극적으로는 '준사법적' 성격을 가진 것이라고 볼 수밖에 없다. 그런 점에서 이 위원회의 진상규명 작업은 역사학자의 해석 작업과 무관하다. 대개 "법은 기억과 역사, 진실 사이의 긴장을 고조"시켰을 뿐이라는 프랑스의 경험을 무시할 필요는 없을 것이다.[13] 이제 한국에서 친일 협력 행위를 둘러싼 갈등의 판도라 상자가 열린 것은 아닐까? 이 위원회의 활동은 판도라 상자의 문을 열어젖힌 것으로 후세에 기억될 것이다.

2005년 8월 29일 민족문제연구소는 오랫동안 추진해왔던《친일인명사전》(가칭) 수록 예정자 1차 명단을 발표했다.[14] 발표에 의하면 수록 대상 인물은 모두 3,090명으로 총 13개 분야로 나누어 선정했다고 한다. 분야별 숫자를 보면 관료(고등문관 이상) 1,068명, 경찰(경부 이상) 450명, 친일단체 간부 272명, 중추원(참의 이상) 279명, 군 장교(위관급 이상) 213명, 전쟁협력 72명, 종교 157명, 문화예술 146명, 매국(수작·습작자) 124명, 교육 학술 68명, 언론 40명, 일본제국의회 의원 11명 순으로 실제 통치 기구에 참여한 사람을 중심으로 선정했다고 한다(분야별 중복인원을 포함하면 총 3,700명이나, 중복을 제외하면 3,090명이라고 한다).

진상규명위원회는 1904년 러일전쟁 개전부터 1919년 3·1운동 때까지를 대상으로 하는 2006년 제1기 조사활동의 결과를 보고하였다.[15] 제1기의 조사활동은 정치 부문, 통치기구 부문, 경제·사회 부문, 학술·문화 부문의 네 부문으로 나누어 진행하였으며, 모두 106명의 행위를 친일반민족행위로 최종 결정하였다고 한다. 이로 미루어본다면, 특별법에 의해 구성된 진상규명위원회가《친일인명사전》수록 예정자 이상의 수를 친일반민족행위로 확정하기는 어려울 것이다. 하지만, 친일민족반역자를 가르는 범주가 어떻게 되든 이 정

---

13) 앙리 루소, 이학수 옮김,《비시 신드롬》, 휴머니스트, 2006, 309~310쪽 참조. 루소는 역사를 쓰는 것과 법의 원칙을 적용해가며 어떤 개인을 재판하는 것은 다른 일이며, 프랑스에서 법은 대개 조건부 해석을 이어받아서 본의 아니게 기억과 역사, 진실 사이의 긴장을 고조시켰다고 보았다.

14)《프레시안》 2005. 8. 29. 참조.

15) 친일반민족행위진상규명위원회,《2006년도 조사보고서》 1·2, 2006 참조. 제2기는 1919년 3·1운동 때부터 1937년 중일전쟁 개전 때까지, 제3기는 1937년 중일전쟁부터 1945년 8월 15일까지로 구분하여 조사를 진행할 계획이라고 한다.

도밖에 없었으리라고는 상상할 수 없다. 36년 동안의 제국주의 지배 기간 동안 어떤 형식으로든 제국주의에 협력한 사람이 이 정도에 지나지 않는다면 그런 식민지는 유지될 수 없었을 것이다. 그게 아니라면, 다시 말하면 수십 혹은 수백만에 달할지도 모르는 많은 사람들 가운데서 비교적 엄정한 기준을 가지고 친일민족반역자를 걸러서 그들의 협력 행적을 밝혀내겠다고 한다면, 여기에는 어쩔 수 없이 정치적 견해가 반영되지 않을 수 없을 것이다. 수십만 혹은 수백만 가운데서 조사 가능한 수만 명 정도의 인물을 선택하고, 그들의 행적 가운데서 협력적인 측면을 분석해내는 데에 어찌 정치적 입장이 반영되지 않을 수 있을 것인가? 당사자가 대부분 사망하고 많은 자료가 인멸된 상황에서 현재 조사 가능한 인물만을 대상으로 조사하겠다고 한다면, 그것이야말로 '정치적인 행위'라는 비판을 면하기 어렵다. 자료가 인멸되어 그로부터 제외된 더 심각한 협력자가 있다면 그는 '친일파'라는 '낙인'으로부터 영원히 면죄될 가능성이 높기 때문이다. 현재 한국사회는 협력자 청산을 위한 필요악의 줄타기를 하고 있는 것인가?

3. 미봉과 망각 그리고 재론—협력자 청산 논의의 세 시기

일제하 협력자에 대한 논의는 크게 미봉기, 망각기, 재론기로 나누어볼 수 있다. 첫 번째 시기는 1945~49년까지의 미봉기이다. 앞서 본 바와 같이 1948년 9월 국회는 '반민족행위처벌법'을 제정·공포하였다. 그러나 잘 알려져 있다시피, 이승만 정권은 반민족행위자를 처벌하도록 한 것이 헌법에 규정된 사안임에도 불구하고, 반민특위법의 통과에 소극적이었다. 국무회의에서는 반민특위법이 국회 내에 특별재판부를 두도록 한 점과 당연범을 두도록 한 것은 헌법에 위배된다는 논의를 하기도 하였다. 또한 친일파 민족반역자 청산 작업이 사회 내부의 분열을 부추길 우려가 있기 때문에 남북통일이 되고 난 후에 실시해야 한다고 주장하기도 하였다. 여기에다 이승만 정권은 1949년 6월 반민특위의 특별경찰대를 습격하여 해산하고 반민특위의 주요 구성원들을 국회프락치사건으로 구속하여 반민특위를 무력화하고, 특위법을 개정하여 원래 2년의 공소시효를 1년으로 줄여 급히 반민족행위자 조사를 마무리하고 말았다. 이처럼 반민특위가 출범 후 1년 만에 용두사미격으로 막을 내린 후, 이른바 '친일파' 청산 문제는 역사의 뒤편으로 사라지는 듯했다.[16] 이처럼 식민지기 협력자 청산이 미온적으로 마무리되고 말았던 데에는, 냉전과 분단이라는 요인이 가장 크게 작용하고 있었음은 두말할 나위도 없겠다.

두 번째 시기는 망각기로서 1949년부터 87년까지의 시기에 해당한다. 가장 오랜 기간에 해당하는 망각기의 정신 구조는 다음의 인용문을 통해 잘 살펴볼 수 있다.

> 민족반역자의 처벌은 한 민족이 외세를 방축하고 자주독립을 성취하기 전에는 불가능할 것이다. (……) 그러나 한 가지 간과할 수 없는 것은 피정복 기간이다. 정복당한 시간이 오래면 반민족행위자의 처벌은 불가능한 것이고 그 시간이 짧아야 처벌이 가능케 되는 것이다. (……) 현하의 실정을 보면 행정부, 입법부, 사법부, 기타 분야를 막

---

16) 반민특위에 관한 연구로는 이강수, 《반민특위 연구》, 나남, 2003 ; 허종, 《반민특위의 조직과 활동》, 선인 2003 참조.

론하고 중요한 지위에 있는 인사 중에는 왜정(倭政)하에서 일하고 있었던 사람이 적지 않다. 이것을 일일이 지적할 수는 없지만 여·야당의 간부와 국회의원 중에도 그런 인물이 적지 않다. 이제 이들에게 과거 친일자였다는 이름을 씌워야 할 필요가 있을지 우리로서는 경경(輕輕)하게 말할 수가 없다. 세대는 바뀌고 있다. 멀지 않은 시간 내에 이들이 행정·입법·사법의 제 기관에서 물러서게 될 것은 너무나 분명한 천리(天理)라는 것을 알아두어야 한다.[17]

위 글은 1950년대 후반 《조선일보》의 사설이다. 친일·협력의 경험을 가진 자들이 권력의 중추부를 장악하고 있던 1950년대의 현실에 고운 눈초리를 보내고 있지 않지만, 그럼에도 시간이 지나가면 해결될 문제라고 덮어두는 태도를 취하고 있다. 한편 외세의 지배가 길어지면 협력자에 대한 처벌이 어려워진다는 점을 지적하고 있는데, 이는 외세의 지배가 길어질 경우 협력자에 대한 처벌이 도덕화할 가능성을 경계하고 있다는 점에서 타당한 지적이라고 할 수 있을 것이다. 도덕화한다는 것은 무엇을 말하는 것인가? 이미 일본의 한국 식민지배는 식민지민을 악의 본질로 간주하는 마니교적 이원론의 세계로 구획되어 있지는 않았다. 예를 들어 한국은 병영과 경찰서를 경계선으로 삼아 두 개로 나뉜 세계, 곧 프란츠 파농이 《대지의 저주받은 사람들》[18]에서 그렸던 것과 같은 그런 식민지는 아니었던 것이다. 식민지 한국은 식민자와 피식민자의 세계라는 이원론의 세계로는 구획할 수 없는 복잡성을 가지고 있었다. 이런 복잡성을 가진 식민지를 이원화하여 구획하고자 할 때는 도덕화의 메커니즘이

---

17) 《조선일보》 1959. 3. 4. 사설, 〈과거의 친일행위를 이제 밝혀야 할 필요가 있을까〉.
18) 프란츠 파농, 남경태 옮김, 《대지의 저주받은 사람들》, 그린비, 2004.

동원되지 않을 수 없는 것이다. 도덕화한다는 것은 바로 이를 두고 하는 말이라 할 것이다. 요컨대 의도적인 '망각의 전략'을 통한 국민 만들기(Nation-building) 기획이 망각기에 진행되고 있었던 것이다. 또 망각의 전략이 냉전·반공 전략과 침묵으로 공모하고 있었다는 점 역시 주지하는 바이다. 냉전·반공 전략이 붕괴되지 않으면 망각의 전략 역시 깨어지기 어려운 것이었다.

그러나 이 시기에 친일·협력 행위를 망각하는 것이 아니라, 오히려 적극적으로 드러냄으로써 국민화 전략을 완수해야 한다는 사명감을 가진 연구자가 있었다는 사실 역시 주지하는 바이다. 임종국은 다음과 같이 말하고 있다.

> 우리는 몇 가지 주목할 만한 점을 발견할 수 있으니 그 하나가 (국민문학 곧 친일문학이—인용자) 국가주의 문학이론을 주장했다는 사실이다. 생각건대, 인간은 개성적 사회적 동물인 동시에 국가적 동물이다. 그런 이상 국가 관념은 문학에서 개성 및 사회의식 시대의식과 마찬가지로 강조되어야 할 것이 아닌가? 그럼에도 불구하고 문학은 장구한 동안 국가를 망각해왔다. 비록 그들이 섬긴 조국이 일본국이었지만, 문학에 국가 관념을 도입했다는 사실만은 이론 자체로 볼 때 주목해야 할 점일 것이다.[19]

임종국은 이른바 친일문학을 '식민지 국민문학'의 일환으로 간주하고 있었으며, 이를 '있는 그대로' 드러냄으로써 새로운 국가의 국민문학을 건설해야 한다고 주장했던 것이다. 임종국은 '식민지 국민

---

19) 임종국, 《친일문학론》, 평화, 1966, 468쪽.

문학'이 새로운 국가의 국민문학을 비추는 거울이자 반면교사가 되어야 한다고 생각했다.[20] 하지만 임종국의 드러내기를 통한 국민화 전략은 망각을 통한 국민화 전략에 의해 압살되었다.

세 번째 시기는 1987년을 기점으로 한 재론기이다. 재론기는 망각을 통한 국민화 전략에 의해 압살되어 있던 임종국의 논의를 '신화화' 함으로써 출발했다고 해도 과언이 아니다. 친일 · 협력자들의 문학작품이나 논설을 묶은 몇몇 선집(選集)의 출판이 논의의 기폭제가 되었다. 또한 친일 · 협력자의 궤적을 드러내는 작업은 때마침 활성화된 '민족 · 민주운동'의 일환으로 간주되고 있었다. 이처럼 재론기의 친일 · 협력에 대한 논의가 임종국의 드러내기 전략을 통한 국민화 기획을 그 출발점으로 하고 있다는 점은 우선적으로 지적되어야 한다. 1990년대 이후 친일 · 협력자 논의를 끌어가게 되는 반(反)민족문제연구소(이후 민족문제연구소로 개칭)가 타계한 임종국의 자료를 수용하여 그 유지를 계승하는 차원에서 발족했다는 점에서도 그런 측면은 잘 드러난다. 이후 민족문제연구소는 친일 · 협력자 인물 열전을 편집하는 작업을 통해 《친일인명사전》편찬 작업을 구체화하고자 했으며,[21] 사전 편찬 작업이 난항에 부딪치면서 사전 편찬의 필요성을 사회적으로 환기하거나 정부의 지원을 요청하기도 했다. 이런 과정에서 특별법 제정의 필요성 역시 여론화되기에 이른 듯하다.

---

20) 임종국의 식민지 국민문학론이 가진 양면성에 대해서는 윤대석, 《식민지 국민문학론》, 역락, 2006 참조. 윤대석은 식민지 국민문학론에서 국민문학이 아니라 식민지가 가진 양의성에 주목해야 할 것이라고 본다.

21) 민족문제연구소의 성과는 다음과 같다. 반민족문제연구소, 《친일파 99인》 1~3, 돌베개, 1993; 반민족문제연구소, 《청산하지 못한 역사》 1~3, 청년사, 1994; 민족문제연구소, 《친일파란 무엇인가》, 아세아문화사, 1997; 친일인명사전편찬위원회, 《일제협력단체사전》, 민족문제연구소, 2004 등.

민족문제연구소의 논의는 이 시기 친일 · 협력자 논의의 주류적인 한 유형을 구성한다. 예를 들어 민족문제연구소는 식민지기 반민족적 범죄와 유산을 청소하지 않으면, 전 민족적 성원의 단결과 민족에 대한 봉사가 불가능할 뿐만 아니라, 민주 발전과 경제 번영도 불가능하다고 단언한다.[22] 심지어 현재의 모든 사회적 악과 부정의는 친일민족반역자를 청산하지 못한 데에서 출발하는 것으로 간주한다. 여기에서 민족문제연구소를 중심으로 촉발된 친일민족반역자 청산 논의가 앞서 본 바와 같이 과거 청산 논의의 근본주의적 측면과 맞닿아 있음을 발견하기는 어렵지 않다. 요컨대 재론기의 친일 · 협력자 논의는 임종국의 드러내기를 통한 국민화 전략을 계승함으로써 출발한 것으로, 아래로부터의 민주화와 국민화 전략의 일환으로 추진되고 있다고 할 것이다. 하지만 이런 논의가 상업적 선정성을 배경으로 확산되면서 논의의 맹목성과 기억의 과잉에 대한 우려가 제기되기도 한다. 또한 아직 망각의 전략을 고수하고자 하는 사람 역시 적지 않은 것처럼 보인다.[23] 친일 · 협력자 청산 논의는 바야흐로 '과거사 전쟁' 혹은 '기억을 둘러싼 투쟁'으로 진전하고 있는 것이다.

---

22) 반민족문제연구소, 앞의 책, 1993, 3~7쪽(〈책을 펴내면서〉) 참조.
23) 〈(김동춘 · 안병직 논쟁) 특별기획, 격론 '과거사 전쟁'〉, 《신동아》 2004년 10월호 참조.

4. 국민주의와 호명의 정치

1) 국민주의의 포이에시스[24]

일제하 '친일협력자'를 '국가'가 조사하고 청산할 수 있다는 사고
에는 이미 그 자체에 비극적 사고가 내재되어 있다고 할 수 있다. 첫
째, 친일반민족행위자를 조사-청산하기 위해서는 먼저 윤리적 구속
성으로부터 해방될 필요가 있다. 친일반민족행위에 대한 현상학적
책임 위에서 비판의 논리가 구축되어야 하는 것이다. 친일반민족행
위에 대한 이해와 설명이 필요하다는 것이다. 모리스 메를로퐁티
(Maurice Merleau-Ponty)는 프랑스 비시정부의 필리프 페탱(Henri
Philippe Petain)에 대해서 이야기하면서 "반역자의 모습이란 잠자다
깨어난 사람이다"라고 말한 바 있다고 한다.[25] 이는 동기의 차원에
서 따져보자면 잘못한 점이 없는데, 어느 날 눈을 떠보니 반역자가
되어 있었다는 점을 지적한 것이겠다. 물론 이런 행위가 초래한 객
관적인 결과도 무시할 수 없는 법이다. 어떤 측면에서 친일반민족행
위는 객관적인 결과에 의해서 평가될 수 있을지도 모른다. 그럴 때
그에 대한 설명이 요구될 것이다.

일제 말기 친일협력자로 규탄되는 사람들은 대부분 제국주의 국
가의 억압에 의하여 민족에 대해 회의하고 오히려 제국주의 국가로

---

24) 사카이 나오키는 국민주의가 가진 국민적 이데올로기, 의식, 의례, 신념 등의 '만듦'
    의 방식을 포이에시스(poiesis)라는 개념으로 설명하고자 한다. 그 방식이 작위적이
    고 의식적인 것이라는 점을 설명하기 위해서 이런 개념을 사용하고 있는 것이다. '동
    일성의 정치'에 대해서는 사카이 나오키, 이규수 옮김, 《국민주의의 포이에시스》, 창
    비, 2003 참조
25) 김우창 외, 《행동과 사유—김우창과의 대화》, 생각의나무, 2004.

'탈출' 하는 길을 선택한 사람들이다. 하지만 이런 길은 이미 대부분의 사람들이 선택하고 있었던바, 대중들은 광범위한 일상적 협력체제를 구축하고 있었다. 이런 상황에서의 한 인간의 선택은 소우주로서의 인간의 고뇌 위에서 '이해' 할 필요가 있다. 언제나 소수자의 선택의 폭은 넓지 않은 법이다. 제국주의 폭력에 의해 좌절한 식민지민은 '소수자' 에 지나지 않았다. 이런 점에서 친일반민족행위자로 규탄되는 사람들은 이미 비극적 세계를 선택하고 있었던 것이다.

둘째, 이들이 선택한 '동일성의 정치' 가 가지는 이중의 비극성을 인식할 필요가 있다. 되풀이되는 말이지만, 친일반민족행위자의 비극은 독자적 민족-국가 건설의 전망이 없어졌다는 점에서 나아가 그런 독자적인 전망을 버리고서 또 다른 희박한 전망에 매달리려 했다는 점에서 비극을 예비하고 있었다. 어쩌면 현실적인 패배를 예비하고 있었다는 점에서 더욱 비극적이었던 것이다. 어떤 주체적 전망도 가능하지 않은 상황에서는 차별당하는 사람들은 차별하는 체제에 충성을 맹세하고 제국주의 폭력을 자발적으로 수용한다. 예를 들어 제2차 세계대전 중에 강제수용소에 끌려간 일본계 미국인 청년들은 강제적으로 미군에 자원하여 유럽전선에 나갔다. 모멸적인 인종차별을 감내하면서도 그들이 유럽전선에 지원하였던 것은 미국에 충성함으로써 소수자의 정체성을 미국의 정체성으로 동일시하는 길이 소수자로서의 차별성을 가장 빨리 탈피할 수 있는 길이라고 보았기 때문이다. 총 3만여 명의 일본계 미국인으로 구성된 부대가 바로 442부대였으며, 이들은 유럽전선에서 가장 뛰어난 용감성을 과시했다.[26]

---

26) 장태한, 《아시안 아메리칸》, 책세상, 2004, 119~120쪽 참조. 442부대의 부대장은 한국계 미국인인 김영옥 대령이었다. 한우성, 《영웅 김영옥》, 북스토리, 2005 참조.

나아가 황국신민화정책을 통한 국민화과정은 자기정체성을 부정하고 일본 국민으로서의 정체성을 재정립하고 하는 과정이지만, 이는 '대동아' 속에서 또는 조선 내부에서의 자기 위치를 재정립하는 과정이기도 했다. 요컨대 황민화정책 속에서의 '주체구성의 정치학'은 민족과 반민족(또는 비국민)의 대립선만을 구축하고 있었던 것은 아니었다.[27] 일본 제국하의 '국민' 곧 '황국신민'이 되어야 한다는 억압은 단순히 민족과 반민족의 구분이 아니라, 서구 제국주의와 대동아의 구별 그리고 대동아 내부에서는 일본을 정점으로 하는 한국-신생식민지로 이어지는 내부 위계화, 나아가서 일본제국 내에서는 천황-청년-총후부인(銃後婦人)-소국민으로 이어지는 위계화를 새로이 구축하는 것이었다. 따라서 제국 내부에는 다양하고 복합적인 차별과 위계의 구조가 새로 만들어지게 되었던 것이다. 이에 따라 차별과 위계를 뛰어넘기 위한 시도 역시 다양하게 이루어지게 되는 것이다. 대표적으로 전시동원체제에 대한 여성들의 자발적인 요구에는 '평등에 대한 유혹'이 작용하고 있었다. 그리하여 총동원체제하 여성들의 평등과 참여에 대한 요구는 전쟁범죄를 구성하는 것으로서 새롭고 근대적인 딜레마를 구성하게 되는 것이다.[28]

이처럼 어떤 국민적 주체든 그 주체는 피해자를 가해자로 변신시키면서 만들어지는 것이다. 일제하 제국주의 주체의 형성은 식민지 조선인을 가해자로 변신시킴으로서 조선인을 포섭할 때에 가능하게 되었던 것이다. 식민지하 친일반민족행위자는 제국주의 '동일성의

---

27) 권명아, 《역사적 파시즘―제국의 판타지와 젠더정치》, 책세상, 2005, 27~71쪽 참조.
28) 대표적으로 이선옥, 〈평등에 대한 유혹―여성 지식인과 친일의 내적 논리〉, 《실천문학》 2002 가을호 참조.

정치'에 희생되었다. 또한 그 동일성 내에서도 균열과 적대가 생산되고 있었으며 이를 바탕으로 미시적인 '정체성의 정치'가 구축되고 있었던 것이다.

2) 민족주의와 호명의 정치

한국에서의 반민족행위 청산 논의는 반민족행위가 범죄행위라는 것을 무매개적으로 전제하고 있다는 점에서, 대부분 민족주의를 위한 제의의 희생양에 지나지 않는 경우가 많다는 점은 이미 지적한 바 있다.[29] '반민족' 행위가 범죄 행위일 수 있는 것은 '민족'이라는 범주의 경계가 명확할 때 가능한 일이다. 이런 기준은 누구도 선험적으로 전제할 수 없다. 다만 사회적 합의를 통해서만 그런 기준을 만들어낼 수 있을 것이다. 또한 식민지기의 협력의 문제는 단순히 과거청산의 문제에 국한되는 것은 아니고, 모더니티 전체에 관통되는 문제이기도 하다. 그런 점에서 협력의 문제는 근대적인 권력론에 대한 근본적인 고민과 결부되어 있다는 지적은 타당하다.[30]

친일반민족행위자를 청산하기 위해서 국가가 조사를 주도해야 한다는 발상에는 현대 한국 민족주의의 위기의식과 '병리현상'이 짙게 드리워져 있는 듯하다. 먼저 위기의식과 관련하여 한국민족주의의 순수형적 발상을 문제 삼을 수 있다. 냉전과 더불어 동결되었던 일제하 협력자 청산 작업은 '냉전형 민족주의'가 가진 체제지향적 성격을 잘 보여주는 것이었다. 냉전 해체와 더불어 일제하 협력자 청산에 대해서도 의제화 작업이 시작되었다. 특히 탈냉전기 한반도

---

29) 윤해동, 앞의 글 참조.
30) 권명아, 앞의 책, 73~127쪽 참조.

민족주의는 일본의 네오내셔널리즘과 중국의 국민주의적 내셔널리즘의 대두 그리고 그것이 주장하는 포섭적 역사서술의 경향과 맞물려 더욱 심각하게 진행되고 있는 듯하다. 하지만 이런 요구는 어쩌면 순수형적(純粹型的)이고 순혈주의적인 민족주의의 발상을 강화시키는 역할을 하게 될 것이다. 이런 논의에 자국민의 인종적 본질에 대한 추구, 가짜 자국민(nationals)에 내적 이미지나 착각에 의해 표상되는 곧 투영의 메커니즘이 작동하고 있는 것은 아닌지 잘 성찰해봐야 할 것이다. 여기에는 세계화의 위협에 대응하여 자기정체성을 확립해야 한다는 한국 민족주의의 위기의식이 반영되어 있는 듯하다. 나아가 이런 작업을 통하여 한국 민족주의는 민족국가의 재영역화를 의도하고 있는 것이다. 민족국가의 재영역화 과정에는 언제나 '호명의 정치'가 작동한다.

최근 친일 청산을 비롯한 '과거사 청산' 문제가 몇몇 발언이 빌미가 되어 전사회적 관심을 끈 바 있다. 찬반 양론으로 나뉘어 치열한 공방을 벌였지만, 건강한 토론으로 이어지지는 못했다. 토론 상대방의 의견을 존중하고 이를 바탕으로 사회적 소통을 가능하게 하는 방식이 아니라, 상대방을 적으로 규정하고 사회적 생명을 절멸시키려는 것 같은 공세가 이어진 점은 대단히 우려할 만한 일이라고 할 것이다. 민족문제를 둘러싼 논의가 불거졌을 때는 이런 상황이 되풀이되고 있는데, 이것은 특별법이 가진 문제점과도 연동되어 있는 것이 아닌가 한다. 곧 특별법에는 이런 병리적 사회현상과 순수형적 민족주의에 대한 열망이 녹아 있는 것은 아닐까 우려되는 것이다.

5. '과거의 정치'로부터 '생성의 정치'로

현재 진행 중이고 논란 중인 한국의 과거청산이 민주화 이후의 민주주의 심화와 아래로부터의 국민화라는 두 가지 요구와 관련되어 있다는 점을 부정하기는 어렵다. 그럼에도 민주주의의 심화라는 과제가 국민화의 요구와 결합할 때 발생하는 또 다른 '억압의 정치'에도 귀를 기울일 필요가 있다. 민주주의란 언제나 타협과 화해를 통해서만 진전될 수 있기 때문이다. 국민화의 요구를 충족시키고자 할 때 발생하는 배제와 억압의 정치에 귀를 기울이지 않는다면, 과거청산은 민주주의에 대한 또 하나의 장애요소로 등장하게 될 것이다. '과거청산 근본주의'를 경계하는 것은 정치가 과도하게 도덕화하는 것을 경계하기 때문이고, 인간의 정의란 언제나 불완전한 것이기 때문이며, 민주주의란 인간의 불완전함을 전제로 하는 것일 뿐 아니라 인간에 대한 불신을 바탕으로 해서만 민주주의가 절차와 제도로서 정착할 수 있기 때문이다. 나아가 과거청산이 성찰적인 과정이 되어야 하는 것도 바로 이런 이유 때문인 것이다.

현재 한국사회에서 깊어가고 있는 불안과 위기의식이 개혁으로서의 과거청산에 대한 강박관념과 무관한 것은 아닌 듯하다. 과거청산을 둘러싼 현실에 대하여, 과거로부터 현재를 이해하는 길을 찾아내는 방식으로 학계와 시민사회의 적극적 참여와 지적 개입이 요구되는 상황이라고 하겠다. 대개의 일이 그렇지만 특히 과거청산은 국가의 개입 없이 해결할 수도 없겠지만, 국가의 개입만으로 해결되지도 않는다는 사실을 명심해야 한다.

친일민족반역자 청산을 주장하는 사람들은 친일·협력자가 현대 한국사회에 미친 영향을 묻는 질문에는 막상 침묵하고 있다. 친일·

협력자가 청산되면 그 영향도 더불어 사라지는 것처럼 간주한다. 친일민족반역자 청산을 통하여 국민 통합을 이룬다고 해도, 국가주의와 식민주의는 끝나지 않을 것이다. 친일민족반역자 청산을 통하여 국가주의와 대결할 수는 없는 일이다. 하지만 이런 작업을 통해 식민주의와는 적극적으로 대결할 수 있다. 이미 시작한 친일민족반역 행위 진상규명 작업을 통하여 친일 · 협력 행위가 현대 한국 사회에 미친 영향이 무엇인가를 적극적으로 묻는 계기를 만들 수 있어야 하지 않을까 한다. 협력 행위의 가능성은 반복과 차이로서의 가능성에서 찾을 수 있다. 과거가 미래의 모습으로 나타날 것을 두려워하지 말아야 한다. '과거의 정치'를 '생성의 정치'로 만들어야 할 때이다.

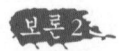

'말'의 어려움—근대국가와 '협력'

'말'의 어려움은 일반적인 인간관계에서도 일상적으로 경험하는 바이지만, 정치 혹은 사상의 영역으로 들어가면 그 어려움이 더욱 무겁게 느껴지는 경우가 많다. 2009년에 겪은 나의 개인적 경험을 중심으로 '말하기의 어려움'에 대한 이야기를 해보고자 한다.

《친일파 99인》(돌베개, 1993)이라는 제목을 가진 이른바 '친일파'에 관한 열전(列傳)이 있다. 이 책은 한국에서 '일반적으로' '친일파'로 인정되는 99인의 인물에 대한 간단한 친일 이력을 거론하면서, 이에 대한 역사적인 평가를 내린 대중용 도서이다. 필자는 이 책의 편집위원으로 참가하였을 뿐만 아니라, 몇 사람의 이력에 대해서는 집필도 하였다. 돌이켜보면 이 책의 편집에 참가하고 원고를 집필했던 것은 어떤 감정적인 분노나 도덕적 우월성 때문은 아니었던 듯하다. 그럼에도 그런 행위를 자각적으로 수행했던 것은 어떤 측면에서는 '말'의 어려움을 제대로 느끼지 못하고 있었기 때문이 아니었나 싶다.

이 책에 필자가 집필한 '친일파' '항목' 가운데 박승직(朴承稷)이라는 인물이 있다. 박승직은 한말(韓末) 객주(客主) 출신으로, 서울의 종로에서 '박승직상점'이라는 이름으로 창업하였다. 이 박승직상점은 현재 '두산그룹'이라는 한국 유수의 재벌그룹의 기원이 되었다. 하지만 박승직은 식민지기 친일행위의 표상으로 간주되던 중추원 참의(參議)조차 하지 '않은' 사람으로, 정치적 측면에서는 '친일'의 족적이 그다지 현저한 것은 아니었다. 필자는 박승직에 대해 이런 평가를 내리면서도, 그를 경제적 측면에서 볼 때 '매판화(買辦化)'한 자본가라고 평가하고, 친일파라는 '딱지'를 붙였던 것이다. 박승직상점이 거대기업으로 부상하는 데에는 식민지하 일본인들에 의해 설립되었던 '소화기린맥주주식회사(昭和麒麟麥酒株式會社)'를 해방 후에 불하(拂下)받은 것이 큰 기반이 되었다. '소화기린맥주'는 해방 후 남한을 대표하는 유명한 'OB맥주'가 되었다. 아마 이런 사실이 박승직이 매판자본가였다는 인상을 주는 데 크게 기여했을 것이다.

다른 한편, 2009년 10~11월 사이에 걸쳐 '친일파 청산'과 관련한 두 가지 작업이 마무리되었다고 보고되었다. 하나는 지난 2005년 시작된 '친일반민족행위 진상규명위원회'라는 이름의 대통령 직속 정부위원회가 5년 동안의 활동을 마감하면서 보고서를 발간한 것이다. 다른 하나는 민족문제연구소라는 민간연구소가 2001년부터 시작한 《친일인명사전》 편찬 작업을 8년 만에 마무리하고 사전을 출간한 것이다. 전자는 약 1천 500여 명의 친일파를, 후자는 대개 4천여 명을 상회하는 인물을 포괄하고 있다. 아마 정부위원회이니만치 인물 선정에도 신중할 수밖에 없었던 탓이겠지만, 정부위원회의 보고서에는 들어가 있지 않지만 《친일인명사전》에는 박승직 역시 포함되어 있다.

그런데 이 과정에서 박승직이 식민지기 조선인 좌익 공산주의운동에 대해 은밀한 지원을 아끼지 않았다는 어떤 스님의 증언이 나왔다. 그는 원경(圓敬)이라는 법명(法名)을 가진 스님으로, 본명은 박병삼(朴秉三)이다. 근대 한국의 좌익운동을 대표하는 유명한 공산주의자인 박헌영(朴憲永)이라는 인물의 아들로, 박승직이 자신의 부친인 박헌영의 공산주의 활동을 은밀하게 지원하였음을 증언하였다. 나아가 그는 이 증언을 바탕으로 《친일인명사전》에 박승직에 관한 항목을 게재하지 말아줄 것을 민족문제연구소에 청원하였지만, 이 청원은 거부되었다. 하지만 증언의 성격으로 보아, 박승직이 공산주의 운동을 후원하던 비밀조직인 이른바 모플(MOEFL)의 일원으로 활동했던 것은 확실해 보인다.

내가 매판자본가라고 규정했던 인물이 제국주의에 대한 저항의식을 가지고서 식민지의 공산주의운동에 자금 지원을 한 것이 사실이라면, 이를 어떻게 해석해야 할 것인가? 이른바 매판자본의 협력 행위와 이런 후원 활동은, 당사자에게 있어 어느 것이 중요하고 우선하는 행위였을까? 나아가 식민지 출신 자본이 제국주의 일본자본과 협력하는 행위를 매판이라고 부르고, 이를 반민족적 행위라고 해석하는 것이 과연 타당한 것일까? 자본의 재생산활동을 이데올로기적 차원의 정치적 행위와 어느 정도로 관련지을 수 있을 것인가? 필자는 마음속으로 착잡한 감정을 지울 수 없었고, 새삼스럽게 '말'의 어려움을 곱씹을 수밖에 없었다. 박승직의 경우는 식민지기 '친일파', 곧 '협력자'에 대한 평가의 어려움을 말해주는 극단적인 사례이겠지만, 나에게는 협력자와 관련한 '말'의 어려움이 곧 '사유'의 어려움과 동일한 것으로 다가왔다. 다시 말하면 역사상의 '협력(collaboration)'이라는 개념을 새로이 사유해야 한다는 무언의 압력 같은 것을 느끼지 않을 수 없었다.

'친일'이라는 용어는 말 그대로 대단히 모호할 뿐만 아니라, 도덕적 차원에서 사용되기 쉬운 함정을 가진 개념이다. 제국주의 지배에 대한 협력 행위를 민족주의적 맥락에서 도덕적 개념으로 바꾸어버리면 정작 중요한 문제인 제국주의 권력과 지배의 본질은 은폐되어 버리기 쉽다. 일반적으로 제국주의 권력은 식민지 지배에 식민지 출신의 협력자를 이용하고자 한다. 또한 식민지 출신의 유력자들도 여러 가지 이유로 제국주의 지배에 기꺼이 협력하고자 한다. 곧 제국주의의 식민지 지배는 협력행위를 통해 그 성격이 드러난다고 할 수 있다. 일본 제국주의 역시 원활한 식민지 지배를 위하여 조선인 협력자의 존재가 필요했으며, 조선인들 가운데서도 식민지 권력과의 '특권적 대화자'로 선택되기를 바라는 사람이 많았다. 이런 상호관계를 통하여 식민지배는 유지되었던 것이다.

더욱이 제2차 세계대전 이후 미국과 소련이 한반도를 분할점령하면서 각각의 권력은 점령협력자를 선택하게 되는바, 점령협력자의 선택은 곧 그 체제의 성격을 규정하는 것이었다. 남한을 점령한 미군은 미국에서 활동한 경험이 있던 이승만을 주요한 협력의 파트너로 선정하였으며, 북한을 점령한 소련군은 소련에서 생활하고 있던 김일성을 자신의 하위 협력자로 선택하였다. 곧 점령협력자의 선택은 곧 미국형-소련형 체제가 남북한에 각각 형성되는 과정을 의미하는 것이기도 하였던 것이다. 이처럼 제2차 세계대전 이후 군사적 점령권력 역시 피점령국의 '권위자'를 정치적으로 이용하고자 하였다. 그리고 점령협력자의 선택과정은 기존 체제의 계승과 파괴의 측면을 드러내는 것이기도 하였다.

다른 한편 제2차 세계대전 이후 연합국의 이탈리아 점령 혹은 일본 점령의 사례를 통해서도 이런 측면을 잘 확인할 수 있다. 맥아더는 일본의 점령정책을 원활하게 수행하기 위해 히로히토(裕仁) 천황의 권위를 최대한 활용하였다. 곧 맥아더는 히로히토의 이미지를 전쟁의 상징에서 민주화의 상징으로 전환시켜, 자신의 '권력'과 히로히토의 '권위'를 두 축으로 이중적인 점령정책을 펼쳤던 것이다. 다른 한편 히로히토 천황 역시 맥아더에 협력함으로써 전범(戰犯)으로 처벌될 위기를 극복하고, 흔들리는 천황제를 안정화시키려 노력하였다.[1]

이런 측면에서 식민지 지배와 전후 점령은 상당한 동형성(同形性)을 가진다. 식민지 지배와 전후 점령은 물론 형식과 내용에서는 큰 차이를 가지지만, 모두 기존의 사회체제와 철학을 변형하거나 파괴하고 새로운 철학과 체제를 수립하는 것을 목표로 삼는다. 이 과정에서 협력자와 협력행위는 대단히 중요한 역할을 수행한다. 그러므로 근대국가와 협력의 성격 문제는 긴밀한 관련을 가지기 마련이다. 이런 점을 간과하지 않는다면, 협력행위를 통해 근대국가의 성격을 파악하고 유형화할 수도 있을 것이다. 그리하여 협력이라는 용어는 근대국가 혹은 근대권력 일반과 깊은 관련을 가지며 또한 그 속성을 드러내는 개념으로 부상(浮上)하게 된다. 말의 어려움은 사유의 어려움으로부터 유래하는 것이다. 필자는 식민지기 한 자본가의 활동을 통해 말의 어려움을 새삼스레 맛보았을 뿐만 아니라, 말의 어려움은 사유의 어려움이기도 하다는 사실을 깨우치게 되었다. 마지막으로 한마디 더 부언하자면, 사유의 어려움이란 개념화의 어려움, 곧 인간의 삶을 유형화하고 보편화하는 것의 어려움을 말하는 것이기도 할 것이다.

---

1) 豊下楢彦, 《昭和天皇 · マッカーサー會見》.

1부 근대역사학의 황혼

1장 '진보라는 욕'에 대하여―메타 역사학적 비판
　　《문학과 사회》 78, 문학과지성사, 2007.
2장 '숨은 신'을 비판할 수 있는가―김용섭의 '내재적 발전론'
　　《역사학의 세기―20세기 한국과 일본의 역사학》, 휴머니스트, 2009.
3장 트랜스내셔널 히스토리의 가능성―한국근대를 중심으로
　　《역사학보》 200, 역사학회, 2008.
강의 '동아시아 시민사회'의 형성과 동아시아공동체
　　　2007년 5월 한양사이버대학교 강의 '동아시아 시민사회'의 형성과 동아시아공동체.

간주곡 지금 여기, 역사란 무엇인가―근대역사학과 나
　　《내일을 여는 역사》 28, 서해문집, 2007.

2부 은유로서의 식민지 공공성

1장 식민지 근대와 공공성―변용하는 공공성의 지평
　　《식민지 공공성, 실체와 은유의 거리》, 책과함께, 2010.
2장 '식민지 인식의 회색지대'를 위한 변증―아래로부터의 근대 연구를 위하여
　　《역사와 현실》 66, 한국역사연구회, 2007.
3장 '만들어진 기억'과 국민 형성―한국에서의 기억 연구와 그 과제
　　월간 《NEXT》 2007년 2월호, 중앙일보사.

3부 '협력', 근대화, 민족주의, 그 삼각의 딜레마

1장 민족주의는 괴물이다
　　《기억과 전망》 12, 민주화운동기념사업회, 2005.
보론 1 민족과 문학, 그 불편한 동거
　　　《詩評》 29, 바다, 2007.
2장 '문명의 사다리' 혹은 '사다리 걷어차기'―이광수와 박정희의 경우
　　《본질과 현상》 3, 본질과 현상사, 2006.
3장 식민지관료로 본 제국과 식민지
　　《東洋文化硏究》 11, 學習院大學 東洋文化硏究所, 2009.
4장 친일·협력자 조사의 윤리학
　　《한국민족운동사연구》 52, 한국민족운동사학회, 2007.
보론 2 '말'의 어려움―근대국가와 '협력'
　　　《日文硏》 45, 國際日本文化硏究センター, 2010.

근대역사학의 황혼

1판 1쇄 | 2010년 9월 30일

엮은이 | 윤해동

펴낸이 | 류종필

기획위원 | 박은봉
편집 | 강창훈 오경철 이조운
마케팅 | 김연일 김문엽
경영관리 | 장지영

표지 디자인 | 이석운
본문 디자인 | 이춘희

펴낸곳 | 도서출판 책과함께
주소 | 서울시 마포구 서교동 395-178 영산빌딩 201호
전화 | 335-1982~3
팩스 | 335-1316
전자우편 | prpub@hanmail.net
블로그 | blog.naver.com/prpub
등록 | 2003년 4월 3일 제6-654호

ISBN 978-89-91221-70-3 93910

이 도서의 국립중앙도서관 출판시도서목록(CIP)은 e-CIP 홈페이지(http://www.nl.go.kr/ecip)에서
이용하실 수 있습니다.(CIP제어번호: CIP2010003402)